Reg Shearburn

COMME

CHEZ NICOLET

A LA MÊME LIBRAIRIE

PUBLICATIONS COLLECTIVES DES MEMBRES DU COMITÉ
DE LA SOCIÉTÉ DES GENS DE LETTRES :

CONTES DE TOUTES LES COULEURS
(Année 1879.)
1 vol. gr. in-18 jésus. — Prix : 3 fr. 50.

EN PETIT COMITÉ
(Année 1880.)
1 vol. gr. in-18 jésus. — Prix : 3 fr. 50.

CHACUN LA SIENNE
(Année 1881.)
1 vol. gr. in-18 jésus. — Prix : 3 fr. 50.

ENTRE AMIS
(Année 1882.)
1 vol. gr. in-18 jésus. — Prix : 3 fr. 50.

LA RONDE DES CONTEURS
(Année 1883.)
1 vol. gr. in-18 jésus. — Prix : 3 fr. 50.

L'ENFANT DE 36 PÈRES
(Année 1884.)
1 vol. gr. in-18 jésus. — Prix : 3 fr. 50.

COMME
CHEZ NICOLET

RÉCITS, CONTES ET NOUVELLES

PAR

MM. JEAN ALESSON
EUGÈNE D'AURIAC — ANDRÉ DE BELLECOMBE
FORTUNÉ DU BOISGOBEY — BOREL D'HAUTERIVE
VICOMTE HENRI DE BORNIER — AUGUSTIN CHALLAMEL
VICTOR CHERBULIEZ — OSCAR COMETTANT — THÉOPHILE DENIS
CHARLES DIGUET — FERDINAND FABRE — ÉLIE FRÉBAULT — GOURDON DE GENOUILLAC
ÉDOUARD GRIMBLOT — MARCEL GUAY — ARSÈNE HOUSSAYE — FÉLIX JAHYER
CHARLES JOLIET — EUGÈNE MORET — GEORGES OHNET — ARMAND RENAUD
FÉLIX RIBEYRE — ÉMILE RICHEBOURG — LOUIS SIMONIN
ANDRÉ THEURIET — DENIS DE THÉZAN
CHARLES VALOIS

PARIS
E. DENTU, ÉDITEUR
LIBRAIRE DE LA SOCIÉTÉ DES GENS DE LETTRES
PALAIS-ROYAL, 15-17-19, GALERIE D'ORLÉANS
—
1885
Droits de traduction et de reproduction réservés

PRÉFACE

COMME CHEZ NICOLET

I

On ne rencontre en ce temps fabuleux que des sceptiques et des athées. Le régent Philippe d'Orléans disait gaîment aux esprits forts de son temps. « Moi au moins, si je ne crois pas à Dieu je crois au diable. » Aujourd'hui, on ne croit ni à Dieu ni au diable. Ce qui n'empêche Dieu et diable de faire des miracles. Les savants s'imaginent que c'est grâce à leur science. Mais qui donc conduit leur esprit et leurs mains ?

Ainsi ces jours-ci un de ces savants qui prennent le haut du pavé me dit de l'air du monde le plus convaincu : « On raconte que Jésus-Christ ressuscitait les morts, c'est simple comme tout, depuis quelques jours je n'ai pas fait autre chose. »

Je lui jetai un regard terrible comme pour le renverser, mais il ne fut pas foudroyé et reprit de plus belle :

« Voulez-vous venir avec moi dans un amphithéâtre vous me verrez à l'œuvre ?

— Mon cher savant, je n'aime pas les amphithéâtres, mais puisque vous avez le don de ressusciter les morts, faites-moi une grâce, tirez de son tombeau un brave homme qui étonnait son temps comme vous étonnez le vôtre.

— Qui donc?
— Nicolet.
— Ah! oui, de plus fort en plus fort! Où est-il enterré?
— Dans le cimetière de Bagnolet.
— Je vais tout justement demain par là, je vous le ramènerai. »

II

Le lendemain, je ne pensais plus à cette bravade quand vers neuf heures du soir on frappa à ma porte. C'était mon savant qui avait à son bras un vrai revenant, Nicolet lui-même! Il paraissait sortir du tombeau et vouloir y retourner, tant il avait la pâleur sépulcrale.

Je n'osais lui toucher la main.

— Monsieur Nicolet, lui dis-je en lui présentant un fauteuil devant un beau feu, asseyez-vous, je suis très content de vous voir. »

Une dame était assise à l'autre coin du feu, elle se leva et me fit un signe d'adieu. « Et votre chien? lui dis-je en cherchant des yeux autour d'elle. »

— Mon chien, il est dans sa niche.

A cet instant on entendit les jappements d'un petit havanais.

Nicolet quelque peu surpris se demandait où était le chien.

Il était dans sa niche comme l'avait dit la dame, c'est-à-dire qu'il était niché dans son pouff.

Nicolet commença à s'étonner.

— Quelle belle lumière! dit-il.

Car le salon était éclairé au gaz. Je donnai des ordres pour qu'une lumière électrique resplendît comme le soleil.

Nicolet se trouva mal. Heureusement tout à propos, ma voisine la doctoresse en médecine vint lui tâter le pouls.

— Qu'est-ce que me veut cette dame? me demanda-t-il avec inquiétude.

— N'ayez peur, c'est le médecin.

— Voilà qui est plaisant, je croyais que Molière avait tué toutes les femmes savantes.

— Oh! vous n'y êtes pas, dit le savant, si vous avez un procès à soutenir, je vous présenterai une doctoresse en droit qui donne des consultations en chambre ou à domicile.

— Comme ça se trouve! dit Nicolet: je veux faire un procès à ceux qui m'ont pris mon théâtre.

— Mon pauvre monsieur Nicolet! ce n'est pas la peine, il n'y a plus de boulevard du Temple. Prenez ce cordial, comme on disait dans votre temps, après quoi je vais vous conduire à l'Hippodrome.

III

Nous arrivâmes tout juste au moment où une belle Américaine se précipitait du cintre pour tomber dans une toile d'araignée. Nicolet s'écria :

— Ah ! c'est plus fort que chez Nicolet !

On nous montra ensuite un homme : le roi des MM. Alphonses, qui se couchait dans l'eau comme un poisson. Nous en avons comme ça cent mille à Paris.

— Comment peuvent-ils vivre sous l'eau ?

— C'est la loi des affinités, répondit le savant.

Survint un Batignollais métamorphosé en Indien qui joua le jeu des couteaux et des flammes. Après quoi ce fut un malin déguisé en tambour-major qui avala des sabres et des couleuvres.

— Pour ce qui est des couleuvres, dit Nicolet, j'en avalais déjà dans mon temps.

— Oui, lui dis-je. Mais vous n'avaliez pas celles du Tonkin nourries par la maison Ferry et Cie. Ce n'est pas tout. Naguère chacun de nous donnait un sou pour racheter un petit Chinois condamné à mort faute de place dans l'Empire du soleil, tandis que ce même Ferry, comme l'ogre de Barbe-Bleue, mange dix mille Chinois d'une bouchée.

— Alors, c'est un fier homme !

— Je crois bien. Et son compère Tirard ! l'ogre des

finances, grâce à lui le budget de la France est cent fois plus beau qu'il n'était de votre temps.

— Alors tout va bien.

— Oui, à cela près que la France crève de faim, mais il paraît que c'est de la haute politique. La preuve, c'est qu'on va empêcher le blé d'entrer aux frontières pour avoir le pain à bon marché.

— De plus fort en plus fort, s'écria Nicolet.

— Demain, nous vous en montrerons bien d'autres.

IV

Le lendemain, en effet, nous conduisîmes Nicolet dans une église tout juste au moment où on brisait la croix par ordre supérieur.

— Mais c'est un sacrilège, dit Nicolet épouvanté.

— Au contraire, c'était un sacrilège que d'offenser la raison humaine par le spectacle de la croix. On a enfin fait justice d'un nommé Jésus-Christ qui a passé sa vie avec des pécheresses et des femmes adultères. Tenez, voyez plutôt venir cet homme tout rond, c'est un sage. Il a écrit la *Vie de Jésus*, après avoir dit que Jésus n'a jamais existé. N'est-ce pas le triomphe de l'historien?

Nicolet ouvrait de grands yeux.

— Voilà qui est admirable! Toujours de plus fort en plus fort. De mon temps on était si bête! Moi, tel que vous me voyez, je croyais à Dieu.

— C'est que de votre temps, ô Nicolet, on était instruit par les Jésuites, tandis qu'aujourd'hui on est instruit par l'Université.

— Qu'est-ce que cela, l'Université ?

— Quand vous passerez devant la Sorbonne, vous lirez sur le fronton « L'ennui naquit un jour de l'Université. »

— J'aime mieux voir les Tuileries.

— Ah ! les Tuileries! on en a fait un feu de joie.

— Et les rois ?

— Ils sont en exil. Cependant nous avons encore le prince Napoléon et le comte de Paris. Mais ce sont des rois en chambre. Ils règnent et ne gouvernent pas.

— C'est bien plus malin, dit Nicolet. Quoi, le palais de tant de siècles de gloire, on en a fait un feu de la Saint-Jean ! Qu'est devenu le faubourg Saint-Germain?

— Il n'existe plus.

— Au moins il y a encore des salons célèbres ? Présentez-moi.

— Oui il y a encore quatre salons, mais les grandes dames n'y sont plus. La duchesse est allée se pâmer à la Sorbonne, la marquise fait des armes, la comtesse est dans son écurie, la baronne fait le boulevard.

— De plus en plus fort! s'écria Nicolet.

On le conduisit pour le distraire à l'exposition des Incohérents. Il eut peur d'être entré à Charenton et demanda avec angoisse si on ne le garderait pas, mais pour le rassurer on le présenta à Meissonnier qui était là en curieux. Il offrit au peintre célèbre cent écus pour qu'il lui fît son portrait. Meissonnier le remit au siècle prochain, tant il avait à faire de portraits à trois cent mille francs par tête. Nicolet s'adressa à Carolus Duran qui lui dit de repasser parce qu'il allait présider pendant un an tous les assauts d'armes.

On entra à l'Académie des sciences ou les Darwinistes étaient en train de prouver que les singes sont nos ancêtres, que la Providence s'appelle la sélection, que dans dix mille ans les femmes auront quatre seins et que les lys seront grands comme des chênes.

— C'est de plus en plus étonnant, dit Nicolet ; je croyais bien plutôt que c'étaient les singes qui descendaient des hommes.

Il brûla l'Académie faute de temps, car il sentait bien qu'il y perdrait son français, mais il n'y perdit rien : nous lui offrîmes un bock dans une brasserie littéraire *Le Chat noir!* où les intransigeants de la plume se démenaient pour prouver que jusqu'à leur règne rien n'avait été fait. Homère, Dante, Hugo, n'étaient que des écoliers de la Saint-Jean, des blagueurs lyriques qui avaient écrit sans documents humains.

— Et vos documents humains quels sont-ils ? demanda Nicolet.

Le plus fier-à-bras de la compagnie répondit d'un air convaincu en montrant des bocks et des pipes :

— Les voilà !

— Ça, des documents humains ? s'écria Nicolet ; je ne vois que la mousse et de la fumée.

On s'en alla dîner très simplement. On dîna mal mais le dîner ne fut pas cher : cinquante-sept francs cinquante par tête. Nicolet voulut donner la pièce au garçon.

— Dix sous! s'écria le garçon.

Et il jeta la pièce à un joueur d'orgue.

Nicolet demanda à voir les grands théâtres. A l'Opéra il n'entendit rien parce que l'orchestre lui tympanisa les oreilles.

— N'est-ce pas que c'est là une belle musique, monsieur Nicolet?

— Je crois bien! l'orchestre m'empêche d'entendre chanter.

— Que voulez-vous? c'est le premier orchestre du monde. Les chanteurs ne chantent que pour le faire valoir.

A la Comédie française Nicolet demanda où étaient les grandes comédiennes et les belles pièces. On lui dit qu'on n'en tenait plus.

V

Le surlendemain il voulut s'initier à l'éloquence parlementaire. Il avait ouï dans ses vieux jours Mirabeau, Danton, Vergniau. Quand il vit à la tribune de 1884 des Démosthènes comme les ministres de Ferry il déclara une fois de plus que c'était de plus fort en plus fort.

— O siècle des lumières! dit-il avec enthousiasme.

Et se reprenant :

— C'est égal je ne serai pas fâché de retourner d'où je viens, tout ceci est trop fort pour moi.

Nous ne voulions pas condamner Nicolet à une admiration perpétuelle. Pour qu'il fît une fin une seconde fois en ce monde nous le conduisîmes chez Sarah Bernardt.

— Quel joli hôtel !
— Oui, mais il est saisi.
— Quel adorable ameublement !
— Saisi comme l'hôtel.
— Elle ne gagne donc pas d'argent, cette grande comédienne ?
— Non, elle ne gagne que cinq cent mille francs par an.

On lui dit, simple calomnie, qu'elle était dans sa chambre à coucher, pour pleurer un poëte qui jouait la comédie avec elle. Nous montâmes l'échelle de Jacob pour aller saluer celle qui bouleverse les mondes. En entrant Nicolet fut effrayé par le spectacle d'un cercueil tendu de velours noir et de satin blanc.

— Est-ce qu'elle est morte ? demanda-t-il avec sympathie.

— Non, répondit-elle de sa voix d'or, souriant de son charmant sourire. Mon cercueil est là pour me rappeler aux devoirs de la vie.

Après avoir salué une camarade illustre, Nicolet salua un squelette qu'il reconnut pour un de ses paillasses d'antan.

— Comment c'est toi, Merluchon ? Tu n'es pas malheureux de te trouver ici ?

— Ne faites pas attention, s'il ne vous répond pas, dit Sarah Bernhardt, c'est qu'il est saisi.

— Comment, saisi?

— Comme tout le reste.

Nicolet se rapprocha de la comédienne.

— Dites-moi, madame, le cercueil est-il saisi aussi?

— Non : vous savez bien qu'on ne saisit jamais le lit d'une femme, le lit d'aujourd'hui ni le lit de demain.

— Eh bien voulez-vous me faire une grâce! Ce cercueil est à ma taille, donnez-le-moi, je vais m'y coucher.

— Monsieur, c'est plus fort que chez Nicolet, ce que vous me demandez là.

— N'est-ce pas bien naturel puisque je suis Nicolet en personne? On m'a ressuscité, mais je suis trop ahuri de tout ce que je vois, j'aime mieux aller me coucher dans l'autre monde.

— Eh bien allez-vous coucher.

La comédienne ne pouvait rien refuser à Nicolet, elle qui l'a dépassé de cent coudées!

L'ancien impresario mit tout de suite le cercueil sur son dos comme on met un pardessus et descendit quatre à quatre l'escalier des sublimes ascensions.

VI

Cette histoire qui est d'un naturalisme outrageant prouve que le spectacle de l'humanité est toujours *comme chez Nicolet*.

C'est là le titre de notre livre. Pourquoi? J'avoue qu'il me serait impossible d'affirmer que dans ce volume de trente-deux conteurs, le lecteur s'écriera à chaque conte ou nouvelle : « *C'est de plus fort en plus fort.* »

Certes, celui que l'ordre alphabétique appelle après ma préface a toutes les chances pour qu'on dise : « *C'est comme chez Nicolet* », mais il est impossible d'aller ainsi crescendo jusqu'à la fin. D'ailleurs le lecteur a ses sympathies et ses antipathies, qui dorent les talents ou les démonétisent. Ceci est un livre de bonne volonté, advienne que pourra.

Il en est des livres qui réunissent beaucoup d'auteurs comme des dîners dont le menu est très varié. Chaque plat a sa saveur, mais tout convive a ses préférences.

Du temps de Nicolet on aurait prié Voltaire, Diderot, Jean-Jacques et tant de maîtres conteurs de faire un volume au profit des gens de lettres pauvres : ils auraient fait des chefs-d'œuvre. Nous ferons de l'argent : vous voyez bien que *c'est comme chez Nicolet.*

Arsène Houssaye.

COMME
CHEZ NICOLET

LA DERNIÈRE ALLUMETTE

Si le capitaine X*** eût été maître absolu de son navire, il fût revenu en France avant l'automne, pour éviter l'étreinte, souvent mortelle, de la banquise ; mais il avait à son bord un groupe de savants désireux de poursuivre leurs expériences météorologiques et qui pour cela lui avaient arraché, heure par heure, une prolongation de séjour dans des latitudes effroyablement élevées.

D'un autre côté, il savait sa jolie et solide frégate, *La Courageuse*, bourrée de combustibles et de provisions de bouche soigneusement arrimés. Le capitaine se laissa donc faire prisonnier par les glaces, le 27 novembre 1883, dans les parages du Groënland, à quelques lieues nord de l'île Shannon.

Mais, dès que le chemin de la France fut barré, que de larges îlots de glaçons, encore ballottés la veille, se furent soudés, aussitôt que la mer, figée, présenta une thébaïde désolée, horrible, son bord, équipage et passagers, pris de désespoir et de défaillance, l'accabla de reproches et de malédictions pour s'être montré si pusillanime.

Le brave officier, coupable simplement de s'être laissé fléchir par l'attrait de la science — n'était-il pas un savant, lui aussi? — dut seul réagir contre le désespoir général et les attaques imméritées.

Il n'était que capitaine; il dut faire l'office d'aumônier; c'est-à-dire étouffer ses propres inquiétudes, s'il en avait eu, pour consoler tout le monde, exhorter à la patience et convaincre qu'en réalité l'hivernage était chose facile.

La frégate fut démâtée; ses flancs, soutenus de la carlingue au pont par le treillis de madriers spécial aux bâtiments qui affrontent les banquises, furent convertis en cellules hermétiquement calfatées de bourres de laine.

Bref, on s'installa. Après quelques semaines d'épreuves subies victorieusement, les têtes les plus assombries se rallumèrent au feu de l'espérance : un mouvement réactif se produisit en faveur du capitaine, que, par de courtoises paroles, chacun essaya de dédommager.

Le débordement de sympathie fut tel qu'on parla d'une fête. Encore un peu plus d'élan et l'on jouait la comédie sur le pont comme le fit faire en 1819, près de l'île Melville, le capitaine Parry, sous un froid de 50 degrés centigrades (nous n'y étions pas).

Mais la situation était trop critique pour que l'enjouement subsistât. Le lendemain on était redevenu triste.

L'hiver déroula son pesant linceul avec cette lenteur funèbre des événements malheureux. C'est ainsi que moitié vivant, moitié mort, on lutta dans l'obscurité contre le froid et le découragement, contre le scorbut et cent autres calamités.

Enfin, on atteignit le mois de mai, c'est-à-dire plus que l'espérance, le bonheur !!!

Et pourtant de nouveaux dangers allaient surgir. En effet la plaine de glace va se craqueler, dans le cataclysme de la débâcle; des randales se heurteront bruyamment, des cathédrales de cristaux flotteront et menaceront en s'effondrant d'engloutir la frégate. Il faudra tamponner la carène du bâtiment et opérer d'habiles manœuvres pour se faufiler dans de nombreux débouquements aux bords mobiles.

C'est égal, le sentiment du danger s'est émoussé; le soleil a reparu, une brise tiède venue du sud a caressé les joues, on est heureux.

La Courageuse est encore figée sous le 71° de latitude, néanmoins ses habitants, engourdis par la réclusion, folâtrent autour de leur bastille, non sur l'herbe des remparts, mais sur la glace dont le mica jette des feux diaprés sous le rayon solaire envoyé par l'équateur comme une aumône.

On est heureux. Des goélands, des macareux, des eiders rapportent l'espérance sous leurs larges ailes.

Hélas ! au lieu de sourire à ces doux messagers de la délivrance, de respecter en eux le magnanime inconnu qui envoie dire : « Tu vivras. », des canons de fusil se lèvent et l'on tire sottement sur les oiseaux. L'homme perd-il jamais une occasion de se révéler ingrat et cruel ? Plus d'un tireur, pendant les longues nuits mornes, avait prié tout bas; le danger disparu — on le croit du moins — chacun d'eux redevient athée.

Laissons le navire et ses passagers, suivons une escouade qui s'aventure sur les glaces.

En effet, quatre personnages s'éloignent d'un pas résolu, escaladant alertement les aspérités, et jasant avec toute la volubilité que leur permettent leurs lèvres épaissies et crevassées par le scorbut.

Ces quatre personnages, empaquetés comme leurs voisins les Groënlandais, sont : un cambusier, le gabier, un simple matelot et un... éphèbe que, de loin, on prendrait pour un mousse s'évertuant à dissiper au grand air l'effroi que lui ont inspiré les récits fantastiques des matelots sur le goguelin, redoutable revenant qui erre au fond de la cale pendant les tempêtes et se fixe au hamac des mourants.

Cet éphèbe n'est pas un mousse, mais une femme. Oui, une femme, une jeune femme de vingt ans, née à Paris, entre les Bouffes et l'Opéra-Comique.

Qu'est-elle venue faire dans cette galère? Rien n'est plus simple à dire. Elle avait épousé un jeune licencié ès sciences, devenu secrétaire de la mission scientifique transportée par *La Courageuse*, or, elle avait demandé et obtenu la permission d'accompagner son mari.

Madame... Tobia, — nous lui attribuerons ce nom — avait lu les voyages de madame Lacouture, de madame Léonie d'Aunet, de madame Hommaire de Hell etc., et, entre deux actes du *Tour du Monde*, elle s'était juré de faire un grand voyage elle aussi, n'importe où, pourvu que ce voyage fût de ceux dont la mort fait partie. Fatalisme de femme. L'occasion s'était présentée, elle l'avait saisie au mépris des avertissements objectés.

Les femmes paraissent généralement être douées de plus de bravoure que les hommes. Sans vouloir atténuer cette vertu on peut dire qu'elle résulte chez la femme de son imprévoyance du danger. Quand la femme aperçoit le péril, elle jette un cri plus effroyable que le péril même, puis elle se calme spontanément sans souci de la panique déterminée par ses cris. La vérité est qu'elle n'a rien compris. Son courage — si c'est du courage — n'est pas plus raisonné, plus voulu que celui dont se vante le conscrit ivre qui parle d'aller « se faire casser la tête ». Pour celui-ci, le vrai courage consisterait à affronter les horreurs, plus poignantes que la mort brève, du déchirement d'un membre, de l'amputation, du délire et des nuits de l'ambulance.

Rejoignons notre escouade.

La frêle enfant gâtée s'éloigne donc du navire, escortée de trois cavaliers servants, trois gaillards, sûrs, dévoués et polis, car les gens de mer sont polis. Elle avait exprimé le désir enfantin de chasser un renard bleu. On en avait ri. Néanmoins, elle s'était mise en route, la carabine sur l'épaule, entraînant les trois hommes, sous l'œil distrait de son mari, absorbé sans doute par le calcul d'une équation. Or, toute exploration sur les glaces faite à cette époque de l'année est des plus dangereuses.

Le gabier, solide comme les mâts dont il a la charge, est un Jurassien élevé à Paris ; il s'est approprié la rondeur généreuse du caractère parisien en même temps que son esprit gouailleur : manière d'être qui irrite fort son compagnon d'équipage, le matelot breton.

Celui-ci est un Morbihannais inscrit à Lorient, bon marin discipliné, doux de tempérament, ne laissant voir qu'un défaut : aimer boire, ainsi que le prouverait l'inséparable gourde de grog qu'il porte dans sa poche et qu'il tette fréquemment ; douce action saluée par les plaisanteries du gabier. Aussi notre Breton garde-t-il à son camarade une rancune qui pourrait bien éclater tragiquement.

Le cambusier, lui, est un jeune homme nul et pacifique, un bon petit gars normand à l'allure de capioglan, indifférent à tout ce qui n'est pas de sa cuisine ni de ses petits profits ; il est toujours de l'avis de celui qui parle, aussi est-il fort aimé parce que, sûr d'avance d'être approuvé, chacun lui va raconter ses griefs.

L'escouade qui continue sa marche à travers les replis de glace n'est plus en vue du bâtiment.

Tobia joue du jarret avec une grâce et une souplesse telles, qu'en dépit de son emmaillottement masculin de peau de castor, son sexe se trahit, au détriment de l'allure des matelots, qui dès lors présentent l'aspect d'égoutiers du pôle. Elle est gaie, elle babille comme un pinson après sa toilette.

— Quand je songe, dit-elle, que nous sommes au-dessus d'un gouffre de plusieurs mètres d'eau.

— Dites de plusieurs brasses, madame, répliqua le Breton.

— C'est à faire frémir !... Je n'aperçois pas beaucoup de renards bleus, vous non plus, messieurs ?

— Le fait est que...

— Ils sont chez les pelletiers de la rue de Rivoli, ajouta-t-elle. Vous devez connaître cela, gabier, la rue de Rivoli.

— Mais oui, madame, mais oui, et je ne crois pas que l'on nous voie encore ce soir sous ses arcades ; c'est par là, tenez, toujours tout droit, nous n'avons qu'à attendre l'omnibus Clichy-Odéon.

Un eider vola au-dessus d'eux. La jeune femme épaula, tira et... le manqua. Échec prévu, car ses doigts étaient paralysés à la fois par les moufles et par des excoriations douloureuses résultant de son étourderie : sous un froid de plus de 30 degrés, elle avait, quelques semaines auparavant, saisi sa carabine par le canon ; or, la peau de ses doigts était restée adhérente au métal glacé.

Elle ne se découragea point et partit, courant de son mieux, dans la direction de l'oiseau.

— Il va peut-être se poser, venez, venez, c'est un eider, or, vous savez, messieurs, qu'eider signifie édredon ; je ne serai pas fâchée, vieille, de posséder un édredon pris sur nature.

Et elle continua sa course, gagnant de la distance sur ses trois cavaliers dociles. Ceux-ci avaient allumé une troisième pipe et causaient avec la sécurité de parents qui suivent leurs enfants dans une allée du bois de Meudon.

Bien qu'ils marchassent à peu près en ligne droite, ils ne parvenaient pas à atteindre Tobia dont le pied marin avait exécuté de forts brillants zigzags. Elle avait même disparu.

— La nuit va venir tout d'un coup, dit le gabier, quoiqu'elle ne soit jamais obscure dans ces parages et que de plus nous ayons de la lune en ce moment, il ne serait pas prudent de s'attarder ; on ne sait pas ce qu'il peut arriver, nous sommes en pleine mer sans que cela paraisse, et bientôt en pleine débâcle, il faut songer au retour, hélons la petite dame. Tiens, je ne la vois plus, et vous ?

— Moi non plus, fit le cambusier.

— Moi non plus, répondit le Breton.

Tous trois alors appelèrent Tobia.

Pas de réponse. Pourtant le froid revenant avec la nuit, permettait au son de porter encore assez loin ; on eût pu tenir conversation à travers deux kilomètres de distance. Dès lors, nouveaux appels, nouveau silence. Ils se regardèrent étonnés, anxieux.

— Cherchons-la, fichtre, dit le gabier.

— Elle ne peut pas être bien loin, ajouta le Breton.

Soudain, une oscillation, puis une secousse, les firent chanceler. Ils en furent surpris ; toutefois, occupés par leurs investigations, ils ne prirent garde ni de l'effet ni de la cause. Et pourtant, un cataclysme venait de se produire. La croûte de glace, incommensurable, large et profonde comme un continent, sur laquelle ces hommes cheminaient avec confiance venait de se détacher du pôle et glissait, en y heurtant ses bords, le long des côtes du Groënland, de là des secousses suivies d'un mouvement de rotation, lent, mais sensible pour qui fût demeuré immobile un instant.

En un mot, nos personnages n'étaient plus que sur un immense radeau.

Qu'allaient-ils devenir ?

Après plus d'un quart d'heure d'infructueuses recherches, les trois hommes renouvelèrent leurs appels. On leur répondit. Mais hélas, c'étaient leurs propres voix que leur renvoyait un écho formé d'un amoncellement de glaçons découpés comme les degrés d'un temple indou.

— Elle sera tombée en quelque endroit, dit le gabier, pourvu qu'elle ne soit pas estropiée, le froid va la saisir, elle est perdue, allons, camarades, du nerf, des jambes...

— Mais la voici, s'écria le Breton, en désignant un paquet noir gisant dans le creux d'un roc de glace.

C'était elle, en effet, inerte, déjà refroidie. En escaladant une large aspérité, elle avait cassé son alpen-stock, et était tombée en arrière, les reins sur sa carabine.

Était-elle blessée ? Le crépuscule ne laissait point voir son visage bleui, ses lèvres proéminentes et violacées, ses prunelles boursouflées, et ses paupières rougies.

La relever et l'asseoir sur un siège muni d'un dossier fut une manœuvre habile que le Breton et le gabier exécutèrent de leurs bras et de leurs doigts enlacés. Il ne s'agissait plus que de se mettre en route et de regagner la frégate. Le cambusier fut chargé de marcher en éclaireur pour indiquer les passages les plus commodes.

Les malheureux, se guidant sur la partie la plus lumineuse du ciel, qui était l'ouest, naturellement, se dirigèrent vers cette partie, puisqu'en quittant le navire, ils avaient pris la direction de l'est. Or, en cet instant, le disque mouvant avait presque accompli un quart de tour, de sorte que dans un assez court espace de temps, ils tourneraient le dos au bâtiment.

Leur passage n'avait laissé aucune trace : en eût-il laissé que les innombrables détours occasionnés par les blocs de glace l'eussent annulée.

Donc, ils se perdaient.

— Souffrez-vous ? demanda le gabier à Tobia.

Celle-ci tourna la tête imperceptiblement et s'efforça d'articuler quelque réponse, restée inintelligible.

Le Breton réitéra la question.

— Froid, dit la pauvre inprudente, devenue très laide et en qui, certes, le plus amoureux de ses adorateurs — si elle en avait eu — n'eût point reconnu la sémillante Parisienne qui, peu de mois auparavant, versait le thé avec grâce aux amis de son mari, et parlait de son futur voyage au pôle avec la même légèreté que s'il se fût agi d'aller à Fontainebleau suivre les flèches bleues de l'honorable Dennecourt.

— Tenez-la bon, dit le gabier.

1.

Et le brave matelot se dépouilla de sa tunique de fourrures qu'il enroula de son mieux autour du corps anéanti de la jeune femme. Le cambusier imita cet exemple de charité, il retira de son cou un foulard dont il enveloppa la tête de Tobia, puis tous trois reprirent leur pénible trajet, trébuchant dans une demi-obscurité, glissant, imprimant à la jeune femme de rudes cahots, malgré leurs soins fraternels.

Ils s'éloignaient de plus en plus de la frégate.

— Sans nous en apercevoir, dit le Breton, nous avons fait un fameux chemin tantôt.

— Le fait est que... ce n'est pas raisonnable. On doit être diantrement inquiet à bord.

— Regardez donc les étoiles, dit le cambusier, comme elles tournent !

— C'est ta tête qui tourne, répliqua le gabier, tu ferais mieux de bourrer ma pipe.

— Arrêtez-vous, je vous dis qu'elles tournent, reprit le cambusier, avec l'accent convaincu de Galilée.

On fit halte. La vaste coupole étoilée pivotait en effet avec une vitesse sensible. La catastrophe était découverte.

— Nous sommes perdus, cria le Breton, la secousse de tout à l'heure... et la lune, tenez, qui se lève, là, au sud-ouest, au lieu de sud-sud-est. Mes pauvres amis, nous sommes perdus, la banquise est détachée, nous flottons. Comment nous orienter maintenant ! Va-t-il falloir crever ici, comme Jean Maheu et ses compagnons ?

Et ces hommes, qui n'avaient jamais eu peur, demeurèrent pétrifiés de désespoir. Inconsciemment, ils déposèrent leur fardeau, afin qu'il ne leur échappât point.

— Dire que c'est la faute à cette g..... là, avec son renard bleu, dit le Breton s'oubliant, s'exaltant.

Les camarades, de son avis, ne protestèrent point contre l'injure.

— Parisienne, va, reprit-il, ce n'est bon qu'à vous faire crever, je vais t'en f..... du renard bleu, et il se disposait à frapper d'une vigoureuse pennade le pauvre petit paquet inerte.

— Ne fais pas cela, malheureux, jappa le gabier, perdant la tête, lui aussi, ou je t'enfonce mon couteau dans le ventre ; cogner une femme ! Es-tu fou ? En voilà un lâche !

— Lâche, moi ! Attends un peu ; tire-le donc, ton couteau, voici le mien, tu vas voir, Parisien, si j'ai peur de toi. Voilà assez longtemps que tu te f..... de moi, depuis l'appareillage ; je t'en veux.

— Je le voyais bien, va, que tu m'en voulais, paysan ; allons, hop, retrousse tes manches et fais ta prière, Breton, je vais te saigner.

Les deux hommes fondirent l'un sur l'autre, la lame au poing. Ils se nouèrent comme une pieuvre qui étreint sa proie ; mais l'étreinte paralysant le bras armé de chacun, ils durent se dénouer, se reculer et s'attaquer, avec la science, cette fois, d'Espagnols combattant à la navadja. Le cambusier, quoique malingre, se précipita si courageusement entre les couteaux qu'il évita toute effusion de sang.

— Attendez, leur criait-il, ce n'est pas le moment de se battre, nous allons peut-être mourir ici, celui qui tuera l'autre aura des remords, ce n'est pas chrétien, ce n'est pas français, nous avons besoin l'un de l'autre, voyons, mes amis, assez, assez..... il faut retrouver la France... Lorient... Paris... le capitaine...

Il se démenait, jetait des substantifs incohérents,

n'ayant point le temps de formuler des phrases. Il fit si bien qu'il obtint un temps d'arrêt.

— On sait bien que vous n'avez pas peur, ni l'un ni l'autre, continua le cambusier, et puis, ce n'est pas juste, il y en a un qui n'a plus sa tunique. La dame a remué, vous vous battrez plus tard, en France, cherchons la frégate... etc., etc...

Par un phénomène psychologique admirable, le gabier eut un retour subit du cœur.

— Il a raison, dit-il à son adversaire, nous sommes rudement bêtes, mon vieux, nous reprendrons cela au pays, si jamais nous le revoyons ; tu me retrouveras quand tu le voudras ; pour le moment, faisons la paix...

Et il tendit la main au Breton.

Au lieu d'être gagné par cet élan cordial et de saisir cette main si généreuse, si raisonnable, le Breton, sans broncher, la regarda d'un air stupide.

Avait-il compris ? Avait-il une âme ? Oui, mais lente à comprendre.

— Tu ne veux pas, soit, continua le gabier, assassine-moi donc, frappe dans le dos si cela te fait plaisir ; moi, je ne me bats pas ici ; en voilà deux qui ont besoin de nous, la mort viendra assez vite, c'est sacré, cela, la mort. Réfléchissons un brin, si le bâtiment est enclavé dans le morceau, il tourne avec nous, et alors nous pouvons le joindre ; le diable, c'est de s'orienter, la lune va nous assister... mais c'est que la gaillarde tourne à vous étourdir. Ah ! si j'avais passé mes examens, je saurais trouver le point, avec une bonne montre, si encore nous avions une boussole ! Attendez.

Il calcula la vitesse de la rotation, combinée avec la durée de leur marche, et conclut en désignant la direction approximative du navire. Il se trompait, car le mouvement de la rotation était inégal, et se ralentissait.

— Toi, dit-il au cambusier, tu vas faire une cinquantaine de mètres par là, toujours tout droit, après quoi tu t'arrêteras ; nous, alors, nous nous dirigerons sur toi ; quand nous t'aurons accosté, tu repartiras, et toujours comme cela ; vous verrez que cette ligne droite nous fera retrouver le bâtiment.

Durant ce monologue, le Breton avait retiré sa houppelande, qu'il tendit au gabier en disant :

— Passe cela, toi, c'est à mon tour de geler.

Un peu surpris par cette prévenance, le gabier regarda son Breton, puis lui dit en riant :

— Tu vaux peut-être mieux que tu n'en as l'air.

Et il endossa volontiers le paletot, car il était gelé en effet.

Malgré cet acte bienfaisant en réponse au shake-hands de tout à l'heure, il restait au fond du cœur de chacun de ces deux hommes, — excellents tous deux, et dévoués l'un à l'autre, — un germe de méfiance, assez fort pour empêcher tout rapprochement définitif. Les paroles échangées entre eux avaient toujours été un peu comminatoires, ou provocantes. Ils ne savaient pas se comprendre. Un intermédiaire qui se fût connu en hommes le leur eût enseigné. Or, le pauvre cambusier n'avait pas assez de logique pour effectuer ce miracle. De sorte que le montagnard du Jura et le paysan de l'Armorique ne purent vaincre, non pas leur haine, mais leur réciproque et absurde méfiance.

— Reprenons notre fardeau, dit le gabier.

— Si elle pouvait se tenir et marcher ! Quelle différence, ajouta-t-il en s'agenouillant auprès de la jeune femme pour la voir de près.

— Elle est morte ! s'écria-t-il ! Non ! elle respire !

Tobia s'était, dans sa chute, fait une contusion, assez grave pour avoir enrayé la circulation du sang ; cela joint à la fatigue, à la faim, à la soif et au froid, avait déterminé une prostration simulant la catalepsie.

— Il faudrait la ranimer, dit le cambusier, nous n'avons rien.

Le Breton sortit sa gourde de son vaste gousset, la secoua.

— Si, dit-il ; j'ai encore une goutte de grog, de ce fameux grog que tu as tant blagué, ajouta-t-il amèrement en regardant le gabier.

— Bon cela, dit le marmiton maritime, mais il est froid.

— Non pas, il était dans mon gousset, il est donc tiède, il lui semblera même bouillant, à elle.

Ils parvinrent à faire boire la jeune femme. L'effet fut prodigieux. Elle rouvrit les yeux, parla, se leva, ressuscita.

— Où sommes-nous ? dit-elle. Il fait nuit. Pourquoi ne sommes-nous pas rentrés ? Mon mari... où est mon mari ? Là-bas, comme il va être inquiet..., etc.

Elle débita ainsi un chapelet de questions et de réflexions comme l'eût fait une personne réveillée en sursaut ; puis elle se mit à pleurer abondamment. La bienheureuse crue de larmes acheva de remettre la jeune femme.

On lui cacha l'horrible situation, on l'assura que l'obligation de la porter avait entravé le retour, mais que, si elle pouvait marcher, on serait au bateau avant une heure.

Ce but si cher lui donna des forces.

— Allons, fit-elle, de quel côté ?

— Oh ! pas si vite, madame, dit le gabier, la retenant ;

puis s'adressant au cambusier : Va, toi, et file bien droit comme je t'ai dit.

Elle rendit sa houppelande au Breton, et le remercia affectueusement. Le gabier eut l'extrême délicatesse de ne pas dire que c'était la sienne, c'eût été revendiquer la priorité du bien. Mais le Breton parla.

On retrouve de ces sentiments chevaleresques dans la marine française, ajouterait Chauvin.

Le plan du matelot fut exécuté ponctuellement. Par malheur, au moment même où ils effectuaient la première étape de cinquante mètres, la direction était absolument opposée à celle du navire. Ils fussent partis une demi-heure plus tôt ou cinquante minutes plus tard, la direction eût été juste. La pauvre escouade continua donc de se perdre.

Quelques instants après, ils se heurtèrent à un rempart de glaçons qui s'étendait à perte de vue à gauche et à droite.

— Nous ne sommes jamais passés par ici, dit le Breton en soupirant.

La malencontreuse réflexion eut un effet désastreux. Le gabier restait interdit devant ce rempart qu'il mesurait des yeux d'un air hébété. Ceci n'était rien ; l'effet fut autrement épouvantable sur la jeune femme.

— Vous ne savez donc pas le chemin ! s'écria-t-elle, mais alors vous voulez me... vous êtes des...

Elle eut une syncope.

— On dut faire un nouvel emprunt à la précieuse gourde, laquelle rendit le sens à Tobia pour la seconde et dernière fois, car la gourde était vidée.

Soutenue par les matelots, Tobia reprit connaissance dans leurs bras.

— C'est pourtant bien simple, dit-elle, quelle heure est-il ?

Le cambusier, le seul qui eût une montre, une montre d'argent réglée à peu près, répondit :

— Neuf heures un quart.

— Eh bien, à neuf heures, je l'ai remarqué, la lune est toujours à tribord du gaillard d'arrière, par conséquent, tournons le dos à la lune, et nous rejoindrons le vaisseau. Voici notre chemin, allons ! — Vous n'êtes pas forts pour des matelots, mes amis.

— Pas forts pour des matelots !

La réflexion alla droit au cœur des braves gens. Elle était malsaine. Ils rugirent et se regardèrent en secouant leurs poings crispés. Si un homme leur eût dit ce qu'ils venaient d'entendre, un de ces poings l'eût écrasé sur place.

— Parisienne !

— Bourgeoise ! grommelèrent-ils.

Mais les matelots eurent la divine vertu de se contenir, de ne point révéler à la pauvre femme qu'ils tournaient sur eux-mêmes et que désormais, complètement désorientés, il n'y avait plus qu'à s'attendre à mourir dans les tortures de la faim et du désespoir.

Elle essaya de les entraîner.

Ils s'y refusèrent. Alors elle partit seule, tout effrayée, suivant la ligne qu'elle venait d'indiquer.

Comment la retenir sans lui dire la vérité ?

— Après cela, dit sagement le cambusier, puisque nous sommes perdus, autant la suivre. Vaut mieux qu'elle s'aperçoive de son erreur.

Des clameurs lointaines, des lueurs rougeâtres et mobiles produites par des torches se signalèrent sur la gauche de nos malheureux. C'était le salut.

— Sauvés ! crièrent-ils ensemble : et ils se mirent à appeler de toute la force de leurs poumons, en se dirigeant vers les lueurs, avec l'énergie surhumaine que donne l'instinct de la conservation. Leurs yeux fixés sur les lueurs ne se souciaient plus de la surveillance de leurs pas, ils trébuchaient, glissaient, tombaient, se faisaient mille contusions ; qu'importe ! Ils allaient toujours en avant comme dans un cauchemar, comme dans un supplice dantesque..

Cependant les mille accidents de la route les retardaient ; les lueurs, au lieu de s'aviver et de grandir, s'assombrissaient, s'éteignaient.

De leur côté, trompés par des échos, les sauveteurs avaient pris une autre direction.

— Il faudrait leur faire signe, dit vivement le gabier.

— J'ai du papier, dit le cambusier, si on pouvait l'allumer ; des allumettes, des allumettes !

Et en hâte, il façonna une torche de papier.

— Il ne me reste pas une allumette, dit le gabier.

— J'en ai, moi, dit le Breton, pas beaucoup... trois.

Le Breton frotta une allumette sur l'osier de la gourde, un éclair bleu jaillit, mais l'allumette se carbonisa et s'éteignit.

Cet échec fit redoubler les précautions.

— Entourez-moi bien, dit le Breton, que le vent ne souffle pas, ouvre ton paletot, et toi, tiens prête la torche, ne l'approche pas trop vite, tu éteindrais l'allumette, vous y êtes, attention !

— Si tu passais l'allumette à chose, plutôt, il saurait peut-être mieux... dit le gabier.

Ce disant, il venait d'être repris par son injuste sentiment de méfiance à l'encontre du Breton.

— J'aime autant cela, dit le Breton, en remettant le précieux bout de bois au cambusier.

— Je n'y tiens pas, moi, si elle ratait! Je ne veux pas de cette responsabilité; que madame la fasse partir...

— Vas-y donc carrément, dit le gabier, dépêche-toi, les lumières vont disparaître.

— Approchez-vous de moi, que le vent ne... Vous y êtes?...

— Il frotta; du feu se produisit, mais, la substance chimique se détacha de l'allumette mal fabriquée et tomba sur la glace.

— Nos trois hommes et la pauvre femme tremblaient d'anxiété.

Le gabier envoya au destin une salve de jurons.

— Tu as frotté trop fort, maladroit!

— La dernière! mes amis, dit le Breton, en montrant la dernière allumette qu'il tenait comme une hostie.

— Je ne m'en mêle plus, cria le cambusier, en faisant deux pas en arrière.

— Ni moi, dit le Breton.

— Moi, alors? Jamais! fit le gabier, passez-la à madame.

— Oh! pas moi, se récria Tobia, mais je vous en conjure, hâtez-vous.

— Il faut pourtant que l'un de nous s'en charge, dit le Breton; moi, j'ai frotté la première, lui, la seconde, à toi la troisième; et il mit l'allumette presque de force dans la main du gabier.

Celui-ci la considéra, fit silence, puis s'écria, en la présentant à Tobia :

— Non! c'est la dernière, je ne veux pas, je n'ai pas de chance, cela ne réussirait pas : à vous, j'aime mieux que ce soit vous, c'est une question de vie ou de mort.

La jeune femme se recula encore en se défendant.

— C'est à vous, dit-elle au Breton. C'est vous qui les avez fournies, à vous, vite, vite !

Alors le Breton, pour en finir, saisit l'allumette.

— Que Dieu nous garde... abritez-moi...

— Non, pas toi, s'écria avec violence le gabier, repris et aveuglé par son inconcevable méfiance.

— Pourquoi, pas moi, vociféra le Breton, qui avait deviné un sentiment répondant au sien. Est-ce que tu te méfies de moi ?

— Peut-être.

— Eh bien, tiens, la voilà... l'allumette.

Et s'étant baissé, il la frotta sur la glace avec rage.

— Scélérat, tu nous a tués, fit le gabier bondissant sur lui.

Les deux hommes s'empoignèrent une seconde fois avec une fureur sauvage, roulant, se redressant, retombant lourdement, se mordant avec des rugissements farouches. C'était terrifiant, hideux.

La pauvre jeune femme jetait des cris épouvantables. Or, ses cris sauvèrent la compagnie.

Si le cambusier cette fois n'était pas intervenu, c'est parce que la scène venait de changer de phase. Des lumières nouvelles qu'ils n'avaient pas aperçues de côté avaient surgi tout à coup, grossissant, s'approchant. Or à cette apparition réconfortante, le cambusier s'était précipité au-devant des secours, oubliant ses camarades.

Hâtons-nous d'ajouter que cet oubli fut de courte durée. Lorsqu'il fut sûr de pouvoir communiquer avec les sauveteurs, le cambusier revint auprès des combattants et leur cria à tue-tête dans les oreilles :

— Sauvés, nous sommes sauvés, on vient, le capitaine, le capitaine!

Les deux hommes se lâchèrent, demeurèrent un instant abasourdis, tâchant de ressaisir la situation, puis se relevèrent déchirés et pantelants. En un clin d'œil, sauveteurs et sauvés avaient fait leur jonction et sous la conduite du capitaine, muni d'une boussole, tous regagnèrent le navire.

Deux heures après, Tobia, étendue dans sa cabine, toute souriante, revenait à la vie sous les baisers de son mari suffoqué par la joie.

Dans la marine russe, nos matelots eussent été mis aux fers pour une aussi imprudente escapade, mais ils appartenaient à la marine française avec laquelle l'humanité et la clémence trouvent encore des accommodements, surtout quand ces accommodements ont une femme pour avocat.

Les trois cavaliers de Tobia furent donc déclarés suffisamment punis par les transes subies, et furent quittes de leur trop galante escorte avec une admonestation du capitaine.

Enfin quelques jours plus tard, *la Courageuse*, dégagée à coups d'étrave, à coups de scie, glissait sur une belle eau smaragdine, le cap sur la France.

Aujourd'hui, le gabier et le Breton sont reçus capitaines au long cours, ils se sont enfin compris et réconciliés. Vous les pouvez voir ensemble faire entre deux voyages, d'innombrables parties de billard au principal café de la rue Lecampion, à Granville.

Quant à Tobia, si vous la vouliez entrevoir, allez à l'Opéra-Comique, quand on y joue *Carmen*. Vous verrez poindre dans le couloir des premières loges une jeune femme blonde, chétive et mignonne, mais toute gracieuse, dont les épaules sont couvertes d'une pelisse en renard bleu. C'est elle. Seulement, ne vous faites pas illusion ; le renard bleu a été acheté rue Lafayette.

Jean Alesson.

LE SIRE DE CASTELNAU

CHRONIQUE DU SARLADAIS

I.

Vers le milieu du seizième siècle, on vit naître cette division d'opinions religieuses qui devait bientôt entraîner les peuples à se massacrer entre eux. En France, comme ailleurs, les réformes de Luther, adoptées et refondues par Calvin, avaient trouvé bon nombre de partisans. Le Nord et le Midi étaient partagés en deux camps bien distincts : catholicisme et calvinisme se trouvaient en présence. Le Nord était catholique, presque tout le Midi calviniste. Or, c'était toujours la même opposition qui se manifestait, opposition qui n'était pas seulement celle des hommes, mais de la nature ; aussi était-il impossible qu'elle ne fût pas poussée à l'excès, puisque ces mêmes hommes obéissaient à une force dont ils ne se doutaient pas ; et si le *boucher royaliste*, Blaise de Montluc, gouverneur de la Guyenne, laissait suspendues aux arbres du chemin des traces de son passage, personne n'ignore quels cruels supplices servaient de passe-temps au baron des Adrets, quand il était attaché au parti de la Réforme.

Cependant, les troubles qui agitaient nos provinces trouvèrent quelques pays calmes et tranquilles. Le haut et le bas Languedoc, les habitants des rochers escarpés du Vivarais et du Dauphiné avaient adopté avec empressement les doctrines de la Réforme qu'elles étaient encore à peine connues de certaines villes. Ce n'est pas que les partisans des nouvelles doctrines eussent désarmé. Tout au contraire, ils luttaient avec une ardeur sans cesse renaissante, et dans le Périgord en particulier, le protestantisme cherchait à se répandre par tous les moyens possibles. La ruse autant que la force était même mise en œuvre pour atteindre ce but.

Avant le massacre des protestants à Vassy (1er mars 1562), Périgueux était déjà en proie aux dissidences religieuses, et Sarlat soutenait un siège terrible contre les partisans de Calvin ; mais le peuple refusait de croire aux nouvelles doctrines que prêchait un ministre récemment arrivé de Genève. Simon Brossier n'était parvenu à propager ses croyances que dans les manoirs environnant les villes, lorsqu'il fut fait prisonnier d'après l'ordre de Chilhaud de Pronsault. Il n'avait pu rallier à sa foi qu'un petit troupeau de gens rustiques dont il forma l'église de la Roche-Beaucourt.

Après sa mort, qui arriva trois mois après sa seconde arrestation, cet homme trouva de la pitié dans le cœur de ceux qui n'avaient pas même voulu l'écouter, et le fanatisme catholique fit éclore ce que la force ni la ruse n'avaient pu obtenir. La captivité de Brossier montra ce que peuvent les châtiments en fait de croyance. Les esprits irrités s'enflammèrent, l'imagination s'exalta ; les prédications de ses partisans, qui avaient eu lieu la nuit jusqu'alors, se firent au grand jour, et Calvin eut en peu d'années plus de sectateurs que le catholicisme dans le Périgord.

La guerre civile, allumée presque en même temps sur tous les points de la province, y produisit les plus déplorables désordres. Non seulement la cupidité endurcissait les cœurs, mais encore la haine aveuglait les esprits, et la vengeance venait en aide à toutes les mauvaises passions. On ne connaissait plus les liens de la famille, on n'avait plus aucun respect pour les supérieurs ; l'obéissance à l'autorité était méconnue, et les serviteurs avaient si peu de soumission qu'ils se révoltaient souvent contre leurs maîtres. Les choses en vinrent à ce point que les domestiques de l'évêque de Périgueux, Pierre Fournier, ne craignirent pas de l'assassiner dans sa maison de campagne, le 14 juillet 1575.

Au milieu de ce théâtre d'horreurs, alors que catholiques et protestants mettaient tout en œuvre pour faire triompher leur cause, la ville de Sarlat seule était restée fidèle à son culte, et, en 1574, elle avait pu repousser de ses murs, pour la seconde fois, les protestants qui l'avaient assiégée sans succès douze ans auparavant. Cependant les réformés ne cessaient de piller et de détruire les autres villes du Sarladais, et comme ils trouvaient asile dans quelques châteaux, le sang coulait partout.

Peut-être l'histoire que nous allons rapporter paraîtra-t-elle romanesque et lugubre. Pourtant, si le lecteur daigne se reporter comme nous à l'époque de la Réforme, deux ans après les faits que nous venons de signaler, et quatre ans après le massacre de la Saint-Barthélemy, il voudra bien sans doute croire véridiques les détails suivants, que nous avons empruntés à un chroniqueur contemporain.

II

C'était en 1576, vers la fin du mois de juillet. Sarlat, la ville catholique, venait de voir une insulte faite à ses croyances religieuses. Un homme, à ses derniers moments, avait ordonné que ses obsèques eussent lieu sans aucune cérémonie ecclésiastique.

Cette ville, qui devait son origine à un monastère de Bénédictins, ayant appartenu au pieux Bernard, comte de Périgord, lequel en donna la propriété à Pépin le Bref, Sarlat, disons-nous, voyait pour la première fois dans ses murs un pareil exemple d'audace sacrilège. On ne pouvait alors admettre la libre-pensée. Aussi, tous les cœurs étaient indignés, et personne pourtant n'osa s'opposer au convoi du protestant, qui fut déposé dans la tour du cimetière, sans prêtre, sans croix et sans flambeaux. Or, tandis que les Catholiques gémissaient d'un fait si nouveau et si étrange pour eux, les Calvinistes habitant les manoirs du Périgord triomphaient, car il y avait des hommes assez puissants et assez hardis dans la ville pour défendre les dernières volontés d'un de leurs coreligionnaires mourant.

La nouvelle de cet événement venait de se répandre parmi les rares seigneurs catholiques des environs de Sarlat, lorsqu'un jeune homme sortit le soir des ruines du château de la Broue et prit, en hâtant le pas, un chemin qui descendait vers la Dordogne. Sa démarche circonspecte avait quelque chose d'inquiet et de bizarre. On eût dit qu'il redoutait une surprise, et cette crainte s'explique, si l'on songe aux déplorables excès auxquels se livraient alternativement catholiques et calvinistes. Le fanatisme, en étouffant les vertus évangéliques, ne permettait plus aux partis d'écouter aucun sentiment d'humanité : on ne songeait qu'à la haine et à la vengeance.

La mise simple de ce jeune homme, mais telle pourtant qu'un vrai disciple de Calvin l'eût trouvée mondaine, s'adaptait parfaitement à sa taille petite et pleine de noblesse. Son visage, où brillait tout le feu méridional tempéré par l'urbanité française, était presque caché par un vaste feutre gris à larges bords, que balayait une plume noire. Une épée, comme le plus fier duelliste en eût désiré une, et sur le pommeau de laquelle il appuyait sa main gauche, complétait son costume.

Arrivé près de la rivière, il s'avança résolument vers un saule placé au milieu d'une touffe de roseaux. S'étant appuyé sur l'arbre, il s'élança et tomba dans une petite barque habilement dissimulée par les hautes herbes qui l'entouraient. Là, après s'être débarrassé de son épée, il détacha une chaîne de fer qui retenait le bateau aux racines du saule ; puis, en quelques bonds, il fut au milieu de la rivière, dont il suivit le courant.

La journée avait été belle, les dernières gerbes du soleil couchant s'étaient cachées derrière les montagnes, et le crépuscule frais et embaumé remplissait l'air de calme et de douceur. Il y avait déjà quelque temps que le bruit cadencé de ses rames frappait la surface unie de l'eau, lorsque notre jeune rameur vit la lune large et argentée se lever tranquillement au-dessus des rochers de Montfort. Alors, il tira un livre d'une aumônière, et s'étant étendu, la tête appuyée sur la partie supérieure de sa barque, il resta absorbé dans sa lecture.

La nacelle, abandonnée au courant de l'eau, flottait

douce et tranquille, laissant après elle un léger sillon. Partout on entendait ces mille bruits silencieux qu'il est si agréable d'écouter le soir : la queue argentée d'un poisson frappant l'onde, le clapotement de l'eau contre la barque ; puis c'était l'astre des nuits dont la lumière veloutée, se reflétant dans la rivière, traçait une longue traînée de paillettes étincelantes.

Toute cette poésie si belle à connaître, toutes ces sensations si douces à sentir réagirent peu à peu sur l'esprit du jeune homme, dont les sens étaient déjà magnétisés par le voluptueux mouvement de la barque allant à la dérive. Comme si la parole faisait plus vivement sentir ce que l'on éprouve, des sons entrecoupés s'échappèrent d'abord de ses lèvres ; puis, ce fut un murmure soutenu. Bientôt, on put distinguer quelques mots ; les sons prirent peu à peu plus de volume, devinrent plus distincts ; enfin l'on entendit, chanté par une voix pure, claire, nette, harmonieuse, le sublime *Cantique des cantiques de Salomon.*

Plongé dans cette poésie orientale dont la beauté et la grandeur étonnent d'admiration, le jeune homme ne s'était pas aperçu que son esquif était déjà loin, bien loin du lieu de départ. Domme et ses fortifications, dont la Dordogne semble saper les fondements, Laroque-Gageac, Saint-Julien et leurs rochers étaient passés, et la masse noirâtre de Castelnau commençait même à se découper dans le bleu du ciel : mais il oubliait tout. La ville de Domme, dont autrefois, dans son enfance, il avait admiré, le soir, les anciennes murailles dentelées d'étoiles, n'avait pas même attiré ses regards, et pourtant elle était toujours belle à voir.

Bâtie en 1282, par Philippe le Hardi, pour servir de retraite à ses gens de guerre, Domme s'était élevée sur l'emplacement d'une forteresse que Simon de Montfort avait fait détruire en 1214. Longtemps en butte aux attaques des Anglais, souvent prise et reprise, elle avait eu maintes fois à souffrir, et si elle s'était toujours relevée de ses ruines, c'était pour être constamment en proie à de nouvelles luttes. Cette petite ville avait donc un passé glorieux ; mais elle n'était plus aux yeux du jeune catholique qu'une place forte, dont les collines hautes et escarpées donnaient un asile aux Huguenots vengeurs des massacres de leurs frères. Ainsi seul avec lui-même, il se laissait aller à son enthousiasme, et sa voix résonnait dans toute son étendue comme la harpe d'or d'un séraphin. Les anges devaient être jaloux de ces chants. Un instant la voix s'arrêta, le cantique était terminé, et l'on n'entendit plus que le gémissement des ondulations venant lécher la rive et le murmure des vagues sous les rochers.

Cependant, la voix reprit encore plus belle qu'auparavant, car l'émotion et les larmes passaient au travers. C'était une hymne sublime qui n'a de supérieure que le cantique de Salomon, une hymne belle comme celle qui l'a dite, belle comme celle qui l'a entendue : c'était le cantique de Marie ! Pour sentir tout ce qu'il y avait alors d'admirable dans ce chant, il faut se reporter au lieu et au moment de la scène, et se l'imaginer modulé par un jeune homme, par un poète catholique, par un exilé que l'on traque à chaque instant. Il avait presque fini, lorsqu'un faible cri immédiatement suivi d'un mugissement sourd de l'eau vint couper en deux le verset qui s'échappait de ses lèvres. Ramené à lui d'une façon aussi brusque, le jeune homme frissonna, et d'un bond il fut debout dans la barque. Ses yeux fixés sur l'onde semblaient l'interroger. L'oreille tendue, il cherchait à

2.

percevoir le moindre bruit, et sur son visage anxieux et troublé, le courage semblait le disputer à la crainte de voir paraître un être surnaturel. Tout à coup, de longs cheveux et une forme indécise parurent à peu de distance de la nacelle. Le chapeau et le pourpoint du jeune homme tombèrent dans la barque.

Il s'élança.

Un quart d'heure après, Jean Dydier de la Broue était sur le rivage, à genoux auprès d'une jeune fille complètement inanimée. Les tresses noires de sa belle chevelure, collées sur son visage, faisaient ressortir la pâleur de son teint. Ainsi couchée sur le sable, sans force et sans mouvement, elle semblait une sainte devant laquelle un jeune homme était en adoration. Inquiet, troublé, il ne savait comment lui faire reprendre connaissance. Enfin la jeune fille parut donner quelques signes de vie. Pour faciliter la respiration, Dydier déchira sa gorgerette, et un médaillon frappa sa vue ; un portrait d'homme était peint sur chacun des deux côtés ; il les regarda, et, à la clarté de la lune, il put distinguer deux noms écrits au-dessous des personnages du médaillon : MARTIN LUTHER, — JEHAN CALVIN.

— Une Huguenote ! s'écria-t-il aussitôt en frémissant.

La jeune fille, qui en ce moment ouvrait les yeux, absorba tous ses soins. Bientôt pourtant, elle eut assez repris ses sens pour qu'il put s'éloigner quelques instants : il voulait rejoindre son bateau qui s'était arrêté un peu plus loin.

La pauvre femme tremblait de tous ses membres transis, et l'avait à peine entendu lorsqu'il lui avait parlé.

Dydier plongea de nouveau et saisit le bateau, avec lequel il eut bientôt regagné le rivage. Ayant pris son pourpoint, son épée et son livre, il ne tarda pas à reprendre sa place auprès de celle qu'il venait de sauver, et recommença tous ses efforts pour la rappeler entièrement à la vie.

La jeune fille put enfin parler et dire à son sauveur combien elle regrettait qu'il l'eût arrachée à la mort qu'elle désirait. Elle venait pourtant de lui exprimer toute sa gratitude, quand un mouvement de curiosité féminine lui fit prendre le livre placé à côté d'elle. Elle l'ouvrit et ayant lu le titre : *Lytanies de madame la Vierge*, elle le rejeta loin d'elle et mit ses mains sur son visage en étouffant ces mots :

— Oh ! un Papiste !

III

Les environs de Sarlat étaient toujours désolés par les cruautés des calvinistes. Non contents de ravager les campagnes, ceux-ci étaient parvenus en certains lieux à chasser les ecclésiastiques de leurs temples, et ils y célébraient la Cène ; puis, poussés par une frénésie qui n'a pas de nom, ils brisaient les croix placées sur la voie publique, et chaque jour les villes du Périgord ruisselaient du sang de nouvelles victimes.

Parfois on voyait des réformés, arrêtés après de tels actes, traverser la ville revêtus d'un sac de pénitent, la tête rasée et découverte, la corde au cou, les pieds nus, un cierge à la main. Ils marchaient ainsi au supplice, car ils étaient massacrés après avoir fait amende honorable devant l'autel qu'ils avaient outragé. Mais plus souvent, heureux de se venger, en souvenir des atrocités commises sur leurs frères à Annonay, en 1563, ils agissaient de représailles, incendiant les maisons, massacrant les habitants, violant les femmes qu'ils forçaient ensuite à plonger un poignard dans le sein de leurs époux.

Tous les bons catholiques étaient au désespoir. En effet, les partisans des nouvelles doctrines devenaient chaque jour plus nombreux, et le calvinisme avait tellement fait de progrès qu'il s'était introduit jusque dans les communautés religieuses; souvent même des nonnes fugitives adoptaient publiquement la religion des réformés.

Guy de Castelnau, l'un des seigneurs du Sarladais, n'avait pas tardé à embrasser les doctrines de Calvin. Fanatique à l'excès, comme tous les renégats, il était impitoyable pour ses anciens coreligionnaires. On le redoutait partout, et son acharnement à poursuivre les catholiques, avait fait choisir, par les réformés, les environs de son château, bâti dans une position extrêmement remarquable, pour le lieu de leur retraite.

C'était de là que le baron de Castelnau partait suivi de ses bandes pour exercer sa haine et ses cruautés contre les partisans de la cour de Rome. Digne en tout de son aïeul, Seguin de Badefol, seigneur de Castelnau de Berbière, qui répandait l'effroi, le carnage et la misère partout où il passait, « le sire de Castelnau, se baignait » dans des ruisseaux de sang, meurtrissant tous les chré- » tiens, hommes, femmes et petits enfants ».

L'histoire nous apprend que deux siècles auparavant, en 1360 et 1362, Seguin de Badefol, surnommé *le roi des compagnies*, avait dévasté toute l'Auvergne et les provinces voisines; il avait rançonné les villes, pillé les églises et fait sa place d'armes de celle de Saint-Julien. Or Guy de Castelnau, qui tenait à honneur de dépasser son *noble* aïeul, « détruisait les crucifix, brûlait les saints livres, tuait les docteurs et prêtres cruellement et inhumainement, et allait arracher les catholiques de la grotte de Miremont, où ils se réfugiaient pour célébrer leurs saints mystères ». Aussi, depuis le 24 août 1572, combien de cris de mort avaient retenti près de la *Tombe de Gargantua* (1) ! Combien de soupirs étouffés dans les eaux noires et profondes qui serpentent autour des labyrinthes de la grotte, comme les eaux du Styx au fond du sombre Tartare !

C'était Marie, la fille du sire de Castelnau, que Dydier de la Broue avait arrachée à la mort.

Deux mois après la scène que nous venons de décrire, assis tous deux, sous un berceau des jardins de Castelnau, laissant aller leur imagination, ils parlaient d'amour et de plaisir. Marie avait sa main droite dans celle de Dydier, l'autre allait machinalement caresser la tête d'un superbe chien des montagnes assis à ses pieds. Regardant, sans les voir peut-être, les sites charmants qui se déroulaient devant eux, l'un près de l'autre, ils énuméraient les obstacles qu'il leur fallait surmonter pour se voir, pour s'aimer et pour se consoler ensemble.

Marie racontait à ce moment, ses beaux yeux noirs baignés dans ceux de Dydier, comment elle avait voulu mettre fin à ses jours pour échapper à la tyrannie de son père. Il l'avait tirée de son couvent qu'il avait détruit par l'incendie ; puis il lui avait fait apostasier la religion

---

(1) La Tombe de Gargantua est une énorme pierre placée dans la partie la plus humide de la célèbre grotte de Miremont ; elle est ainsi nommée parce qu'on la prendrait effectivement pour le tombeau de quelque géant. La grotte de Miremont, signalée et depuis longtemps décrite par les naturalistes et les cosmographes, est l'une des plus curieuses de la France.

catholique, la religion de sa mère, pour la courber à l'exigence rude et sévère de celle de Calvin.

Elle lui disait, dans son langage harmonieux et pénétrant, toutes ses souffrances, toutes ses douleurs, toute cette histoire intime enfin que connaît si bien la femme malheureuse, tout ce drame de chaque instant, de chaque minute, que contient son cœur et que nous traitons souvent de folie, faute de le comprendre. Puis, détournant ses yeux de ces sombres tableaux, elle les reportait sur les deux mois de bonheur passés l'un auprès de l'autre, disant à Dydier l'horreur qu'elle avait éprouvée pour lui, catholique, papiste (horreur inspirée par son père), et son étonnement de le trouver bon, généreux et beau, au lieu du monstre qu'elle s'attendait à voir. Enfin, et sa voix devenait de plus en plus mélodieuse, elle lui disait ce sentiment nouveau qui s'était glissé dans son cœur, cette seconde existence qui avait absorbé tout son être pour ne lui faire voir que Dydier, ou plutôt qui avait réuni par une étrange sympathie l'âme et le cœur de Dydier à son cœur et à son âme.

Ensuite Marie s'étendait et lui détaillait une à une toutes les richesses de ce nouveau monde qu'il lui avait fait entrevoir et où il l'avait guidée. Et regardant dans l'avenir, elle trembla de voir ce bonheur s'évanouir; elle trembla pour Dydier, car elle, n'était-ce pas lui? Elle pensa à son père, au sombre et sévère huguenot.

— S'il venait à connaître mon amour pour toi, pour un papiste, dit-elle, il nous briserait tous deux !

Et ses idées devenant plus sombres, elle ne put supporter la pensée de voir son Dydier malheureux. Alors elle se mit à pleurer, et folle, éperdue d'amour, elle l'enlaça de ses beaux bras, comme si elle eût voulu le retenir et défendre la vie de son amant.

A ce moment, le chien tressaillit et laissa échapper un sourd grognement aussitôt comprimé.

— Tais-toi, Borg ! dit Marie, et, avec une grâce enfantine, elle leva la main comme pour le frapper.

Le chien ferma les yeux et se rapprocha en rampant de sa maîtresse ; mais sa tête n'était plus tournée vers elle, ses narines étaient dilatées, ses oreilles droites ; il flairait quelque chose.

Dydier alors répondit à Marie, dans ce langage que connaissent seuls les amants. Vivement ému par les larmes de celle dont il partageait les craintes, s'exaltant peu à peu lui-même, il s'éleva dans ces régions où bien peu de jeunes cœurs ne se sont pas enivrés. Puis sortant de cette extase que l'on a voulu flétrir du nom d'espaces imaginaires, il revint sur la terre, et entre lui et Marie il vit aussi le sire de Castelnau froid et inexorable, un mur d'airain, un obstacle insurmontable. Alors, comme tout est possible au paroxysme de la passion, un seul moyen se présenta à lui ; il résolut d'enlever Marie. Un prêtre les unirait, son oncle, son second père, qui l'aimait tant (1) ; et ensuite loin, bien loin, ils iraient chercher le bonheur, inconnus du monde, ne le connaissant pas, vivant pour eux, seuls avec leur amour.

Quand une femme aime, il n'y a qu'un monde pour elle, c'est son amant ; elle oublie tout pour lui, et Marie consentit. Dydier n'avait plus qu'un scrupule.

— Mais tu es protestante ? dit-il.

— Ma mère était catholique, répondit Marie entraînée.

(1) Jean de la Broue, chanoine de Sarlat, testa en 1572 en faveur de Françoise de Constantin, mère de Jean Dydier, l'aîné de la famille et par conséquent héritier naturel. Sa mort fit passer tous les biens sur la tête de son frère puîné, François de la Broue, seigneur de Blagnac.

— Ainsi, tu veux devenir?...

— Tienne à jamais.

— Et catholique?

— Et catholique!... Nous aurons la même foi et le même amour.

Borg fit un bond furieux, en jetant un aboiement terrible.

— Allons! manants! éclata une voix que Marie reconnut aussitôt, arquebusez-moi ce plaisant mignon!

Plusieurs coups de feu partirent au même instant. Marie tomba évanouie. Dydier voulut saisir son épée, mais inutilement; il était blessé au bras droit. Se jetant aussitôt de côté, il se perdit dans les taillis.

Le sire de Castelnau s'avança la dague à la main, mais ne voyant plus que sa fille :

— Allons, mille cornes du diable, nous n'avons fait qu'effaroucher le bel oiseau, dit-il avec le même sang-froid que le maréchal de Tavannes, président au massacre de la Saint-Barthélemy. Et prenant Marie à son bras, sur lequel elle se plia comme un roseau, il regagna le château suivi de ses arquebusiers.

IV

Le 18 octobre 1576, par une soirée sombre et orageuse, un esquif se détachant sur les vagues blanches d'écume de la Dordogne, aborda vers l'endroit où se trouvent maintenant quelques maisons dont le groupe forme ce que l'on appelle *Caudon*. Deux personnages couverts de leurs manteaux en descendirent, et si quelqu'un se fût trouvé là, à la lueur d'un éclair qui déchira la nue et illumina leurs visages, il eût pu les reconnaître pour Dydier de la Broue et Marie de Castelnau. Dès qu'ils furent sur le rivage, un chien blanc, que l'on connaît déjà sous le nom de Borg, s'élança de la barque auprès d'eux, et tous trois prirent en silence le petit chemin tortueux montant à la chapelle taillée dans le roc, et qui, objet d'un pèlerinage religieux alors, est à peine maintenant un but de curiosité banale.

A les voir s'avancer, mornes et sombres, serrés dans leur cape, les yeux baissés, on les eût pris pour des condamnés allant au supplice, tant leur visage était pâle, leurs traits contractés, leur marche silencieuse et froide. La tristesse de la nature semblait en harmonie avec celle de leur âme ; tout présageait le violent combat qu'allaient se livrer les éléments. Sur un horizon brun roulaient de grands nuages noirs, semblables à des cercueils, que fendait parfois un éclair blanc, comme pour faire ressortir encore l'horreur de l'obscurité qui entourait les deux amants.

Ce calme précurseur d'un orage, répandu dans toute l'atmosphère, rendait plus terrible et plus sonore le roulement lointain du tonnerre, répété en vastes échos par les rochers voisins. Tout ce magnétisme extraordinaire auquel nul mortel ne peut résister, réagissait puissamment sur leur âme, et c'est à peine si Dydier pouvait soutenir le bras de Marie, appuyée contre lui, pour lui demander une protection dont il avait peut-être lui-même grand besoin.

Ils étaient arrivés à peu près à mi-côte, que de larges gouttes d'eau commencèrent à tomber ; mais ils étaient tellement absorbés dans leurs pensées qu'aucune plainte ne s'échappa de leur bouche lorsque la pluie vint les fouetter au visage. Seulement, ils se resserrèrent dans leurs manteaux et essayèrent de hâter le pas.

Le chemin qu'ils suivaient était rapide et raboteux; tous deux y marchaient avec beaucoup de peines et de difficultés. Marie, faible et languissante, s'arrêtait à chaque instant pour reprendre haleine; alors le bras de Dydier se roulait autour de sa taille, tandis qu'une douce parole venait lui remettre un peu d'espérance et de courage au cœur. Dans un de ces moments de repos, un éclair prolongé sillonna le sombre horizon et vint éblouir leurs yeux. Marie se rejeta aussitôt dans les bras de son amant et y cacha sa tête, en disant :

— Oh! j'ai peur!

Dydier ne put parler, tant il était obsédé de tristes pressentiments; mais, par un dernier effort frénétique, il enleva la jeune fille, et entraîné par une force surnaturelle, il gravit rapidement le chemin qui le séparait encore de la chapelle. Il ne s'arrêta que pour déposer celle qu'il aimait sur le seuil de la porte, où un prêtre les reçut.

C'était Jean de la Broue, chanoine de Sarlat. Forcé par les fureurs de la guerre civile d'abandonner la ville où il exerçait son saint ministère, il s'était réfugié avec d'autres ecclésiastiques dans ce lieu retiré, afin d'y prier et d'y être encore utile aux catholiques qui viendraient implorer son assistance.

Cette pauvre chapelle que tout Sarladais doit connaître, ressemble assez d'en bas à une tombe, et, à travers son clocher en ruines, on entrevoit la verdure qui recouvre les rochers, à peu près comme à travers les interstices d'un squelette. Si l'on y pénètre, la ressemblance est encore plus affreuse. Taillée dans le roc, elle n'a que l'emplacement nécessaire pour célébrer le service divin. Étroite, petite et oblongue, le rocher pèse sur elle comme une lourde pierre de cercueil et étouffe la respiration. L'air y est humide, chaud et fétide, tel que celui qui s'échappe d'un caveau, et l'ouverture ressemble à une fente de tombeau apportant les bruits de la vie à un mort. Le roc taillé en saillie forme l'autel.

C'est là que devaient s'unir les deux amants.

Arrêtés un instant à l'entrée pour se recueillir, ils purent contempler à leur aise l'intérieur de la chapelle, et, impressionnés comme ils l'étaient, cet examen augmenta l'horreur qui leur ceignait l'âme.

Bâtie depuis vingt-sept ans à peine (1), cette chapelle avait déjà été plusieurs fois victime du pillage et de la dévastation des biens de la famille de la Broue par les protestants (2). Aussi était-elle noire et sans aucun des riches ornements qui l'avaient jadis décorée. Les pieux cénobites qui desservaient cet humble temple avaient constamment à dire l'office des morts pour les infortunés catholiques qu'immolaient les réformés, en représailles aux mânes de leur coreligionnaires ; et ils ne possédaient pour tout ornement d'église qu'un vaste drap noir semé de larmes d'argent, lequel restait toujours suspendu aux parois de la chapelle. Or, pour célébrer un mariage, ils n'avaient eu ni le temps ni les moyens de s'en procurer d'autre.

Deux torches de cire jaune aux côtés de l'autel éclairaient l'intérieur et ressemblaient plutôt à des lampes sépulcrales qu'aux flambeaux de l'hyménée. Puis, au lieu d'orgues et de chants grégoriens, le vent, qui tourbillon-

---

(1) Elle fut fondée le 29 mars 1549, par Noble Martin de la Broue et Françoise de Constantin, sa femme.

(2) Deux procès-verbaux, des 5 mars et 2 décembre 1552, constatent que les maisons appartenant au sire de la Broue furent brûlées par les calvinistes pour le punir de son attachement à l'Église catholique.

nait par rafales dans les bois environnants, mugissait à travers les fentes de la porte mal jointe, et leur jetait une étrange harmonie. Parfois aussi l'ouverture qui laissait pénétrer l'air dans la chapelle s'illuminait tout à coup, et un éclair fulgurant venait les éblouir et faire pâlir la sombre lueur des flambeaux.

Sur un signe du chanoine, Marie et Dydier s'approchèrent de l'autel et s'y agenouillèrent, tandis que leur inséparable compagnon Borg, accroupi près de la porte, semblait en garder l'entrée.

Le service commença.

Cependant l'orage augmentait au dehors et prenait plus d'intensité. Toute la nature était en feu. Les éclairs partaient brillants de tous les points de l'horizon et se croisaient comme en un centre lumineux avec un éclat impossible à soutenir : l'obscurité plutôt que la lumière manquait à cette nuit. La pluie balayée par l'ouragan arrivait presque sur les marches de l'autel, et le vent faisait vaciller la flamme des torches s'allongeant en tourbillons de fumée noire.

L'officiant invoquait Dieu avec plus de ferveur, et les regards des fiancés qu'un vague pressentiment semblait attirer l'un vers l'autre, se croisaient plus fréquemment et devenaient plus reluisants d'amour. Enfin le prêtre que l'émotion avait gagné, ne pouvant résister au contraste de ces deux êtres si beaux, si jeunes, si aimants, avec l'aspect de la nature en ce moment, prononça les paroles sacramentelles, et unit leur mains en versant un torrent de larmes.

L'homme de Dieu, un instant troublé par la grande voix des éléments, crut alors entendre l'Éternel lui demander solennellement pourquoi il avait sanctifié l'union du ravisseur et de la fugitive. Mais il se rassura promptement en pensant qu'il venait de remplir un saint devoir. L'un des deux époux lui était cher comme son propre enfant, et l'autre rentrait dans le sein de l'Église catholique !...

De leur côté, et comme s'ils eussent été poussés par une commotion électrique, les deux jeunes gens se levèrent, après avoir reçu la bénédiction, et Marie se précipita sur le sein de Dydier.

Le prêtre en larmes venait de s'agenouiller au pied de l'autel : il continuait ses prières...

A cet instant un coup de tonnerre épouvantable retentit, la porte s'ouvrit avec violence, et le vent, s'engouffrant dans l'intérieur de la chapelle, éteignit les torches qui l'éclairaient.

L'horreur qui s'empara du pieux ministre et des deux époux ne saurait s'exprimer. Le vénérable chanoine avait interrompu sa prière et personne n'osait faire le moindre bruit. Marie, dont le cœur battait à peine, était soutenue par Dydier, qui se faisait lui-même un appui du rocher. Tout était noir, silencieux, mort. Il y eut quelques secondes de tortures indicibles. Enfin ce silence terrible fut interrompu par quelque chose de plus affreux encore. Borg se mit à hurler lamentablement. Chacun de ses aboiements arrivait lent et monotone au cœur des deux amants comme une lame glacée de poignard. Ils comprenaient tous deux cet avertissement de leur fidèle compagnon.

Tout à coup le bruit d'une arquebuse se fit entendre sous la voûte sombre, en même temps qu'un sillon de feu illuminait la chapelle, et le Christ d'ébène qui décorait l'autel roula à terre. Le chien lança un cri sonore et clair.

Puis on entendit ces mots articulés d'une voix de tonnerre :

— Sang Dieu ! la main te tremble, vil lourdaud. Tu crains de perdre ton âme puante. Vas donc apprendre chez ton cousin Satanas à mieux ajuster de l'arquebuse.

Et un second coup de feu, suivi d'un cri de douleur suprême, retentit dans la chapelle.

Dydier et Marie avaient reconnu en même temps la voix du sire de Castelnau. Ils reprirent en quelque sorte courage, car ils savaient enfin qui les attaquait ; ils savaient contre qui ils allaient se défendre.

Celui qui venait de les unir, Jean de la Broue, le premier, reprit la parole, et leur montrant l'ouverture latérale de la chapelle qu'un éclair avait permis d'apercevoir.

— Fuyez ! enfants, dit-il. Puis, étendant les mains sur eux et levant les yeux au ciel, il ajouta avec émotion : « Seigneur, mon Dieu, doux salvateur, ayez miséricorde d'eux, et vous, enfants, fiance en lui ; fuyez !

Dydier avait repris toute sa présence d'esprit. Le danger qu'il courait et le besoin de sauver celle qu'il aimait lui avaient rendu son calme et son sang-froid. S'étant assuré, en faisant plier son épée, qu'elle était en état de le défendre, il prit Marie dans ses bras, appela Borg et s'élança par le chemin que lui indiquait le respectable prêtre dont les soins avaient guidé son enfance, en lui disant :

— Mon père, priez pour nous !

V

Cependant le sire de Castelnau avait tout prévu ; un arquebusier placé au-dessous de l'ouverture annonça par ses cris et un coup de feu que l'objet de leurs recherches venait d'échapper. Aussitôt toute la troupe, son chef en tête, fut autour de lui, et ils se concertèrent pour savoir quel parti il avaient à prendre. L'implacable baron était trop exalté pour penser à autre chose qu'à ressaisir sa fille ; aussi, quoique l'on jugeât à peu près inutile de poursuivre les fugitifs, fallut-il obéir à sa volonté et se préparer à l'accompagner.

Pour rendre les recherches plus sûres, on alluma des torches ; mais le vent et la pluie les eurent bientôt éteintes, et lorsque l'on se fut mis en marche, celles qui brûlaient encore ressemblaient au milieu de l'obscurité à des feux follets errant sur une lande déserte.

Ces quelques minutes de halte n'avaient pas été perdues pour les deux fugitifs. Un instant arrêté pour reprendre haleine, Dydier, regardant derrière lui, avait aperçu la lumière des torches, immobile et fixe. Il avait compris sans peine l'incertitude du sire de Castelnau sur la route qu'il devait suivre. Un vague espoir de salut lui traversa l'esprit. Marie, à qui le froid et la pluie avaient rendu l'usage de ses sens, s'était sentie assez forte pour suivre Dydier, et tous deux s'étaient mis en marche avec une espérance au cœur. Tous deux, non, tous trois, car leur fidèle chien des montagnes ne les quittait pas.

Dire quel chemin ils suivirent est impossible. La nuit était trop sombre, les éclairs trop éclatants pour qu'ils pussent le remarquer. Seulement après avoir descendu quelque temps, passé des ruisseaux, heurté des rochers, franchi des fossés, ils commencèrent à monter sur un terrain rude et couvert de pierres. Dydier se rassurait, car il croyait s'éloigner des bords de la rivière et arriver bientôt dans un lieu inaccessible à la vengeance.

Ils s'arrêtèrent enfin sur un emplacement uni et dur comme le marbre. Il leur parut assez large ; mais l'obscurité les empêcha de juger au juste s'il s'étendait loin. Ruisselants d'eau, brisés de fatigue et d'émotion, ils ne savaient plus de quel côté diriger leurs pas, quand Marie tomba d'épuisement. Dydier, penché sur elle, cherchait à la ranimer. Bientôt elle reprit ses sens, et murmura d'une voix lente et affaiblie :

— Où sommes-nous donc, Dydier ?

Borg, qui jusque-là s'était promené en furetant et sans bruit, poussa un long aboiement où il y avait quelque chose de surnaturel. Un éclair traversa le ciel. Un second aboiement, mais un aboiement douloureux, qui semblait partir du vague de l'air, éclata, et le court instant de silence qui le suivit fut troublé seulement par le bruit de l'eau qui venait de se refermer sur un cadavre.

— Au rocher de Caudon ! répondit Dydier anéanti ; puis, montrant une lueur rouge qui s'avançait vers eux :

— Et voici ton père, Marie !

Pour comprendre ce qu'il y avait d'affreux dans ces mots si simples, il faut absolument connaître l'endroit où se passait cette scène. Le rocher de Caudon !... Il faut avoir vu de la rive opposée cet énorme pic de cent pieds de haut, nu et aride comme un crâne dépouillé, s'avançant sur la rivière, en affectant la forme d'une vaste cuirasse et, ainsi qu'une cuirasse, ayant une ligne proéminente au milieu. On dirait l'armure d'un géant oubliée là après sa défaite. Il faut avoir visité l'espèce de grotte qu'il forme en surplombant de sa masse le niveau de la Dordogne ; il faut, disons-nous, avoir vu l'eau qui baigne son pied, noire, tranquille et profonde, ressemblant à celle qui, dans la *Diva Comedia*, fait sept fois le tour de l'enfer ; il faut avoir contemplé tout cela pour sentir quel cri de détresse Dydier venait de pousser dans ces mots :

— Le rocher de Caudon !

Aussi ne pensa-t-il plus à la fuite, car le père de Marie arrivait devant lui et allait leur barrer le passage.

Ainsi tout était fini : il leur fallait abandonner la vie, si jeunes, si beaux, si aimants ; la vie qui s'ouvrait devant eux avec toutes les réalités que le prisme de la jeunesse fait paraître si belles ; la vie si douce, si riante, si parfumée à vingt ans ; tout cela n'existait plus pour eux. La mort seule leur restait. La mort de tous côtés, ici et là, devant et derrière, la mort, partout la mort. Marie comprit tout et se résigna. Son père approchait ; il les avait vus se détacher sur un éclair qui raya l'horizon. Aussi, du plus loin qu'il put, cria-t-il d'une voix altérée de rage et de plaisir :

— Je te tiens donc enfin ! larron d'honneur, dérobeur de filles, vilain mécréant !

Puis il ajouta d'une voix plus forte encore :

— A genoux !

— Oui, dit Marie en prenant la main de Dydier et en l'obligeant à s'agenouiller, — à genoux !

Elle pria un instant avec ferveur. Cette femme, si faible auparavant, était sublime alors.

Quand elle eut fini, elle se releva rayonnante de bonheur. Son père n'était plus qu'à quelques pas d'eux. Par un sentiment féroce, il s'était arrêté pour considérer ces deux êtres qu'il tenait enfin en sa puissance et sur lesquels il allait venger trois mois de tortures. On eût dit un tigre, une patte sur sa proie et aiguisant ses griffes de l'autre pour l'écorcher.

— Dydier, dit Marie, tu as oublié une chose ; c'est ton présent de noces.

— Eh bien ! que veux-tu ? dit celui-ci étonné.

— La mort de ta main et un dernier baiser de ta bouche.

— Viens, dit-il, je t'aime!... Mais avant que son amante fût dans ses bras, il chancela, glissa sur la pierre unie et disparut dans l'abîme, en jetant à Marie un éternel adieu.

Marie resta droite, immobile, les yeux fixés sur le gouffre, regardant sans voir la trace passagère qu'avait ridée la surface de l'onde. Ses dents claquaient, son corps tremblait, et pourtant la sueur ruisselait sur son front. Cette fièvre, cet état de folie, durèrent un moment, une seconde.; puis tout à coup Marie s'élança dans la Dordogne en criant :

— Oh! oui, Dydier, à toi, toujours à toi!...

A ce moment le sire de Castelnau arriva, et il put entendre le clapotement sourd de l'eau qui venait de recevoir une nouvelle victime.

EUGÈNE D'AURIAC.

UN DUEL SÉCULAIRE

FANTAISIE EXCENTRIQUE

I

A l'époque d'activité littéraire où nous sommes parvenus, la tâche de l'écrivain devient chaque jour plus difficile et plus pénible, en ce sens qu'il est obligé, pour acquérir une certaine valeur relative, de se frayer une nouvelle voie à travers les sentiers battus de la littérature, et de se créer une sorte de spécialité nouvelle au milieu de tant de spécialités d'élite et de tant d'illustres renommées.

Le lecteur se dégoûte facilement de ce qui lui plaît. Insatiable dans sa voracité toute sensuelle, refusant aujourd'hui ce qu'il admirait hier, dédaignant demain ce qu'il recherchait aujourd'hui, son estomac à peu près lassé devient certes très difficile à servir, et toutes les ressources culinaires du célèbre Carême appliquées à la facture des drames, du roman et du feuilleton, ne suffiraient pas à rassasier, si je puis m'exprimer ainsi, cette gourmandise effrénée qui se renouvelle tous les jours avec une sorte d'intensité presque désespérante.

Comme nous devons en tout suivre les proportions relatives de nos forces et ne pas dépasser les bornes de notre puissance intellectuelle, nous n'avons nullement la prétention de suivre ni d'imiter M. Eugène Sue dans son pèlerinage de gigantesque haleine. — Le *Juif-Errant* est, du reste, un infatigable piéton ; et si le célèbre auteur dont nous venons de parler se dispose à l'accompagner dans toutes ses excursions sur le globe terrestre, le dénouement, malgré l'impatience générale, sentiment excité par la singularité du sujet, pourrait bien se faire attendre jusqu'au jour du jugement dernier, époque où, selon les probabilités les plus généralement admises, le voyage d'Ahasvérus se terminera sans doute dans la sombre et retoutable vallée de Josaphat.

Notre intention n'est donc pas d'ajourner, en ce qui nous concerne, le lecteur à un rendez-vous aussi indéterminé, et, dans la courte esquisse biographique que nous allons faire passer sous ses yeux, c'est tout au plus s'il s'agit pour lui de la simple bagatelle de *cent ans!*

Et qui de nous dans sa sphère respective ne compte pas atteindre au moins ce chiffre si raisonnable et si minime d'existence terrestre !

On le voit donc, ce rendez-vous ne peut nullement blesser la susceptibilité de personne, et notre conscience ne nous fait aucun reproche de fixer nous-même cet ajournement, persuadé que l'on nous tiendra compte de nos efforts et de notre bonne volonté si nous sommes assez heureux pour réunir l'intérêt du style à l'originalité de l'idée et à l'exactitude plus ou moins historique des faits.

Cela dit, nous entrons en matière.

II

En 1744, il y a juste cent ans de cela, se faisaient remarquer à la cour brillante et dissolue de Louis XV le marquis Achille de Lestranges et le vicomte Édouard d'Apremont.

Il est sans doute fort inutile de vous dire si M. le marquis de Lestranges était plus brun que le vicomte d'Apremont, ou réciproquement si le vicomte d'Apremont était plus blond que M. le marquis de Lestranges. A l'époque dont il s'agit ici, les contrastes ne pouvaient guère exister que par la différence des traits du visage ou des formes du corps, la perruque poudrée nivelant au blanc toutes sortes de cheveux et de chevelures.

Pour le portrait physique, il nous suffira donc de savoir que M. le vicomte d'Apremont était du même âge que M. le marquis Achille de Lestranges ; que M. le marquis de Lestranges maniait aussi bien l'épée que M. le vicomte d'Apremont, et que M. le vicomte d'Apremont était aussi joli garçon que M. le marquis de Lestranges.

La seule différence réelle qui parût exister entre eux, c'était que M. le vicomte Édouard d'Apremont marchait la pointe du pied légèrement tournée en dedans, et que M. le marquis Achille de Lestranges portait toujours son chapeau sous le bras gauche tandis que M. le vicomte d'Apremont était dans l'usage de le porter sous le bras droit.

Notez bien, s'il vous plaît, cette dernière circonstance.

Ceci convenu, passons.

Égaux en noblesse, en fortune, en esprit, en bravoure,

comme ils l'étaient en âge et en beauté physique, les deux jeunes seigneurs s'étaient liés de l'amitié la plus étroite, et s'étaient juré par les serments les plus irrévocables, quelles que fussent d'ailleurs les circonstances accidentelles de leur vie, de ne jamais violer des engagements aussi sacrés.

Peines, plaisirs, amours, succès, honneur, tout fut commun entre eux.

Désignés au roi par le maréchal de Saxe comme s'étant particulièrement distingués à la célèbre bataille de Fontenoy (le lecteur me permettra ce léger anachronisme d'un an, la bataille de Fontenoy n'ayant eu lieu qu'en 1745), les deux amis furent pourvus le même jour d'une lieutenance aux gardes et reçurent des mains du roi lui-même, juste appréciateur du mérite, la décoration de l'ordre de Saint-Louis.

On le voit la fortune se posait en tiers dans leur amitié, et ne prodiguait jamais une faveur à l'un sans que l'autre obtînt la même part dans ses capricieuses caresses.

C'étaient les principes saint-simoniens mis d'avance en pratique par deux adeptes de l'école galante du marquis du dix-neuvième siècle.

Ce fut ainsi qu'ils atteignirent l'âge de vingt-cinq ans.

III

Or, en l'an 1744, ainsi que nous venons de le dire, la duchesse de Monclar présenta dans les petits appartements de Sa Majesté sa jeune nièce, la comtesse Berthe de Savoisy, fille du lieutenant général comte de Savoisy, alors à l'armée pour le service de l'État.

Dix-huit ans à peine, la figure la plus agréable, la taille la plus enchanteresse, l'esprit le plus malicieux et le plus espiègle que l'on pût espérer de rencontrer au milieu de la cour la plus sémillante et la plus spirituelle du monde, tels étaient les principaux titres de Berthe de Savoisy à l'admiration générale.

Ajoutez à cela l'éclat d'un beau nom et les avantages d'une immense fortune, considérations du premier ordre dans tous les temps possibles, et vous ne serez pas surpris que, huit jours après sa réception officielle, la noble comtesse Berthe de Savoisy comptât autant d'adorateurs qu'il y avait de jeunes et brillants chevaliers dans les splendides appartements de la florissante cour de France.

Louis XV d'ailleurs, qui se connaissait en jolies femmes, avait trouvé Berthe ravissante, et ce mot, prononcé par la bouche du roi, fut bientôt répété par les mille échos de Versailles.

Le duc d'Ayen, fils du second maréchal de Noailles, les Castries, les Biron, les Mirepoix, les Coigny voltigèrent donc de prime abord autour de la nouvelle divinité et s'efforcèrent de mettre en pratique auprès d'elle les excellentes leçons du maréchal duc de Richelieu, que ses nombreux succès en tout genre firent surnommer le favori de l'amour et de la fortune.

M. le marquis Achille de Lestranges et M. le vicomte Édouard d'Apremont ne furent pas, on le devine sans peine, des derniers à se mettre sur les rangs pour lui plaire.

IV

Avec la plus généreuse loyauté dont l'histoire amoureuse puisse faire mention dans ses annales, les deux amis ne se cachèrent ni leurs prétentions, ni leurs espérances réciproques.

Par un hasard presque incroyable, la comtesse Berthe de Savoisy, qui devinait sans doute les sentiments secrets des deux jeunes seigneurs, distribua ses regards et ses sourires avec une impartialité si scrupuleuse que M. le marquis de Lestranges ne pouvait s'apercevoir si M. le vicomte d'Apremont était un rival préféré, et que M. le vicomte d'Apremont ne savait au juste s'il devait se flatter de l'emporter sur M. le marquis de Lestranges.

A leur insu, la jalousie commençait à se glisser entre eux.

Aussi, le jour où leur rivalité devait éclater à tous les yeux ne devait pas tarder à arriver.

Ce jour fut celui de la Saint-Louis, si je ne me trompe, le 25 août de cette année de grâce 1744.

Par une fatalité désastreuse, la noble comtesse Berthe de Savoisy, parée de ses plus beaux habits pour présenter au roi Louis XV le bouquet d'usage pour le jour de sa fête, laissa tomber ce bouquet, cueilli de ses propres mains dans les jardins de Versailles, dans le salon particulier de madame la duchesse de Montclar, sa tante, au moment où, escortée par la fine fleur de la chevalerie française, elle allait se mettre en marche pour s'acquitter de son important office dans cette auguste cérémonie.

M. le marquis Achille de Lestranges se trouvait placé à droite de la noble comtesse Berthe de Savoisy ; M. le vicomte Édouard d'Apremont se trouvait naturellement à gauche.

Or il arriva que le bouquet royal fut rouler juste aux pieds de M. le vicomte d'Apremont, lequel si le lecteur veut bien se le rappeler, portait toujours son chapeau sous le bras droit.

Par un concours de circonstances vraiment remarquables, il advint que M. le marquis Achille de Lestranges, exécutant rapidement une pirouette à droite en tournant légèrement sur lui-même, ramassa le bouquet de fleurs avant M. le vicomte Édouard d'Apremont, qui ne put assez tôt dégager son bras droit, et le remit entre les blanches mains de la noble comtesse Berthe de Savoisy, qu'il effleura galamment d'un baiser bien tendre et bien voluptueux.

M. le vicomte Édouard d'Apremont devint successivement bleu, rouge, jaune et violet ; puis ne pouvant supporter ce qu'il appelait une indigne usurpation de ses droits, puisque le bouquet était tombé de son côté, il appliqua le soufflet le plus insolent sur la joue droite de M. le marquis Achille de Lestranges, qui devint à son tour rouge, bleu, jaune et violet — du soufflet qu'il avait reçu.

Et ce fut un grand scandale dans les salons de Versailles ; car la noble comtesse Berthe de Savoisy s'évanouit dans les bras de la duchesse de Monclar, sa tante ; Sa Majesté le roi Louis XV n'eut pas de bouquet pour le jour de sa fête, et le marquis de Lestranges assigna un rendez-vous pour le soir même, dans la forêt de Saint-Germain-en-Laye, à M. le vicomte Édouard d'Apremont.

Telle fut la fin de l'amitié sincère des deux jeunes seigneurs de la cour de Louis XV, tout cela parce que la noble comtesse Berthe de Savoisy, dont ils étaient amoureux, laissa tomber son bouquet de fleurs dans le salon particulier de la duchesse de Monclar, sa tante, et encore parce que M. le vicomte d'Apremont avait la malencontreuse habitude de porter son chapeau sous le bras droit, tandis que le marquis de Lestranges le portait sous le bras gauche.

— Comme des petites causes viennent les grands effets.

V

Le duel eut lieu avec toutes les règles et les formalités d'usage.

Le marquis Adolphe de Valmont et le baron Charles de Solanges furent les témoins de M. le vicomte d'Apremont ; le chevalier César de Jaucourt et le comte Alexandre d'Arville furent les témoins de M. le marquis de Lestranges.

Les conventions suivantes avaient été préalablement arrêtées :

1° Les deux antagonistes devaient se servir de l'épée et se battre pendant deux heures consécutives, à moins que des blessures très graves n'empêchassent l'un des deux adversaires de continuer la lutte ;

2° Dans le cas où la première rencontre serait sans résultat décisif, un nouveau rendez-vous était convenu pour le même jour de l'année suivante, et ainsi de suite jusqu'à la mort de l'une des deux parties respectives, ou jusqu'à ce que la noble comtesse Berthe de Savoisy vînt mettre un terme à leur rivalité en se décidant pour l'un des deux prétendants, ou en épousant toute autre personne qui pourrait mieux lui convenir ;

3° M. le vicomte Édouard d'Apremont et M. le marquis Achille de Lestranges s'engageaient à n'avoir d'autre épouse que la noble comtesse Berthe de Savoisy, sauf toutefois les accidents prévus par les articles qui précèdent.

Ces conditions furent d'abord mises sous les yeux de la noble comtesse Berthe de Savoisy, qui, en femme d'esprit sinon de cœur ne se décida pour personne.

Ce qui fut cause que, dans cette journée, M. le vicomte d'Apremont blessa légèrement à la main M. le marquis de Lestranges.

Un an après, le même jour de la Saint-Louis, les deux rivaux se retrouvèrent en présence ; et cette fois ce fut M. le marquis de Lestranges qui blessa légèrement M. le vicomte Édouard d'Apremont.

Comme la noble comtesse Berthe de Savoisy continuait toujours à ne pas se décider et persistait néanmoins dans son rôle de jeune demoiselle, le duel se prolongea avec un avantage à peu près égal des deux côtés.

Seulement, quand la révolution eut obligé les principaux seigneurs de la cour à quitter la France, la célèbre Forêt-Noire remplaça la forêt de Saint-Germain-en-Laye pour les épreuves nouvelles de MM. de Lestranges et d'Apremont. — Plus tard, à la seconde restauration, ce fut le parc du château de Rambouillet qui remplaça la Forêt-Noire, comme plus tard encore, à la révolution de juillet ce dernier théâtre fut à son tour supplanté par le bois de Boulogne.

Quatre-vingt-dix-neuf ans s'écoulèrent ainsi !

IV

Il y a quinze jours de cela, c'est-à-dire le 25 août 1844, même fête de Saint-Louis, deux voitures de maître se croisèrent au bois de Boulogne et se dirigèrent d'un commun accord, vers la partie du bois la plus éloignée des promeneurs.

Deux vieillards bien frais et bien dispos, et portant l'uniforme d'officier général, s'élancèrent chacun de sa voiture respective. — Leur contenance était ferme et déterminée, ils agitaient chacun un pistolet de la main droite. Malgré ces témoignages essentiellement hostiles, ils se saluèrent avec la politesse la plus cérémonieuse et la plus exquise.

Le premier des deux était M. le marquis Achille de Lestranges, maréchal de camp des armées du roi, pair de France, etc., etc.

Le second était M. le vicomte Edouard d'Apremont, maréchal de camp des armées du roi, pair de France, etc., etc.

Nos anciennes connaissances venaient d'atteindre l'âge très modeste... de *cent vingt-cinq ans.*

Par une nouvelle convention arrêtée huit jours à l'avance, pour des raisons que le lecteur peut facilement s'expliquer, vu les quelques années de nos personnages, le pistolet avait cette fois remplacé l'épée.

Les domestiques privilégiés des deux adversaires devaient aussi servir de témoins.

Quelques minutes après leurs saluts réciproques, les deux antagonistes étaient placés à vingt pas l'un de l'autre, et M. le marquis de Lestranges désigné par le sort, dirigeait son pistolet sur M. le vicomte d'Apremont.

Le galop précipité d'un cheval dans une des allées so-litaires qui conduisaient à la place isolée de notre scène dramatique vint arrêter l'explosion de l'arme à feu de M. le marquis de Lestranges.

Les deux adversaires se rapprochèrent l'un de l'autre comme par un mouvement involontaire et attendirent en silence l'arrivée du cheval et du cavalier qui venait à eux.

Ce cavalier, qui n'était autre qu'un laquais, habillé de noir de pied en cap, et le chapeau galonné couvert d'un large crêpe de deuil, s'approcha respectueusement des deux derniers débris de la cour florissante de Louis XV, et leur remit la dépêche suivante, qui n'était autre chose qu'une lettre de faire part ainsi conçue :

M.

Vous êtes prié d'assister aux funérailles de la noble comtesse Berthe de Savoisy, épouse morganatique de Son Altesse Royale Monseigneur le prince de Holstein-Rupaldorf, décédée en son hôtel, hier 24 août de la présente année, à huit heures quarante-cinq minutes du soir, à l'âge de cent dix-huit ans et quelques mois.

Le convoi se réunira à l'hôtel de Savoisy, rue de Grenelle-Saint-Germain. Le service funèbre aura lieu dans l'église de Saint-Thomas-d'Aquin, de 3 à 4 heures du soir.

Un *De profundis*, s'il vous plaît.

Paris, 25 août 1844.

Les deux pistolets s'échappèrent à la fois des mains des deux antagonistes.

— Mariée ! s'écrièrent-ils au comble de la stupéfaction et de l'étonnement.

Et le souvenir de leur amitié passée venant à se réveiller tout à coup dans les cœurs glacés de ces deux vieillards centenaires, ils s'élancèrent dans les bras l'un de l'autre et s'embrassèrent avec l'affection la plus sincère et la plus véritable.

Ils venaient cette fois de rétrograder d'un siècle !...

— Nous avons été cruellement joués, dit à la fin M. le marquis Achille de Lestranges. Et nous ne pouvons même nous venger d'elle, puisqu'elle est morte ! ajouta-t-il avec un soupir de regret.

— Il est cependant un moyen bien doux de le faire, mon ami, dit en souriant M. le vicomte d'Apremont à M. le marquis de Lestranges.

— Et lequel ? fit celui-ci avec une expression chagrine de doute et d'incertitude.

— Eh parbleu ! répliqua le vicomte Edouard d'Apremont en reprenant pour un instant toutes les prétentions cavalières d'un jeune marquis du dix-huitième siècle ; parbleu ! mon cher, c'est de vivre cent ans de plus pour compenser notre amitié perdue d'autrefois : ce duel est au moins cent fois plus raisonnable.

Les deux amis remontèrent cette fois dans la même voiture.

Quoique M. le vicomte Edouard d'Apremont ait toujours conservé l'ancienne habitude de porter son chapeau sous le bras droit, nous doutons fort que les gentilles Berthe de notre temps aient le pouvoir de l'impressionner par les bouquets de fleurs qu'elles pourraient bien laisser tomber à ses pieds par esprit de coquetterie.

Il y a longtemps, du reste, que, de son côté, M. le marquis de Lestranges ne ramasse plus de bouquets.

Pour nous, dont la tâche est encore loin d'être finie, nous vous dirons, dans cent ans, si nous sommes en vie, le résultat du dernier duel séculaire de M. le marquis Achille de Lestranges et de M. le vicomte Edouard d'Apremont, et nous vous apprendrons lequel des deux antagonistes aura, cette fois, fait défaut à sa parole d'honneur et à ses nouveaux engagements.

André de Bellecombe.

(*Écrit en* 1844.)

UNE TÊTE PERDUE

En ce temps-là, — c'était le bon, — l'Algérie n'avait ni députés, ni préfets, ni chemins de fer; et moi, j'avais vingt-cinq ans.

J'étais payeur-adjoint à la Trésorerie de l'armée d'Afrique, et mes fonctions consistaient surtout à mener les convois de fonds que le payeur-général expédiait d'Alger aux places de l'intérieur.

On chargeait sur des mulets deux ou trois cent mille francs, en écus, divisés par caisses de dix mille, chaque mulet portant deux caisses et conduit par un soldat du train, à pied. On me donnait une escorte, composée d'un peloton de chasseurs à cheval. En tout, une douzaine de fantassins et une douzaine de cavaliers, moi compris.

C'était peu pour protéger de si grosses sommes, et je me suis demandé souvent pourquoi les Arabes nous laissaient passer. Une centaine de maraudeurs armés aurait eu bon marché de nous, et, en se partageant le trésor, chacun de ces messieurs aurait touché un joli dividende.

Heureusement, ils étaient mal renseignés et les convois ne partaient pas à jour fixe; si bien qu'il n'est jamais arrivé d'accident.

Voilà ce que c'est que d'avoir affaire à des barbares. Dans un pays civilisé, il se serait formé une société en commandite pour exploiter ces mines d'argent qui voyageaient périodiquement à travers des contrées désertes où un Fra Diavolo bien avisé serait devenu millionnaire en six mois.

Je ne songeais guère à ces mauvaises chances, et c'était pour moi une fête que ces expéditions, de vrais déplacements de chasse où je tirais les perdrix posées et où j'aurais pu tuer les lièvres à coups de bâton. Tous les soirs, au bivouac, plantureuse cuisine, et à l'arrivée chez un camarade de la Trésorerie, bon souper, bon gîte et le reste. Sans compter le plaisir de respirer en route l'air vif des montagnes et de cavalcader à tort et à travers.

L'ennui, c'était de n'avoir personne à parler. Le commandant de l'escorte était le plus souvent un sous-officier plus ferré sur le règlement que sur la grammaire, et peu disposé à frayer avec un payeur qui n'était militaire qu'à demi, quoiqu'il portât un uniforme, un sabre et trois galons à son képi.

Il m'échut pourtant une fois de tomber sur un maréchal des logis qui n'avait pas du tout l'air d'un vieux grognard. C'était un grand garçon à moustaches blondes que je classai du premier coup d'œil dans la catégorie des fils de famille enregimentés pour cause de fredaines. Mais celui-là paraissait avoir pris le métier à cœur. Il s'occupait de ses hommes, et son teint bronzé par le soleil attestait qu'il n'en était plus à sa première campagne.

∗ ∗ ∗

Nous allions de Blidah à Milianah : deux étapes longues et pénibles, à cause des difficultés du terrain. On marche continuellement dans des ravins pierreux, et il faut passer vingt fois à gué un gros ruisseau qu'on nomme l'Oued djer.

Je devais donc cheminer deux jours en compagnie de mon sous-officier, et naturellement, je voulais savoir ce qu'il avait dans le ventre, comme disent les troupiers.

Nous avions échangé quelques mots de politesse, mais il ne me semblait pas disposé à prolonger la conversation et je crus m'apercevoir qu'il m'étudiait, pendant que, de mon côté, j'examinais à la dérobée ses allures et sa physionomie. Je remarquai bientôt qu'il avait le profil aristocratique, la main fine, les cheveux bouclés, et qu'il ne montait pas à cheval avec cette raideur d'attitude qu'on prend au régiment. Il avait dû, dès l'enfance, apprendre l'équitation chez son père. J'essayai de renouer l'entretien et je n'y réussis pas. Il répondit brièvement aux questions banales que je lui posai et il alla se replacer à la tête de son peloton.

Je renonçai à faire parler ce taciturne et je me consolai en fusillant le gibier qui se levait à chaque instant sous les pieds de mes hommes. Ce n'est pas très commode de tirer quand on est à cheval; il m'arrivait fréquemment de manquer et je surprenais des sourires moqueurs sur les lèvres de mon *march'is*. Évidemment il me prenait en pitié, et piqué de ses railleries muettes, je décidai que je ne lui adresserais plus la parole, en dehors des rapports de service.

Mais il était écrit que nous ferions connaissance.

Au troisième passage de l'Oued djer, nous eûmes de gros embarras. C'était à la fin de novembre. Il faisait un temps superbe, mais il avait beaucoup plu les jours précédents, et le ruisseau, grossi par des averses diluviennes, était devenu un torrent. Un de mes mulets s'abattit et s'en alla au fil de l'eau avec les vingt mille francs du gouvernement. Le maréchal des logis essaya de le rattraper, mais son cheval buta contre une pierre et lui fit prendre un bain complet. Je me trouvais à portée, et pendant que les soldats du train se lançaient à la poursuite du mulet en dérive, j'aidai mon sous-officier à se remettre d'aplomb sur sa selle.

Il était trempé des pieds à la tête, et, au lieu de me emercier, il jurait comme un païen.

— C'est bien fait, criait-il ; ça t'apprendra à te ruiner pour Cyprienne.

C'était à lui-même qu'il adressait cette singulière objurgation, et je ne pus m'empêcher de rire. Il me lança d'abord un regard courroucé, puis, comprenant qu'il serait ridicule de se fâcher, il se mit à rire aussi et il me dit :

— Pardon, monsieur ! C'est un souvenir qui me revient toujours quand je me trouve dans un mauvais pas.

En même temps, il porta vivement la main à une espèce de sacoche accrochée à ses fontes et il reprit :

— Dieu merci, les cordes n'ont pas cassé. J'aurais mieux aimé me noyer que de perdre cette musette.

— Diable ! lui dis-je. Elle est donc pleine d'or et de diamants ?

— Non, mais, si elle était restée au fond de la rivière, je me serais cassé la tête avec un de mes pistolets.

— Et Cyprienne aurait eu à se reprocher un méfait de plus. J'ai retenu le nom que vous venez de prononcer, parce que, moi aussi, j'ai eu à me plaindre d'une Cyprienne.

— C'est peut-être la même.

— La mienne joue la comédie, à Paris, aux Folies-Dramatiques.

— Juste ! s'écria mon sous-officier. Eh bien ! puisque vous la connaissez, vous savez qu'elle vaut la peine qu'on fasse des bêtises pour elle. Je rage par moments, mais dans le fond je ne lui en veux pas.

La glace était rompue. Les soldats avaient repêché le mulet, et tout le convoi avait enfin abordé l'autre rive. Nous entamâmes une de ces causeries sans fin où un récit en amène un autre. Il me raconta son histoire et je vis que j'avais à peu près deviné. Il avait dissipé sa fortune à mettre en pratique le refrain que chante Robert le Diable : *Le vin, le jeu, les belles.* Seulement, il s'était ruiné dans un chef-lieu de département. Avant de figurer à Paris sur une scène de quatrième ordre, Cyprienne cabotinait en province, et lorsqu'il était devenu son heureux amant, elle jouait les ingénues au théâtre de la petite ville où il gaspillait sa jeunesse et son patrimoine.

* *
* *

L'aventure était vulgaire, mais l'homme ne l'était pas. Il avait une façon à lui de dire les choses et l'esprit tourné au comique, avec une pointe d'amertume. Il prétendait ne rien regretter de ses splendeurs passées, mais il soupirait en regardant un petit chien qui trottait devant son cheval, et il lui échappa une fois de murmurer :

— Pauvre bête ! c'est tout ce qui me reste d'elle !

Ce chien qu'il appelait Brusquet, — et plus familièrement Quéquet, — était un affreux griffon, mâtiné de caniche, ébouriffé et crotté jusqu'aux yeux ; mais il ne restait jamais en arrière et aucun obstacle ne l'arrêtait, pas même les cours d'eau qu'il passait à la nage, comme un vrai terre-neuve.

4.

On voyait tout de suite qu'il avait fait partie d'une troupe de comédiens nomades.

Mon *march'is* n'avait habité Paris qu'en passant, mais il connaissait un tas de gens que je connaissais, et je fus amené à lui demander son nom, après lui avoir dit le mien.

— Les camarades m'appellent Bogue, mais ce n'est qu'un sobriquet. J'ai un nom d'arbre.

— Pommier, alors... ou Poirier?

— Non. Il y a un *de* avant mon nom.

— Le fait est que je n'ai jamais entendu parler d'un M. de Poirier...

— Ni d'un M. de Prunier, je suppose. Eh bien ! cherchez ! Je vous arrêterai quand vous aurez deviné.

L'énigme me parut drôle, et je me mis à défiler toute une nomenclature végétale, sans trouver son arbre patronymique.

Il riait de bon cœur, et je m'amusais à l'interpeller par un nouveau nom d'arbre, chaque fois que je lui adressais la parole ; bien entendu, je choisissais de préférence les plus baroques : M. de Peuplier, M. de Tulipier, M. de Cocotier.

Je finis par me fixer à Coignassier, et je ne l'appelai plus autrement.

Nous étions maintenant les meilleurs amis du monde, et le reste de l'étape se passa gaiement à deviser de faits de guerre et d'amour, comme dit Coconnas dans la *Reine Margot* d'Alexandre Dumas.

Il en était venu à blaguer Cyprienne qu'il avait tant aimée.

*
* *

Nous devions bivouaquer près d'un de ces petits dômes,

blanchis à la chaux, que les Français appellent très improprement des marabouts, et nous apercevions déjà dans le lointain la coupole, — *qobba*, — consacrée à Sidi Abd el Kader Bou Medfâ, lorsqu'un Arabe tout dépenaillé sortit de la broussaille et engagea avec mes soldats du train une conversation en *sabir*.

Le *sabir* est une langue immortalisée par Molière dans le divertissement du *Bourgeois Gentilhomme*, — « *si ti sabir; ti respondir* », — et les troupiers d'Afrique en tirent un merveilleux parti.

Cet Arabe avait bien la mine d'un coupeur de routes, mais il n'avait pour toute arme qu'un bâton et nous ne prîmes pas garde à lui.

Cinq cents mètres plus loin, nous en rencontrâmes trois autres, aussi misérablement vêtus que le premier et d'apparence aussi inoffensive. Mes hommes ne demandaient qu'à les faire causer pour se moquer d'eux, de sorte que ces vagabonds purent cheminer avec le convoi. A cause des trois cent mille francs, je me serais volontiers passé de cette pouilleuse compagnie et je leur demandai ce qu'ils voulaient.

— Tiens ! s'écria le *march'is*, vous avez appris l'arabe ? Quelle drôle d'idée !

Je n'étais pas de première force, mais j'en savais assez pour les interroger et même pour comprendre ce qu'ils disaient entre eux. Ils me répondirent qu'ils allaient au marché à Milianah et qu'ils me priaient de leur permettre de passer la nuit près de nos feux de bivouac. Je ne dis ni oui ni non, et je consultai mon sous-officier, lequel déclara que nous n'avions pas à nous inquiéter de leur présence, attendu que, s'ils bougeaient, il se chargeait à lui seul de les embrocher tous les quatre avec sa bonne latte de Tolède. — Le romantisme n'était pas encore passé de mode.

Sur quoi, le plus sale de la bande se jeta sur une des bottes de Coignassier et lui embrassa le genou. Cette effusion de respect et les efforts que fit le *march'is* pour se débarrasser du suppliant me réjouirent fort, mais, je ne sais pourquoi, je m'imaginai que, tout en brossant de baisers la basane du pantalon de mon nouvel ami, l'Arabe tâtait de la main gauche la sacoche pendue à l'arçon de la selle.

J'avais mal vu sans doute, car si ces gens avaient le projet de voler quelque chose, assurément ce n'était pas la ration d'orge que devait contenir la musette du maréchal des logis.

Je crus aussi entendre l'homme au burnous rapiécé dire tout bas, en arabe, à ses compagnons : « Elle y est, » mais j'attachai d'autant moins d'importance à ce propos que je n'étais pas sûr d'avoir bien compris.

*
* *

Une demi-heure après, nous arrivions à la *gobba* qui se dresse au sommet d'un mamelon verdoyant. C'est un bivouac fait à souhait pour le plaisir des yeux et les commodités de la vie. On est entouré de montagnes superbes. L'eau de la fontaine est claire comme du cristal et on n'a qu'à se baisser pour couper du bois qui flambe comme une bourrée.

Coignassier fit mettre les chevaux au piquet et dresser les tentes. La mienne était une grande tente d'officier, et, quand elle fut debout, mes hommes y déposèrent les caisses d'écus qui allaient me servir de lit, avec ma couverture de campagne pour draps et ma selle pour oreiller.

Les feux s'allumèrent vite, et les marmites commencèrent à ronfler. J'avais, pendant l'étape, tué trois lièvres et une dizaine de perdrix. Il y en eut pour tout le monde. J'avais logé dans mes cantines une terrine de foie gras du Périgord, six bouteilles de Bordeaux et trois flacons de vieille eau-de-vie. Mon ordonnance cuisinait assez bien. J'invitai Coignassier, et nous fîmes un excellent souper qui acheva de le mettre en liesse. Il avait amené son chien et apporté son sac qui décidément devait contenir des matières précieuses, car il ne s'en séparait jamais, et, pour plus de sûreté, Quéquet se coucha dessus.

Les Arabes que nous avions rencontrés en route s'étaient assis sur leurs talons près du feu des soldats du train qui se divertissaient à leur offrir du lard, objet d'horreur pour tout bon musulman, mais qui leur jetaient de temps à autre un morceau de biscuit ou un os à ronger.

Le cognac chassa la mélancolie de l'ancien amant de Cyprienne. Il ne me parla plus du passé et il m'entretint de ses espérances d'avancement. Il ne me cacha point qu'il avait une fois été cassé de son grade pour des bamboches un peu trop corsées, mais il me laissa entendre qu'en ce moment il était chargé d'une mission importante et que, s'il la remplissait bien, il ne tarderait guère à passer maréchal des logis chef.

Puis nous sortîmes de la tente pour fumer en plein air, et je ne fus pas peu surpris de voir Coignassier tirer de sa ceinture rouge une clarinette, — une vraie clarinette d'aveugle, — qu'il emboucha sans vergogne et sur laquelle il exécuta la marche des Tartares, morceau très célèbre de *Lodoïska*, un opéra de feu Kreutzer, qui jadis charma nos grand'mères.

Je me tenais les côtes, et cette étrange musique attira non pas les chasseurs qui connaissaient les habitudes de leur sous-officier, mais les *tringlots* et les rôdeurs arabes, qui le prirent certainement pour un fou. A ce titre, il leur inspirait un certain respect et, quelques heures plus tard, il dut peut-être la vie à cette heureuse erreur.

Quand il eut fini son air, il rengaîna gravement sa clarinette, congédia l'assistance d'un geste majestueux et me dit :

— Que voulez-vous ! Je suis comme ça. J'aime la marche des Tartares. Tous les goûts sont dans la nature, et en expédition, on joue de ce qu'on peut. J'aimerais mieux jouer du piano, mais on a oublié d'en installer un dans le marabout. Là-dessus, bonsoir ! Je ferai sonner le réveil demain matin, au petit jour. C'est pourquoi je vais me coucher et je vous conseille d'en faire autant.

Ayant dit, il me serra la main à me la briser, rentra dans ma tente pour y prendre sa musette, et se dirigea ensuite vers son abri de toile, suivi de son chien Brusquet qui ne le quittait pas plus que son ombre.

Je ne tenais pas à veiller tout seul, et j'allai m'étendre sur mon lit de trois cent mille francs qui ne valait pas un bon sommier. J'étais assez fatigué par deux longues journées de cheval, et pourtant j'eus beaucoup de peine à m'endormir. Je pensais un peu aux Arabes que nous avions imprudemment admis à partager notre bivouac et beaucoup à Coignassier. Le *march'is* m'intriguait comme un problème et je me creusais la tête à tâcher de deviner de quel pays et de quelle famille sortait ce toqué. Sa musette m'intriguait aussi et sa prétendue mission. Il se pouvait qu'il en eût une, mais laquelle ? Je n'en avais pas la plus légère idée. Enfin, au bout d'une heure, je finis par fermer l'œil et je dormis à poings fermés.

*
* *

Je fus réveillé en sursaut par le bruit d'un coup de feu. Je me levai en un clin d'œil, attendu que je ne m'étais pas déshabillé, et je me précipitai dehors.

L'aube commençait à poindre, et je pus voir mon sous-officier sortant à quatre pattes de sa tente-abri et cinq ou six chasseurs d'Afrique courant au hasard. Je n'y comprenais rien. Nous avions donc été attaqués ? Par qui ? Et qu'étaient devenus les assaillants ? J'appelai Coignassier. Au lieu de me répondre, il se lança dans la même direction que ses chasseurs, en criant à tue-tête :

— Ah ! le brigand ! il me l'a volée.

Brusquet le suivait au galop. Je fis comme Brusquet et je les rattrapai tous, au moment où ils se groupaient autour d'un cadavre, complètement nu.

L'homme était étendu sur le ventre, les bras en croix. Une balle de carabine l'avait frappé entre les deux épaules. D'un coup de pied, Coignassier le retourna. C'était l'un des Arabes qui nous avaient accostés en chemin, celui qui avait baisé le genou du *march'is*. Je le reconnus à un petit tatouage bleu qui le marquait entre les deux yeux.

Coignassier leva la jambe pour lui écraser le visage avec le talon de sa botte. Je le retins et je lui demandai pourquoi on avait tué ce malheureux, mais Coignassier ne se possédait plus. Il vociférait des lambeaux de phrases inintelligibles pour moi.

— Volée !... il me l'a volée !... je l'avais pourtant cachée sous ma selle... et maintenant, mon affaire est claire... On m'accusera de l'avoir vendue aux Bédouins. Je passerai en conseil de guerre... et je serai fusillé.

— Mais, sacrebleu ! lui dis-je, que vous a-t-il donc pris ?

— Ma musette, mille tonnerres !

— Il n'a pas pu l'emporter bien loin, puisqu'il a été tué à cinquante pas de notre campement.

— Il l'aura repassée à un autre pouilleux. Je vous dis que je suis un homme *nettoyé*. On me collera douze balles dans la carcasse.

Désespérant d'obtenir de Coignassier une explication plus claire, je questionnai les chasseurs. Ils me dirent avoir été réveillés par les cris de leur chef. L'un d'eux, plus prompt que les autres, avait tiré sur un homme qui se sauvait et l'avait abattu. Ils me montrèrent que cet homme après s'être dépouillé de son unique vêtement, s'était frotté d'huile. C'est le procédé qu'emploient les Arabes pour se glisser la nuit sous une tente habitée. Si le volé aperçoit le voleur, il ne peut pas le saisir, parce qu'il n'a pas prise sur un corps nu qui glisse entre les mains.

C'était précisément ce qui venait d'arriver à mon sous-officier. Pendant qu'il accentuait encore ses imprécations, j'entendis le roquet aboyer derrière moi. Je me retournai et je le vis se couler sous un buisson, puis reparaître un instant après, traînant avec ses dents un objet assez volumineux. Je criai au *march'is* :

— Ne vous désolez pas. Votre chien a retrouvé votre trésor.

Coignassier se rua sur le sac, défit précipitamment les cordons qui le nouaient, l'ouvrit, et s'exclama :

— Elle y est !... merci, Quéquet !... Cyprienne, je te pardonne !

⁎
⁎ ⁎

J'avoue que je pouffai, sans respect pour le cadavre qui gisait à mes pieds. Cette apostrophe au chien et à la cabotine était si cocasse que j'étais bien excusable. Mais la curiosité reprit le dessus, et je dis à Coignassier qui, pour exprimer sa joie, exécutait un pas de caractère qu'on aurait applaudi au bal Bullier :

— Enfin, qu'est-ce qu'il y a dans votre musette ?

— La tête de Ben Allal, cher ami. Je suis sauvé et je passerai *march'is* chef, en rentrant à Alger.

Ce disant, il tirait de son sac, en la tenant par les oreilles, une tête coupée, livide, hideuse, qu'on avait vidée, bourrée d'étoupes et embaumée par le procédé Gannal.

— Quelle horreur ! murmurai-je. Qu'est-ce que Ben Allal ?

— Ah ! çà, vous ne savez donc rien ? Ben Allal, mon cher, était le chef arabe le plus puissant de toute l'Algérie, après Abd-el-Kader, dont il a été le premier lieutenant. La colonne du général Tempoure a mis ses *goums* en déroute sur la frontière du Maroc et il y a laissé sa peau. Regardez cette entaille sur le haut du crâne. C'est le sabre d'un sous-officier des spahis d'Oran qui l'a faite... Siquot... un Parisien comme vous. Il est porté pour la croix.

Je me rappelai aussitôt cette histoire, toute récente alors, et j'examinai la blessure, non sans quelque répugnance. C'était vraiment un beau coup de sabre, un coup comme les Templiers devaient en asséner sur les Sarrasins, au temps des croisades. La lame avait tranché le burnous et la triple *chachia*, fendu l'os et mis la cervelle à nu.

— Ça n'empêche pas, reprit Coignassier, qu'avant de se laisser abattre par Siquot, ce gueux-là a tué deux chasseurs du deuxième et démonté le capitaine Cassaignoles. Et il n'avait qu'un œil. Voyez ! il est borgne. C'est à ça qu'on l'a reconnu, quand il a été par terre.

Je savais que ce grand chef avait fait une défense héroïque avant de succomber sous le nombre, et je ne pus m'empêcher de dire :

— Bon ! mais pourquoi trimballer sa tête dans un sac ? Nous ne sommes pas des sauvages, que diable !

— Bah ! vous ne connaissez pas les Arabes. Jamais ils n'auraient voulu croire que Ben Allal était mort, et comme il a été longtemps khalifa de Milianah, le gouverneur y envoie la tête. C'est demain le marché. On l'exposera sur la place, et les *Arbicots* qu'il commandait la verront. Comprenez-vous maintenant pourquoi je craignais d'être fusillé et pourquoi j'aurai de l'avancement ? On m'a chargé d'une mission de confiance, et ma consigne était de ne dire à personne ce que je portais. On craignait que je ne fusse attaqué en route. C'est pour ça qu'on m'a fait marcher avec le convoi de fonds. J'étais censé escorter vos écus. Comment ces gredins que nous avons rencontrés hier ont-ils su que la caboche de leur khalifa était dans mon sac ? Je ne m'en doute pas, mais ce qu'il y a de sûr, c'est que je l'ai échappé belle.

Je commençais à croire qu'il avait raison et que nos compagnons déguenillés étaient des émissaires de l'Émir. L'un d'eux avait payé de sa vie son audacieuse tentative. Les autres avaient pris leur volée, mais ils ne devaient pas être loin. Le pays est couvert de makis, comme la Corse, et ces fourrés inextricables cacheraient aisément une bande nombreuse. Il importait donc de ne pas laisser aux fugitifs le temps de recruter des auxiliaires. Le maréchal des logis et moi, d'un commun accord, nous décidâmes de partir immédiatement et de cheminer aussi vite que nous le permettrait l'allure des mulets alourdis par le poids des pièces de cent sous.

On plia les tentes, on chargea les bêtes, sans sonneries de clairon, et on se mit en marche, beaucoup moins joyeusement que la veille.

Nous laissions aux corbeaux et aux chacals le cadavre du voleur; mais nous supposions que ses coreligionnaires se chargeraient de l'emporter, après notre départ.

*
* *

Le voyage s'acheva sans accident, mais nous ne bavardions plus. Chacun de nous avait sa responsabilité, et nous avancions l'œil et l'oreille au guet. J'admirais à part moi le courage et le dévouement de cet Arabe en haillons qui avait sacrifié sa vie pour épargner une humiliation aux gens de sa race, et qui, frappé à mort, avait encore eu la présence d'esprit de jeter la tête dans des broussailles où nous ne l'aurions certes pas retrouvée sans le flair de Brusquet.

A deux heures, nous fîmes notre entrée dans Milianah. Mon sous-officier s'en alla tout droit remettre le sac au commandant de place, et moi je m'empressai de déposer mes caisses chez le payeur qui me reçut à bras ouverts.

Le soir, un copieux dîner, largement arrosé, me remit de mes émotions, et je couchai dans un bon lit, sans plus m'inquiéter de Coignassier qui avait reçu l'hospitalité au quartier des chasseurs.

Le lendemain, après déjeuner, je me transportai sur

la place du marché qui domine l'immense plaine du Chéliff. Le ciel était d'azur et sur l'horizon clair se dessinait l'énorme masse des montagnes de l'Ouarensenis, surplombée par un pic neigeux que les Arabes appellent orgueilleusement l'*œil du monde*.

Il y avait foule, et au milieu de la place, un détachement de gendarmerie gardait la tête de Ben Allal, plantée sur un poteau. Les Arabes passaient, regardaient et s'éloignaient silencieusement, mais la haine du Chrétien brillait dans leurs yeux.

Il me sembla dévisager parmi eux un de nos maraudeurs, mais je ne tenais pas à ouvrir une enquête. Je tenais à rentrer à Alger le plus tôt possible, et je résolus faire d'une seule traite les dix-huit lieues qui séparent Milianah de Blidah. Je laissai mes mulets chez le payeur et je partis à trois heures du matin avec une escorte de six spahis.

Pour déjeuner, nous fîmes halte sur l'herbe, tout près de la *Qobba*, où nous avions eu la veille une si chaude alerte.

Le cadavre n'y était plus, mais en battant les buissons pour tâcher de lever un lièvre, je découvris, pendue par le cou à la plus basse branche d'un lentisque, la dépouille mortelle de Brusquet. Les Arabes avaient sans doute volé le chien à Milianah et ils étaient venus l'exécuter à la place même où il leur avait joué le mauvais tour de retrouver la tête de Ben Allal.

***

Cyprienne n'a probablement jamais su la fin lamentable de son *toutou*.

Celle de l'original que j'appelais Coignassier a été

moins triste. Il a quitté le service avant d'avoir décroché l'épaulette, il s'est bien marié, il a eu des enfants et il est mort dans la peau d'un galant homme.

Son vrai nom ? Je l'ai su à Alger ; c'était bien un nom d'arbre, et d'un arbre qui pousse partout en France, d'un arbre dont le fruit nourrit les paysans de cinq ou six de nos départements du centre.

Je ne comprends pas encore que je ne l'aie pas deviné du premier coup, mais il me paraît inutile de l'imprimer ici.

Les curieux qui tiendraient à le connaître pourront se renseigner auprès de Cyprienne.

Elle doit être concierge à Vaugirard.

F. DU BOISGOBEY.

FORS L'HONNEUR

C'est toujours une pénible mission que celle d'enlever au public ses douces erreurs et de l'éclairer sur des récits mensongers qu'il a adoptés dans sa bienveillance et avec lesquels il s'est depuis longtemps familiarisé. Rien n'est plus triste et plus désespérant que de faire un vide dans le cœur de l'homme et de lui ravir une croyance ou une illusion, sans la remplacer autrement que par l'aride vérité. Cependant, une religieuse sincérité doit nous faire un devoir de critiquer et de combattre les moindres détails historiques, lorsque les écrivains ne se sont pas fait scrupule de les altérer.

Parmi les *mots célèbres* attribués à nos rois ou à de grands personnages, il y en a bien peu qui aient été réellement prononcés par eux ; peut-être même, il n'en est pas un seul que l'histoire nous ait fidèlement rapporté. Les uns furent inventés à plaisir pour aduler l'orgueil des princes et les vanités des familles ; les autres ont une origine moins controuvée ; mais la tradition et les écrivains, en nous les transmettant, les ont modifiés, en ont changé la tournure et l'expression pour leur donner plus de force, plus de brillant et plus d'intérêt.

Quand ces mots consistent dans quelques paroles

fugitives, nous sommes le plus souvent obligés d'ajouter foi pleine et entière aux historiens, qui nous affirment les avoir recueillis eux-mêmes ou les tenir de ceux qui les ont entendus. Nous n'avons plus en effet, dans ce cas, aucun moyen pour vérifier, aucune preuve pour justifier ou pour combattre ces allégations. Quelquefois cependant, à l'aide de circonstances accessoires, par la comparaison des textes, par la critique des dates, par les probabilités et les vraisemblances des faits, nous arrivons à découvrir la fausseté et à la rendre manifeste. En voici quelques exemples.

I

En 1119, les Français, conduits par le roi Louis le Gros, entrèrent en Normandie, rencontrèrent l'armée anglaise et lui livrèrent bataille à Brenneville. La lutte fut, dit-on, vive et sanglante. La fortune s'était d'abord déclarée pour l'impétuosité française ; mais Louis perdit cet avantage par trop d'ardeur. Poursuivant avec imprudence une aile de l'armée ennemie qu'il avait culbutée, il se sépara des siens et se vit entouré et chargé de toutes parts. Un soldat anglais saisit la bride de son cheval et s'écria : « Le roi est pris ! » — Ne sais-tu pas, dit le monarque en souriant, qu'au jeu d'échecs on ne prend pas le roi ? Et au même instant, d'un coup de sa masse d'armes, il frappa son adversaire et l'étendit raide mort.

Tels sont les détails que nous donnent Mézeray, Anquetil, Ségur, Le Franc, et presque tous les historiens modernes sur le combat de Brenneville. La conformité de leur récit et le ton affirmatif qu'ils affectent, ne laissent pas le moindre doute dans l'esprit du lecteur sur l'authenticité de leur récit. Le Franc va même jusqu'à expliquer dans quelle langue le soldat anglais s'exprimait « en *roman parisien*, dit-il, langue commune aux deux nations ». Quel raffinement philologique !

Si cependant nous consultons les écrivains contemporains de l'événement, notre assurance fera bientôt place au doute ou plutôt à la certitude contraire. D'abord, le combat de Brenneville, loin d'être vif et sanglant ne fut, d'après les chroniqueurs, qu'une échauffourée. « Henri » et Louis s'étaient rencontrés par hasard, accompagnés » d'un certain nombre de cavaliers. Trois combattants » seulement périrent dans cette journée qui fut plutôt » un tournoi qu'une bataille. »

Quant à l'aventure arrivée à Louis le Gros, elle n'est consignée ni dans les *Grandes Chroniques de France*, ni dans l'*Histoire ecclésiastique* d'Ordéric Vital, ni dans les *Mémoires* de l'abbé Suger, écrits, dit-on, sous sa dictée, par son propre secrétaire. Le silence de ces anciens auteurs, les trois qui s'étendent le plus longuement sur le règne de Louis le Gros, suffirait pour faire naître le doute, si d'ailleurs on ne retrouvait pas l'origine de cet épisode fabuleux.

Mézeray, pour animer son récit et donner quelque consolation à la fierté nationale, raconta le premier ce fait, *sur la foi*, dit-il, d'une ancienne chronique, et beaucoup d'écrivains la répétèrent après lui sans s'assurer de sa sincérité par le moindre contrôle. Le judicieux P. Daniel, dans son *Histoire de France*, se garda bien d'ajouter son propre crédit à cette assertion, et le récit détaillé qu'il fit du combat de Brenneville ne mentionne nullement cet épisode. Estimons-nous heureux de pouvoir, dans l'intérêt de la vérité et de l'honneur du roi, démentir les paroles qu'on lui attribue, et qui, loin de tourner à sa louange, ne devraient être, aux yeux d'une critique éclairée, qu'une plaisanterie ridicule ou une raillerie atroce.

II

Le soir de la bataille de Crécy, Philippe de Valois, suivi de quatre seigneurs seulement, fut obligé de prendre la fuite et chevaucha jusqu'au château de la Broye dont les portes étaient fermées. Il appela le châtelain et lui cria : « Ouvrez, ouvrez, *c'est la fortune de la France.* » Ces paroles aussi simples que sublimes, ont été répétées par tous les historiens qui ont raconté la bataille de Crécy. Tel ne fut point cependant le langage de Philippe de Valois en cette circonstance. Froissart, qui le premier nous a transmis des détails sur l'épisode du château de la Broye, rapporte que le roi répondit : « Ouvrez, ouvrez, c'est l'*infortuné* roi de France. » Un copiste ou un éditeur qui n'aura tenu aucun compte de l'absence générale des accents, des points et des apostrophes dans les anciens manuscrits, aura par mégarde modifié d'une manière heureuse le texte primitif.

Tous les écrivains postérieurs, adoptant cette altération, ont préféré une infidélité séduisante à la sécheresse d'un récit véridique. Aussi, quel désenchantement pour l'historien, lorsque, en collationnant tous les manuscrits avec le texte imprimé, il n'en trouve aucun qui fournisse la leçon : c'est la *fortune* de la France.

III

C'est une semblable altération de texte qui a fourni un des plus beaux vers de Malherbe et de toute la poésie française. Dans son ode à son ami Desperriers, qui venait de perdre sa fille, Malherbe avait dit :

Et *Rosette* a vécu ce que vivent les roses.

L'imprimeur ne pouvant pas sans doute déchiffrer le nom de la fille de Desperriers, substitua la leçon suivante à celle du manuscrit original :

Et *Rose, elle* a vécu ce que vivent les roses.

Malherbe fut charmé de cette correction heureuse et il s'empressa de la conserver.

IV

En présence de pareilles erreurs, l'analogie et l'induction doivent nous amener, sinon à considérer comme fausses, du moins à suspecter comme très incertaines, toutes les citations de paroles mémorables que l'histoire nous a transmises ; car si pour la plupart, elles échappent à la critique, c'est qu'il ne reste plus aucun moyen de contrôle pour en vérifier l'exactitude (1).

Ce qui paraîtra plus difficile à croire, et ce qui pourtant est plus facile à démontrer (car comme on le dit : *Verba volant, scripta manent*), c'est que les auteurs ne se sont pas contentés d'altérer ou de supposer les paroles qu'ils attribuent aux personnages historiques ; ils ont souvent aussi transcrit infidèlement et modifié la teneur et la substance des écrits et des lettres missives. Ils n'ont pas craint de s'exposer à voir dévoiler leur supercherie par la comparaison des citations avec les textes originaux.

(1) Le mot de Cambronne à Waterloo, l'apostrophe de Mirabeau au marquis de Dreux Brézé, ont été démentis par ceux-mêmes auxquels on les attribuait.

Qui de nous n'a pas lu maintes fois dans cent ouvrages divers que François Ier, le soir même de la bataille de Pavie, écrivit à sa mère : *Tout est perdu fors l'honneur*. Ce mot sublime, répété par toutes les bouches, appliqué à toutes les circonstances, le rival de Charles-Quint ne l'a point écrit. La lettre originale conservée aux manuscrits de la Bibliothèque nationale, de la rue Richelieu, est là pour en faire foi ; mais il est plus simple de croire que de s'assurer, de redire que de rectifier, et personne n'éleva de doute sur la fidélité de cette citation de peur d'être obligé de la vérifier. La lettre est fort honorable sans doute pour François Ier ; mais on y chercherait vainement le célèbre : *Tout est perdu fors l'honneur*. Voici sa teneur textuelle :

Madame,

Pour vous faire scavoir comme se porte le reste de mon infortune ; de toutes choses ne m'est demourée que l'honneur et *la vie qui est saulve*, et pour ce que en vostre adversité ceste nouvelle vous sera un peu de reconfort, j'ay prié que l'on me laissast vous escripre ceste lettre ; ce que l'on m'a aisément accordé ; vous suppliant ne vouloir prendre l'extrémité vous-même en usant de vostre accoutumée prudence, car j'ay espérance à la fin que Dieu ne me abandonnera point ; vous recommandant vos petits enfants et les miens en vous suppliant faire donner seur passage à ce porteur pour aller et retourner en Espaigne, car il vas devers l'Empereur pour scavoir comme il vouldra que je soye traité ; et sur ce va très humblement recommander à vostre bonne grâce.

Vostre très humble et très obéissant fils.

FRANÇOIS.

V

Un mot devenu non moins célèbre que le précédent, c'est celui qu'écrivit, dit on, Henri IV, après la bataille d'Arques : « Pends-toi, brave Crillon ». Voltaire dans ses notes de la *Henriade*, attribua le premier à la plume du héros béarnais ces mots qu'il inséra dans une prétendue lettre, dont il donne ainsi le texte :

> Pends-toi, brave Crillon, nous avons combattu à Arques et tu n'y étois pas. Adieu, brave Crillon, je vous aime à tort et à travers,
>
> HENRY.

Malheureusement, cette citation est encore plus inexacte que celle de la lettre de François Ier. Malgré toute la familiarité de Henri IV dans ses relations intimes avec ses frères d'armes, ce prince, même étant simple roi de Navarre, n'oublia jamais la distance qui existait entre le monarque et ses sujets, au point de les tutoyer. On chercherait vainement une preuve du contraire dans la volumineuse correspondance de ce prince qui a été récemment publiée dans la collection des *Documents inédits de l'Histoire de France* (1). En outre, Crillon, qui jusqu'à la mort de Henri III, fut un de ses plus dévoués partisans, s'était nouvellement attaché à la cause du Béarnais lorsque se livra la bataille d'Arques, en 1589.

L'affectueuse familiarité du prince n'aurait donc pu se justifier alors par d'anciennes relations d'amitié et par de longs services. Il est même à remarquer que dans plusieurs lettres écrites vers la même époque, Henri IV l'appelle : Monsieur de Crillon.

Malgré d'infatigables et savantes investigations dans les archives publiques ou particulières, en France et à l'étranger, M. Berger de Xivrey n'a pu retrouver la

(1) *Lettres missives de Henri IV*, publiées par Berger de Xivrey; recueil qui n'a pas moins de neuf volumes in-4°.

moindre trace du prétendu billet adressé à Crillon après la bataille d'Arques.

Peut-être Voltaire était-il de bonne foi et avait-il cru faire de mémoire une citation à peu près exacte. Quoi qu'il en soit, le mot : « Pends-toi, brave Crillon », fit fortune. Tous les historiens le répétèrent et l'erreur acquit une popularité toujours croissante.

Voici la lettre, dont le texte altéré a peut-être fourni à Voltaire celle qu'il a publiée en se fiant à ses souvenirs ou à des notes prises rapidement. Elle fut écrite par Henri IV, non pas après la bataille d'Arques, mais huit ans après, en 1597, quelques jours avant la prise de la ville d'Amiens.

Brave Crillon.

Pendés-vous de n'avoir été icy près de moy lundy dernier à la plus belle occasion qui se soit jamais vue et qui peut-être ne se verra jamais ; croiés que je vous ay bien désiré. L'ennemi nous vint voir furieusement ; mais il s'en est retourné fort honteusement. J'espère jeudy prochain estre dans Amiens où je ne séjourneray guères pour entreprendre quelque chose ; car j'ay maintenant une des plus belles armées que l'on scauroit imaginer ; il ne lui manque rien que le brave Crillon qui sera toujours le bien venu et vû de moy. Adieu.

Ce vingtiesme septembre, au camp devant Amiens,

HENRY.

Quatre mois plus tard le héros béarnais écrivait encore à Crillon une de ces lettres affectueuses qu'il adressait si souvent à ses compagnons d'armes :

Brave Crillon,

Ce seroit trop de n'avoir été au siège d'Amiens et faillir à celui de Nantes. Le sieur Pille qui a vu le premier vous tesmoignera ce qui s'y est fait et comme je vous y ay désiré. Que si vous manqués au second, il n'y a plus d'ami. Quant à de mes nouvelles ce seroit faire trop de tort à la suffisance du porteur, si bien que je remettray le surplus et finiray par vous asseurer que l'occasion de vous témoigner que je vous aime ne se présentera jamais que je ne l'embrasse avec toute l'affection que vous scauriés désirer de moi. Adieu, brave Crillon.

Ce vingt-quatriesme janvier, à Paris.

HENRY.

Les deux lettres précédentes ne seraient ni plus flatteuses, ni plus honorables quand elles contiendraient le fameux *Pends-toi, brave Crillon*. Ce qu'il y a de plus certain, c'est que l'exclamation *pends-toi* ou plutôt *pendez-vous* est loin d'être la marque la plus saillante et la preuve la plus forte de l'affection et de la familiarité du roi Henri IV. C'était une de ses expressions favorites qui avaient d'autant moins de valeur dans sa bouche, qu'il affectait de la répéter en toutes circonstances. On la retrouve dans plusieurs lettres qu'il adressa, soit au maréchal de Biron, soit à d'autres braves officiers de son armée, c'est ainsi qu'il écrivait à l'un d'eux :

Harambure,

Pendez-vous de ne vous être point trouvé près de moy en un combat que nous avons eu contre les ennemis où nous avons fait rage; mais non pas tous ceux qui étoient avec moy. Je vous en diray les particularités quand je vous verrai, etc., et me venez trouver au plus tôt et vous hâtez car j'ai besoin de vous. Adieu, Borgne.

HENRY.

Ce surnom de *Borgne* était celui que Henri IV donna toujours à Harambure, depuis que ce brave capitaine avait perdu un œil au siège de Niort.

VI

Combien de fois n'a-t-on pas lu ou entendu répéter que la formule, « car tel est notre *bon plaisir* » était celle adoptée par la chancellerie de France, avant 1789 ? Des historiens, pour donner plus de crédit à leur assertion ont précisé et même affirmé que l'usage de cette clause finale avait été introduite par le roi François Ier.

Cette formule blessante et justement décriée a été souvent une arme dont l'ironie et la haine se sont emparées pour attaquer l'ancienne monarchie, que l'on a appelée *le règne du bon plaisir*. La croyance générale à ce sujet s'était tellement enracinée de nos jours, qu'on l'admettait sans le moindre contrôle.

Cependant si l'on consulte les recueils d'édits, d'ordonnances et de lettres royaux depuis François Ier jusqu'à Louis XVI, on verra qu'il n'y a pas un seul de ces actes où ait été employée la formule : « Car tel est notre bon plaisir » ; celle qui était en usage avant 1789, c'était : « Car tel est notre plaisir ». Or, il suffit de comparer ces deux phrases pour comprendre combien leur signification est différente.

Le mot plaisir, isolé de l'épithète bon, n'a plus d'autre valeur que celle du mot plaire dans les locutions interrogatives : plaît-il, ou, s'il vous plaît. Au contraire, par leur réunion, ces deux mots impliquent une idée choquante de caprice et d'odieux arbitraire. On ne dénaturerait pas davantage l'expression, *car telle est notre volonté*, si l'on y intercalait l'épithète bonne et si l'on écrivait : « Car telle est notre bonne volonté. »

Ce qu'il y a de plus curieux, c'est que cette formule du

bon plaisir date du premier empire. Lorsqu'en 1804, le gouvernement monarchique fut rétabli en France, la chancellerie impériale adopta ce protocole et la Restauration le conserva sans même soupçonner peut-être l'innovation, qui l'avait fait introduire.

A. Borel d'Hauterive.

CLÉMENCE ISAURE ET RICHELIEU

Un genre trop passé de mode,
C'est le *Dialogue des morts ;*
L'artifice en était commode,
Le plan demandait peu d'efforts :

Au bord du Styx, deux personnages
Se rencontraient tout bonnement,
Rois désormais sans apanages
Ou généraux sans régiment,

Ceux qui couraient après la gloire,
Ceux qui l'attendaient à l'affût,
Vainqueurs doux, s'il faut les en croire,
Ministres sages, s'il en fut,

Et ces rois d'un autre domaine,
Poètes au front rayonnant,
Soleils de la pensée humaine...
Qui sont des ombres maintenant !

Ce que dans la nuit éternelle
Ces ombres se disent, Lucien
L'écrivit comme Fontenelle...
Ressuscitons ce genre ancien !

Si la hardiesse est profonde,
Je le crains bien ; mais, songez-y,
Tout ressuscite dans ce monde,
Ce qu'on aime... et le reste aussi !

* *

Quand Richelieu mourut, Richelieu le ministre,
Grand homme, j'en conviens, mais grand homme sinistre,
S'il fut très regretté du peuple et de la cour,
Si la reine pleura le défunt plus d'un jour,
Si Mazarin fut triste ou gai... mieux vaut me taire,
Car l'on ne sait jamais la vérité sur terre !
Nous savons beaucoup mieux, malgré nos fiers débats,
Ce qu'on fait, ce qu'on pense et ce qu'on dit là-bas ;
Donc, le grand cardinal — la chose est avérée —
Fit dans un meilleur monde une fâcheuse entrée ;
Jugez-en : tout d'abord, autour du sombre lac,
Il rencontra de Thou, Cinq-Mars et Marillac !

Tous les conspirateurs ont l'âme rancunière :
« Vengeons-nous ! dirent-ils, mais de quelle manière ? »

Cinq-Mars eut une idée : « Amis, dit-il, je crois
» Que je tiens ma vengeance et la vôtre à la fois.
» Le grand plaisir des morts, et le seul, il me semble,
» C'est de se fréquenter et de causer ensemble ;
» C'est de se rappeler sa gloire ou ses revers,
» Le guerrier ses hauts faits, le poète ses vers ;
» C'est de se raconter tour à tour son histoire...
» Pour une ombre, il suffit d'une ombre d'auditoire !
» Privons-en Richelieu. Qu'il ne trouve chez nous
» Qu'un morne isolement, un dédaigneux courroux,

» Que silence cruel et pitié glaciale ;
» Je me charge à moi seul de former la cabale,
» Et, comme il ne faut pas perdre le temps ici,
» Je vais vite en parler avec Montmorency. »

Le complot de Cinq-Mars réussit à merveille :
Sous la terre on ne vit jamais chose pareille ;
Louis-Treize surtout trouva juste et charmant
De jouer ce bon tour au cardinal Armand.
Bref, d'un commun accord, l'aventure est certaine,
On mit le cardinal-ministre en quarantaine !
On le fuyait là-bas encor plus que là-haut,
Personne ne lui fit l'aumône d'un seul mot ;
Il marchait seul, pensif, courbé, suivant la trace
De ceux qui l'évitaient, prêt à demander grâce
Mais n'osant pas ! cherchant des amis, des témoins,
Pour se glorifier ou se défendre au moins ;
Parmi ceux qui là-haut les avaient applaudies,
Pas même une ombre à qui lire ses tragédies !
Livide, il comparait, peut-être avec remords,
La haine des vivants à la haine des morts,
Et trouvait celle-ci plus tenace et plus lourde.
Mais il marchait toujours, se parlant à voix sourde.
Cela dura longtemps.

*
* *

Cependant, une fois,
Le triste promeneur, marchant le long d'un bois,
Crut entendre des chants ; il entra sous les arbres,
Et voici ce qu'il vit : blanches comme des marbres,
Mais de la vie encore ayant au front l'éclair,
Sur un tertre de fleurs, au bord d'un ruisseau clair,

Contemplant une étoile aux lueurs indécises,
Une lyre à la main, des femmes sont assises ;
Un sourire suave anime leur pâleur,
Et l'on prendrait leur voix pour le chant d'une fleur ;
Leur regard est si pur et si doux sous leur voile
Qu'il semble renvoyer ses rayons à l'étoile !
Toutes ces femmes ont, dans leur geste et leur voix,
Quelque chose de gai mais de grave à la fois ;
Une d'elles surtout, par sa grâce sereine,
Paraît en même temps et leur sœur et leur reine ;
Elle tient dans sa main des fleurs d'argent et d'or
Dont la maturité semble fleurir encor.

Soudain elle aperçoit, en retournant la tête,
Au seuil du bois sacré ce passant qui s'arrête ;
Ses compagnes aussi l'aperçoivent. « C'est lui ! »
Disent-elles. Déjà les plus jeunes ont fui ;
La reine, cependant, les rappelle du geste,
Et, regardant d'un œil calme l'ombre funeste :
« Monsieur le cardinal, soyez le bienvenu !
— Quoi ! vous ne fuyez pas et m'avez reconnu ! »
Lui répond Richelieu. « Venez plus près, dit-elle ;
» Les hommes, paraît-il, ont la haine immortelle,
» Et gardent, nourrissant leur deuil et leur souci,
» Les affreux souvenirs de là-haut, même ici ! »

RICHELIEU.

Oui, j'ai pensé toujours, avant l'heure où nous sommes,
Que les femmes partout valent mieux que les hommes.

ISAURE.

L'éloge est trop flatteur et presque un peu banal,
Et vous voilà trop bon, monsieur le cardinal !

RICHELIEU.

Je comprends ! Mais c'est un des charmes de la femme
De glisser sous des fleurs une fine épigramme.

ISAURE.

Ce sera la dernière, et dans cet entretien
Personne ne sera vaincu.

RICHELIEU.

Je le veux bien !

ISAURE.

Me voilà rassurée alors, et je commence.
J'ai deux noms, monseigneur.

RICHELIEU.

Le premier ?

ISAURE.

C'est Clémence.

RICHELIEU.

Fort bien ! Mais l'autre ?

ISAURE.

Isaure.

RICHELIEU.

Un nom illustre et beau,
Presque saint à changer en autel un tombeau !
Clémence Isaure, vous ! Soyez trois fois bénie,
Ame mélodieuse et bienfaisant génie !
La terre dut pleurer lorsque vous apportiez
Dans le pays des morts tant de douces pitiés !
Vous seule pouviez faire avec autant de grâce
L'aumône d'un sourire à Richelieu qui passe !

ISAURE.

C'est me remercier d'un ton trop solennel ;

N'allez pas me donner un orgueil éternel ;
On prononce là-haut tous les ans mon éloge,
Et je crois que c'est trop, quand mon cœur s'interroge.

RICHELIEU.

Non pas ! Vous avez fait, je le dis entre nous,
Une œuvre glorieuse et dont j'étais jaloux :
Honorer les talents, purifier les âmes,
Activer dans l'esprit toutes les nobles flammes,
Le beau, le grand, le vrai ! Vous eûtes ce pouvoir,
Dame des Cours d'amour, reine du Gai-Savoir ;
Si la postérité hautement vous honore,
Elle fait bien ! Pour vous j'aurais fait plus encore
Si vous aviez vécu de mon temps...

ISAURE.

      Croyez-vous ?
Vous disiez tout à l'heure avoir été jaloux !
Qui sait si Richelieu, dans ma modeste sphère,
N'eût pas encor trouvé quelque conquête à faire ?
Parlons donc de ce qui chez les morts vous émeut,
Parlons-en librement, et gaiement, s'il se peut.
Je trouve qu'on vous fait une fâcheuse guerre :
Cinq-Mars est un brouillon, et je ne l'aime guère ;
Quant à Monsieur de Thou, j'espérais mieux de lui...

RICHELIEU.

Non ! ces robins toujours m'ont donné grand ennui !

ISAURE.

Montmorency lui-même est entré dans la ligue...

RICHELIEU.

Un héros, instrument et jouet d'une intrigue,
Qui dans sa trahison garda du moins l'honneur.
Je lui pardonne.

ISAURE.

Hélas ! un peu tard, Monseigneur !
Mais n'importe, ils ont tort...

RICHELIEU.

Ils ont raison peut-être.
Je fus bon serviteur du roi, mais rude maître
Pour ses sujets...

ISAURE.

Ici Louis-Onze pourtant
Vous excuse...

RICHELIEU.

Eh ! sans doute : il en a fait autant !
On s'aperçoit — trop tard, vous le disiez vous-même —
Que la clémence était l'habileté suprême,
Et qu'à faire le bien on aurait réussi
Sans toutes ces rigueurs dont il est obscurci ;
L'histoire me serait d'éloges moins jalouse
Si je n'avais dressé l'échafaud de Toulouse.
Et vous comprenez bien ce remords trop puissant,
Vous qui semiez des fleurs où j'ai versé le sang !

ISAURE.

Il est vrai, Monseigneur. Mais il faut qu'on oublie ;
La mort est le pardon de l'humaine folie :
Elle confond le juge avec le condamné ;
Pardonnez, Monseigneur, et soyez pardonné !
J'amnistie à mon tour, juge en ma propre cause,
Ceux qui me font parler en vers ainsi qu'en prose,
Et je n'en voudrais point, soyez-en convaincu,
Même à ceux qui diraient que je n'ai pas vécu (1) !

(1) On sait que l'existence de Clémence Isaure a été contestée par quelques auteurs, mais sans preuve.

RICHELIEU.

Pour que vous me parliez de cette voix amie,
Là-haut qu'ai-je donc fait de bien?

ISAURE.

L'Académie.

J'en fis une avant vous, cardinal Richelieu,
Et même je pourrais vous en vouloir un peu !
Non ; la chose par moi sera mieux regardée :
Quand on prend La Rochelle on peut prendre une idée !
Vous avez pris la mienne, et vous avez bien fait ;
Double étant le labeur, double sera l'effet ;
Notre rivalité, je le crois, sera bonne :
La jeune Académie et la vieille Sorbonne
Sont à vous ; si mes fleurs me restent, c'est assez,
Et mes arbres diront aux vôtres : « Grandissez ! »
Ils sont déjà très grands, et je m'en émerveille ;
Mais vous avez eu tort de molester Corneille.
Il vous pardonnerait, je vous pardonne donc.
Vous, pour mieux mériter cet illustre pardon,
Venez bientôt nous lire ici votre *Mirame*.

RICHELIEU.

Non pas ! mais le *Cinna* de Corneille, Madame.

Vte HENRI DE BORNIER.

UN TOUR DE CHAPEAUX

I

Pendant l'hiver de 1828, sous le règne de Nicolas Ier, par le plus beau temps de neige qui eût jamais encombré les rues de Saint-Pétersbourg, la scène suivante, curieuse sous le rapport des mœurs de la Russie, se passa telle que je vais la raconter.

A l'heure où les habitants de la capitale russe pensaient à se coucher sur leurs poêles de briques, où les *boutechniks*, sergents de ville de Saint-Pétersbourg, se morfondaient dans leurs guérites, où de rares *drowskis* ramenaient certains gentilshommes attardés à leurs hôtels, un pauvre noble moscovite, enfermé dans sa chambre à coucher, les coudes appuyés sur la table et le dos au poêle, méditait profondément.

Cet homme cherchait en vain à bannir de son esprit la tristesse et le découragement qui s'en étaient emparés.

De nombreuses amendes, encourues à diverses époques, des prodigalités folles, des pertes de jeu, surtout, avaient singulièrement ébréché sa fortune princière.

Ses trois mille serfs étaient réduits au chiffre de cinquante environ : il en avait « mangé » plus de deux mille neuf cents ! Encore quelques revers ou quelques extravagances, et la misère allait l'écorcher vif.

Il ne paraissait plus que rarement à la cour de l'empereur Nicolas, et ses amis avaient fui le jour où il avait été forcé, par manque de crédit, à diminuer son train de vie habituel, à compter avec ses revenus.

A plus forte raison fut-il délaissé quand on reconnut que Grotnoï, — c'était le nom du pauvre noble, — devait descendre les derniers échelons de sa position sociale et se trouver un beau jour face à face avec la plus hideuse gêne, celle des gens qui ont vécu longtemps dans l'opulence.

Vieux et seul, Grotnoï ne pouvait espérer de redevenir riche en faisant le négoce, car il n'entendait absolument rien aux affaires.

Il méditait, il se désolait en pensant à un procès qui, depuis cinq années, était pendant au tribunal de Saint-Pétersbourg, procès dont le gain lui assurerait, tout au moins, une existence passable pour ses derniers jours.

Tout à coup un *mougick* se présenta.

C'était le domestique du secrétaire du tribunal civil. Couvert d'une simple peau de mouton, ayant la barbe épaisse et longue, les cheveux touffus, coupés à la hauteur du col, le mougick était beau dans son espèce. Il apportait à Grotnoï une lettre de son maître, une lettre confidentielle, laquelle, apparemment, ne pouvait être confiée sans danger à l'indiscrète poste de l'empereur Nicolas.

Après avoir salué à l'orientale, en entrant et en sortant, le domestique disparut avec une rapidité surprenante, vu sa corpulence massive.

Grotnoï, en bon Russe et en homme expérimenté qu'il

était, ne s'étonna nullement des précautions prises par le maître du mougick, lorsqu'il eut procédé à la lecture de la lettre que lui envoyait le secrétaire du tribunal civil.

Le président du dit tribunal lui donnait rendez-vous pour le lendemain, et l'engageait à passer à son hôtel.

Évidemment, il s'agissait de quelque compromis vénal.

Rien de plus accommodant qu'un magistrat russe, il y a quarante ans ; les arguments d'Almaviva lui ouvraient merveilleusement l'intelligence et lui faisaient « rendre une justice bien juste ».

— Par saint Sergius ! se dit le plaideur, je profiterai du moyen qui m'est offert. Si le président du tribunal se montre raisonnable, je m'arrangerai de manière à gagner mon procès... Louanges au czar du ciel et au czar de toutes les Russies ! Qui sait ? Je pourrai encore manger du sterlet et boire du Champagne sur mes vieux jours, et, à la prochaine fête de Péterhof, je ferai une figure convenable. On ne me tournera pas le dos comme à un paria... Mon rôle d'homme ruiné sera à peu près fini.

Tout en parlant ainsi, le noble Grotnoï se disposa à se jeter dans les bras du sommeil, non sur un lit qui se trouvait au fond de sa chambre, mais sur un sofa de velours jaune assez décrépit sur lequel il se coucha tout habillé.

Chez les Russes, un lit est ordinairement un meuble de parade que l'on montre aux étrangers, mais on ne s'en sert jamais. Je ne crois pas que les choses aient changé à cet égard.

Le lendemain, à l'heure fixée, Grotnoï se rendit chez le président du tribunal civil, qui habitait une maison vaste et somptueuse.

— Je vous attendais, lui dit le magistrat russe sans se donner trop de peine pour entamer une conversation délicate, qui devait aboutir à un acte de concussion impardonnable, habituel en Russie.

— Les avis de *votre bonne naissance* sont des ordres pour moi, répondit Grotnoï, en accompagnant sa phrase d'une humble génuflexion dont sa fierté nobiliaire devait souffrir, et en interrogeant des yeux le gardien des lois moscovites.

— Eh bien, reprit celui-ci, après avoir donné un siège à Grotnoï, et s'être assis lui-même à côté du solliciteur, voulez-vous gagner votre procès? Il traîne en longueur...

— Oh! oui...

— Voulez-vous avoir une solution prompte et favorable?

— Si je le veux! votre *bonne naissance* n'en peut douter. Voilà cinq années, cinq siècles que je vis dans des transes continuelles.

Le président, jetant un regard doucereux sur son interlocuteur, ajouta :

— Cela dépendra de la conduite que vous tiendrez en cette occasion, et de la facilité avec laquelle vous comprendrez ce qu'exigent vos propres intérêts... Il faut aider à la justice, car...

— Parlez... faites... ordonnez... interrompit Grotnoï, qui saisissait bien le sens de ces paroles.

L'insinuation était presque sans voiles.

— Il faut aider à la justice, car les affaires litigieuses ont du pour et du contre.

Grotnoï attendait impatiemment la fin de cette précaution oratoire, et les conditions posées par le magistrat, qui ne baissa pas la voix le moins du monde pour conclure :

— Avec dix milles roubles, cela s'arrangera.

— Dix mille roubles ! s'exclama Grotnoï, trouvant la somme un peu forte.

— Impossible pour moins, répliqua gravement le président du tribunal civil... Réfléchissez... le jugement sera rendu dans trois jours... Vous avez jusqu'à après-demain soir pour vous décider... Grotnoï, votre fortune dernière dépend de ce jugement. Dix mille roubles vous feront gagner votre procès qui, je vous l'assure, est très embrouillé.

— Hélas ! murmura le plaideur... Que saint Sergius assiste *votre bonne naissance!*... Je paierai ce qu'elle demande... Dieu défend de se révolter contre un arrêt de la justice.

— Vous avez raison de penser et de parler ainsi, monsieur. L'orthodoxie brille dans vos pensées et dans vos paroles... Je vous accorde toutes mes sympathies.

Après une minute de réflexion, Grotnoï demanda :

— Porterai-je la somme ici ?

— Non, non, monsieur Grotnoï... Cela ne serait pas convenable... Je ne puis accepter chez moi ce don de votre munificence... Sa Majesté l'empereur saurait, peut-être, et n'approuverait pas, peut-être, nos conventions amiables... Non, vraiment... Portez-moi la somme ailleurs... où vous voudrez... peu importe... Je laisse cela à votre prudence.

Pour Grotnoï, ces paroles avaient un sens de plus en plus intelligible : le président voulait se faire inviter à dîner, recevoir les dix milles roubles dans un établissement public.

Le pauvre noble reprit :

— *Votre bonne naissance* daignerait-elle accepter de

manger le sterlet et de boire le *kwass* en ma compagnie ?.. Elle comblerait mes vœux.

— Pourquoi refuserais-je cet honneur ? répondit le magistrat avec un ton de dignité incomparable... Un juge se doit à ses justiciables, quels qu'ils soient. A plus forte raison quand ses justiciables sont d'un mérite tel que le vôtre... J'accepte, et de grand cœur.

— Si vous fixiez-vous-même le lieu où nous dînerons après-demain ?...

— Volontiers... pourvu que ce lieu vous plaise, dit le juge, avec ces façons débonnaires qui, chez les Moscovites, cachent parfaitement les ruses perfides... Il y a, près de l'église Saint-Isaac, une taverne fréquentée par les habitants les plus honorables de Pétersbourg... Ne la connaissez-vous pas ?

— Si, je la connais... A l'enseigne du *Czar-Pierre*... C'est un Finnois, il me semble, qui la dirige, de manière à contenter les clients les plus difficiles.

— C'est cela... Alors, Grotnoï, je m'y rendrai vers quatre heures, nous y terminerons votre affaire... Courage ! Ne désespérez pas de la justice impériale... Le bon droit finit toujours par l'emporter.

Quelques minutes avaient suffi pour disposer ce honteux marché. Aucune discussion sérieuse, on l'a vu, ne s'était élevée sur le prix.

Grotnoï se leva, et les deux parties contractantes se séparèrent ; elles étaient, en apparence, très satisfaites l'une de l'autre.

II

Rendez-vous était pris, accepté; la somme était convenue; il ne restait plus qu'à compter les espèces, qu'à couronner *inter pocula* l'œuvre commencée.

Mais, en parcourant le chemin qui conduisait de la demeure du juge à la sienne, Grotnoï se mit à réfléchir, selon le conseil que lui en avait donné son futur commensal, au début de l'entretien qui vient d'être reproduit.

Après mûre réflexion, donc, notre plaideur ne garda aucune illusion; il se trouva hors d'état, présentement, de réunir une somme de dix mille roubles.

Il fallait pourtant payer comptant, en bon papier. La corruption ne fait pas crédit, de peur de laisser quelques traces probantes.

Comment sortir d'une pareille situation? Grotnoï y songeait. N'était-il pas possible d'employer, pour parvenir à se dégager, une de ces belles ruses asiatiques, dont le secret ne se perdra jamais, sans doute, parmi les Moscovites? N'existait-il aucun moyen de prendre le prévaricateur dans ses propres filets?

Le pauvre noble estimait qu'il était de bonne guerre d'obtenir une sentence favorable sans bourse délier. A malin, malin et demi.

Grotnoï cherchait, cherchait dans sa tête, comme un faiseur de mélodrames. Soudainement illuminé par une heureuse idée, il s'élança dans un *drowski*, et courut en toute hâte à l'hôtel du comte de Benkendorff, le chef suprême de la police secrète de Saint-Pétersbourg.

Le comte de Benkendoff était l'homme le plus puissant

de toutes les Russies, après Nicolas Ier. Il était un des quatre ou cinq dignitaires de l'empire que l'opinion publique désignait comme incorruptibles, ou, pour mieux dire, parmi ceux desquels les Russes, fort incrédules à l'endroit d'une incorruptibilité complète, se contentaient de jauger la probité relative par ces mots sacramentels :

— Nous ne pensons pas qu'il se vendrait pour telle somme...

Véritable phénomène sur cette terre de Russie où, depuis le soldat jusqu'au maréchal, depuis le serf jusqu'au plus haut dignitaire civil, tout le monde adorait les pots-de-vin, tout le monde volait et était volé.

Le comte de Benkendorff ne se livrait guère à prix d'argent. Il aimait la police pour elle-même ; il lui vouait un culte sincère ; il se plaisait à découvrir des conspirations, à surprendre les gens en faute, à frapper les concussionnaires, etc. Il aimait enfin la justice, quand la justice n'était pas en opposition avec la politique du gouvernement et les intérêts de l'empereur. Le comte de Benkendorff, en un mot, était l'âme de Nicolas Ier.

Il donna immédiatement audience à Grotnoï, et lui déclara net qu'il était prêt à faire un exemple sur les juges prévaricateurs, quelque rang qu'ils occupassent dans le *tchin*, ou hiérarchie russe.

— Cependant, prenez-y garde, dit brusquement Benkendorff au plaideur... Songez à ceci, que vous accusez un très haut fonctionnaire, le président d'un tribunal civil... N'agissez pas avec trop de légèreté, parce que vous pourriez avoir à vous repentir d'un acte inconsidéré...

— Je ne crains rien, répondit Grotnoï. Il a lui-même indiqué le lieu du rendez-vous. Il y viendra.

— Il me faut une preuve incontestable de la vénalité

de cet homme... Une preuve incontestable, ne l'oubliez pas! ajouta le comte de Benkendorff en fronçant les sourcils.

— Je vous la donnerai, répliqua aussitôt le plaideur, en comblant le chef de la police secrète des épithètes les plus respectueuses, en lui prodiguant les titres les plus pompeux. Je suis sûr de ce que j'avance, et je ne demande à Votre Excellence que de vouloir bien m'aider un peu pour prendre le coupable en flagrant délit.

— Accordé, dit Benkendorff, avec des gestes de vizir.

Sur un signe du comte, un de ses nombreux secrétaires s'approcha, saisit la plume, dressa procès-verbal.

Enhardi par ce mot, Grotnoï proposa qu'on lui confiât en billets de banque, marqués à l'avance, la somme réclamée par le président du tribunal civil, et promise par le plaideur en instance.

Moyennant cette précaution, Grotnoï répondait de faire retrouver, au rendez-vous indiqué, les billets ainsi marqués.

Ils seraient sur la personne du magistrat-suspect.

— Sur la personne! entendez-vous bien?... dit le comte de Benkendorff à son secrétaire.

— Très bien disposé, ce jour-là, pour le triomphe de la « justice bien juste », Benkendorff consentait à exécuter ce que Grotnoï avait proposé.

Celui-ci ne doutait pas, dès lors, que ce ne fût cause gagnée, et que, s'il perdait son procès, il ne tirât vengeance des agissements indignes du président.

Il croyait même que l'incident produirait un excellent effet, et lui donnerait l'appui moral du tribunal entier.

Grotnoï conservait encore des illusions. Et puis, il ne pouvait payer les dix mille roubles! Il se confiait à la grâce de Dieu, puisqu'il n'avait pas les ressources nécessaires pour corrompre des hommes.

A peine eut-il pris congé de Benkendorff que les mille rouages de la police russe se mirent en mouvement.

On expédia missives confidentielles sur missives confidentielles, ordres secrets sur ordres secrets.

Une lutte de finesse allait s'établir entre le plaideur et le juge.

Nous en suivrons les péripéties, en nous transportant dans la taverne du *Czar-Pierre*.

III

La taverne du *Czar-Pierre* était située au premier étage d'une maison de bois, d'une maison comme il en existe tant à Saint-Pétersbourg.

Plusieurs cabinets de société, disposés selon la mode anglaise et française, avaient leur porte d'entrée donnant sur un corridor à peu près noir.

Sans présenter rien de luxueux, l'intérieur de la taverne, en général, ne manquait pas d'un certain *confort*.

Tout y était assez bien tenu, assez bien rangé. On ne voyait pas grouiller trop de vermine sur les sièges et sur les tables; les insectes n'y avaient pas construit une masse de nids.

Cela pouvait passait pour propre, — aux yeux des Russes, qui n'ont guère de préjugés à l'endroit de la malpropreté. Le matériel n'exhalait pas une odeur trop désagréable.

On se restaurait convenablement dans cette taverne,

où les amateurs de cuisine occidentale se régalaient en dépensant seulement quelques roubles.

L'hôtelier se faisait remarquer par sa douce mine, et il vivait en fort bonne intelligence avec la police, dont nombre d'affidés inférieurs l'honoraient parfois de leur visite.

Quatre heures allaient sonner. Le plaideur et le magistrat se dirigeaient certainement, chacun arrivant de son côté, vers la taverne du *Czar-Pierre*, lorsqu'un officier de gendarmerie ouvrit la porte du salon principal, et demanda à parler à l'hôtelier.

Jamais mine plus rébarbative ne se montra dans Saint-Pétersbourg.

L'hôtelier se présenta, tout éperdu, craignant déjà le knout, ou, tout au moins, le châtiment du fouet. Il avait plus d'une peccadille sur la conscience. Or, dans la capitale de toutes les Russies, le moindre péché véniel, en certaine circonstance, vous exposait à périr sous le bâton.

La vue d'un homme appartenant directement ou indirectement à la police secrète épouvantait le maître de céans.

— Hé! Hé! fit l'officier de gendarmerie, c'est bien toi qui diriges la taverne du *Czar-Pierre*?

— Oui, c'est moi, très honorable général.

Au mot de général, l'officier se rengorgea. L'appellation était fort exagérée, mais elle le flattait dans son amour-propre de militaire à belle tenue.

Avec un visage moins sévère, il continua :

— Tout à l'heure, deux hommes vont venir dîner chez toi.

— Ils seront parfaitement servis, **général**, puisque vous les connaissez.

7

— Cela m'est égal, et cela ne me regarde pas, répondit fort peu aimablement, cette fois, l'officier de gendarmerie...

L'hôtelier, ému de nouveau, salua vite, aussi profondément que la flexibilité de son épine dorsale pouvait le lui permettre. Le ton de son interlocuteur lui commandait un respect tout moscovite, accompagné de mutisme absolu.

— Je suis envoyé ici par monseigneur le comte de Benkendorff... pour surveiller les deux individus qui vont venir... On compte sur ta discrétion comme sur ton habileté...

— Je me mets entièrement aux ordres du très vénéré chef de la police, et je n'épargnerai rien pour...

— Silence ! interrompit l'officier, silence ! Écoute : Tu vas me placer dans un cabinet contigu à celui que tu offriras à tes hôtes... Tu fermeras bien la porte de ce cabinet, où je me tiendrai secrètement... Puis, sur un signe de l'un des deux hôtes, du noble Grotnoï, tu me viendras avertir... J'ai dit... Fais ton devoir.

Aussitôt l'hôtelier s'empressa d'obéir.

Des bruits de pas s'étaient fait entendre.

L'officier de gendarmerie se cacha dans le cabinet qui lui fut désigné.

Les deux commensaux en question furent introduits à côté de ce cabinet, dont l'ouverture était pratiquée dans une cloison de bois.

Quand Grotnoï et le président du tribunal civil furent attablés, on servit un magnifique dîner. Le plus éblouissant des sterlets en fut le principal ornement, et il émut soudain la fibre gastronomique du magistrat russe, qui ne cessa de le contempler, pendant qu'il restait seul et que Grotnoï, triomphant, allait demander tout bas à l'hôtelier si quelqu'un les avait précédés dans la taverne, en se déclarant envoyé par le comte de Benkendorff.

Après avoir considéré avec une attention scrupuleuse les plats déjà servis, après les avoir dévorés du regard, en gourmet émérite, le président du tribunal civil dit néanmoins à Grotnoï, qui rentrait :

— Monsieur, il convient, avant toute chose, de terminer complètement notre affaire.

Il gardait son sang-froid, en présence des plats succulents : il pensait au but sérieux du repas.

— Après le dîner, après le dîner, répondit délibérément le plaideur.

— Oh! non... à l'instant même. Il faut que les affaires marchent avant le plaisir.

— Mais *votre bonne naissance* doit avoir l'appétit fort aiguisé par la longue course qu'elle a faite pour se rendre de sa demeure à cette taverne... Dînons d'abord, et, après, nous achèverons de conclure notre marché.

— Je ne l'entends pas ainsi...

Ce disant, le magistrat frappa son pouce et son index. Il voulait faire comprendre à Grotnoï que la transaction pécuniaire devait nécessairement, selon lui, précéder la récréation gastronomique.

— Pourquoi m'entêterais-je à ce propos? pensa le pauvre noble... Que le flagrant délit ait lieu avant ou après le dîner, cela importe peu... C'est un détail...

Quant au juge, il souriait malignement. Son œil suivait tous les mouvements de Grotnoï, et l'espérance de palper bientôt « le prix de sa bienveillance » le transportait au paradis. Pour cet homme cupide, il s'agissait d'une somme bonne à prendre et bonne à garder.

— Est-ce que vous ne voulez pas remplir nos conventions ? demanda-t-il aussi bas que possible à Grotnoï, avec un ton de léger reproche.

— Pardonnez-moi... J'ai promis à votre *haute nais-sance* de lui compter ici dix mille roubles, et je tiendrai religieusement ma promesse, répliqua Grotnoï, en élevant quelque peu la voix.

— Chut ! observa le magistrat russe, manifestant une certaine inquiétude. Ici les murs sont de bois, de minces planches ; ils pourraient avoir des oreilles, et des yeux, même... Procédons avec prudence, monsieur... Agissons en secret.

A ces mots, dits sans trop d'attention par son hôte, Grotnoï se tut. Craignant que celui-ci ne conçût quelques soupçons, et ne se mît à fureter autour du cabinet où le dîner était servi, il s'empressa d'obtempérer aux désirs du magistrat.

Grotnoï remit à son commensal un petit rouleau de billets de banque.

— Je vous remercie, dit le juge avec la plus exquise politesse, et comme s'il accomplissait une action très loyale et très naturelle... L'affaire est arrangée.

En même temps, il compta les billets, après les avoir attentivement examinés.

Ensuite, de plus en plus calme et grave, il ajouta :

— Le compte y est bien... J'aime l'exactitude... par profession... Les poids justes conviennent aux balances de la justice.

Et il déposa le petit rouleau de billets de banque dans son chapeau, qu'il avait placé sur un banc, près de lui.

Mais ce n'était pas tout à fait ce qu'attendait le plaideur.

Grotnoï n'avait-il pas affirmé au chef de la police « qu'il

ferait retrouver les billets sur la personne du président du tribunal civil » ?

Or, ils n'étaient qu'*à côté* de la personne dénoncée.

Si, en ce moment, l'officier de gendarmerie eût paru, Grotnoï aurait passé pour un calomniateur ; car, chez les Russes plus encore que chez les autres peuples, la forme emporte le fond, et l'on tient moins à l'esprit qu'à la lettre, lorsqu'on expédie un ordre ou lorsqu'on exécute une loi.

Dans l'espoir que son hôte finirait par mettre l'argent dans sa poche, le pauvre noble différa de donner à l'hôtelier le signal convenu avec l'envoyé de la police.

— Ne laissez pas traîner comme cela une si forte somme, dit-il au juge ; serrez-la dans votre poche... Votre *bonne naissance* pourrait être volée par un des domestiques de la taverne.

— N'ayez aucune crainte, répliqua le président du tribunal civil. La somme est bien là, devant mes yeux... On ne la volera pas, je vous le garantis... Je la prendrai sur moi au moment de mon départ.

De guerre lasse, le plaideur renonça pour un temps à conseiller l'encaissement des dix mille roubles au rusé magistrat qui, tout joyeux, s'écria :

— Maintenant, dînons, s'il vous plaît. Mangeons le sterlet, et buvons le kwas à l'heureuse terminaison de votre procès.

— Dînons, répéta un peu tristement Grotnoï, dérangé dans ses desseins.

Un garçon vint servir. Les plats se succédèrent. Le juge, fort gai, eut un appétit vorace qui fit honte à celui du plaideur inquiet.

Au demeurant, les deux convives absorbèrent une notable quantité de kwas, c'est-à-dire d'eau acidulée par la farine de seigle ou par un peu de miel.

Déjà le dîner tirait à sa fin ; déjà l'officier de gendarmerie s'impatientait dans sa cachette, et l'hôtelier attendait fiévreusement le signal pour avertir l'envoyé du comte de Benkendorff, lorsque soudain s'ouvrit la porte du cabinet de société où nos deux commensaux se restauraient si copieusement.

IV

Un jeune homme fit irruption, et se dirigea, tout haletant, sans avoir à peine salué, vers le président du tribunal civil.

— Ah ! mon cher oncle, s'exclama-t-il, quel bonheur pour moi ! Ah ! je vous retrouve enfin ici !... Il y a plus d'une heure que je vous cherche... J'ai parcouru tout Pétersbourg... Ouf !

Le neveu du magistrat était charmant de sa personne, blond, vif, alerte, plein d'entrain, — un Russe de la fine espèce.

Grotnoï considéra de la tête aux pieds cet importun, qui tombait là comme une bombe, qui venait détruire, sans doute inconsciemment d'ailleurs, le piège si bien tendu par le plaideur et le comte de Benkendorff.

— Salut à vos honneurs, reprit allègrement le jeune homme, quand il eut soufflé, quand il se trouva dans son état ordinaire.

— Ah ! çà... que viens-tu faire dans cette taverne ? demanda le juge à son neveu, en affectant un air de mécontentement très marqué.

— Ce que je viens faire, mon oncle ?

— Oui, pourquoi me relancer jusqu'en ce lieu de doux repos et de bonne chère?... Que diable! Il y a temps pour tout... Je ne veux pas mourir à la peine! Un juge est un homme... Voyons, qui t'amène? Que veux-tu?

— Mon cher oncle, je suis essoufflé comme un courrier impérial qui a crevé une demi-douzaine de chevaux..

— Assieds-toi, alors, et parle, dit le président qui paraissait se radoucir.

Le nouveau venu joua de plus en plus le rôle d'empressé. Il fit mine de s'asseoir, au grand chagrin de Grotnoï. Puis, se ravisant, il resta debout et dit :

— Non, ma tante me gronderait... Elle m'a tant recommandé la promptitude !

— Allons, parle : de quoi s'agit-il?

— D'un message très important, et qui ne peut souffrir aucun retard.

En effet, Grotnoï vit le jeune homme présenter au juge une immense lettre; sous enveloppe, cachetée, scellée comme les plis officiels.

— Vous permettez? demanda le juge à son amphitryon, en brisant le cachet de la lettre.

— *Votre bonne naissance* doit agir à sa guise, répondit fort humblement Grotnoï, déguisant sa colère concentrée.

Le président du tribunal civil mit ses lunettes, toussa, cracha, marmotta entre ses dents quelques paroles d'un air fort doctoral, et lut tout bas la missive que son neveu avait prétendu être de la dernière importance.

Après lecture, il dit avec gravité à Grotnoï :

— Monsieur, ma femme m'annonce dans cette lettre que je suis attendu ce soir-même, avant une heure, chez moi, pour affaire pressante.

— Oh! fit le pauvre noble, pouvant à peine dissimuler sa joie subite, lui qui, un moment auparavant, avait si habilement déguisé sa colère, oh! je ne vous retiens pas!... Je m'en garderais... Un homme tel que vous ne peut s'appartenir...

— Mon neveu, reprit le magistrat, s'adressant au jeune homme, vous me connaissez... Vous savez combien je suis consciencieux, esclave de ma profession... Je vais me rendre à mon devoir, aussitôt que j'aurai pris la tasse de thé que mon aimable amphitryon a commandé d'apporter ici... Courez vers votre tante, avec autant de promptitude que vous en avez mise pour accourir vers moi... Allez... Avant une heure, je serai revenu dans ma maison... Allez.

Cet ordre n'admettait pas de réplique.

Le jeune homme s'éloigna avec la rapidité d'un trait.

En cet instant, Grotnoï fixait ses regards sur la porte du cabinet où était enfermé l'envoyé du chef de la police secrète.

Quand le magistrat eut serré sa lettre dans sa poche, quand l'hôtelier eut apporté le thé préparé, Grotnoï redoubla de déférence vis-à-vis de son invité, qu'il s'imaginait tenir entre ses griffes.

Il paya généreusement le dîner.

— Vous partez? demanda-t-il au magistrat, qui semblait s'apprêter à se lever de table.

— Non, pas encore, répondit très placidement le président du tribunal civil... J'ai encore une demi-heure devant moi...

Il consultait sa montre, et il ajouta :

— On n'abandonne pas de gaieté de cœur un convive aussi aimable que vous l'êtes...

Pour le coup, Grotnoï se contint avec une extrême

difficulté. Il était sur des charbons ardents. Il se dépitait en silence, et souffrait intérieurement le martyre.

Que le dénouement de cette aventure tardait à éclater !

Le président ne paraissait pas du tout pressé de sortir, malgré les minutes qui s'écoulaient. Et, — ce qu'il y avait de plus désagréable, — il ne mettait pas son chapeau, après avoir retiré et empoché les dix mille roubles que ce chapeau contenait.

Ce chapeau qui devait faire trouver les dix mille roubles « sur la personne du prévicateur ! »

Mais enfin le moment suprême arriva.

— Excellent monsieur, dit le juge d'une façon intentionnellement sérieuse, je vous félicite sur la manière dont vous traitez votre monde. On n'est pas plus gracieux, assurément ; et si, plus tard, vous avez encore quelque procès introduit en justice, je vous recommanderai à celui de mes collègues qui sera chargé de le juger.

— Mille remerciements à *votre bonne naissance*, répondit Grotnoï d'un ton goguenard.

Le magistrat se leva, se couvrit, et se dirigea vers la porte de sortie.

Aussitôt Grotnoï, ayant exécuté un certain mouvement, l'hôtelier, qui était présent, siffla entre ses dents blanches.

C'était le signal convenu.

L'officier de gendarmerie abandonna sa cachette, se présenta et, s'adressant au juge :

— Au nom de l'empereur, et par ordre de M. le comte de Benkendorff, je vous arrête ! dit-il d'un ton d'inquisiteur.

Grotnoï tressaillit de joie.

— M'arrêter, moi ! répondit avec calme l'invité du plai-

7.

deur... Et pour quel motif, je vous prie?... Je suis président du tribunal civil.

— J'ai ordre d'opérer sur votre personne une visite rigoureuse, répliqua l'officier, et je vais y procéder moi-même... Obéissez aux ordres de celui qui m'envoie... Laissez-moi agir, sans opposer de résistance.

— Oh! oh! il n'est pas besoin de tant de cérémonie! s'écria aussitôt le pauvre noble avec exaspération, en voyant le sang-froid et le calme du juge, qui semblait plaisanter. Oh! ne vous donnez pas la peine de le fouiller... Vous trouverez, je vous en réponds, les billets de banque dans son chapeau... Otez-lui donc son chapeau... ôtez...

Le président n'attendit pas une nouvelle injonction de l'officier de gendarmerie. Il sourit encore plus malignement qu'il ne l'avait fait pendant le repas payé par son accusateur.

L'officier hésitait.

— Faites... ou plutôt je m'exécute, ajouta le président, qui se découvrit et jeta son chapeau sur la table.

Le chapeau était vide!

Qu'on se figure la stupéfaction de Grotnoï, et l'air méprisant de celui qu'il avait voulu faire prendre en flagrant délit.

— Fouillez-moi, monsieur l'officier, je l'exige, dit le juge en lançant au pauvre noble un regard irrité... Fouillez-moi... Il faut mettre au pied du mur les calomniateurs... Il faut que notre auguste empereur sache à quoi s'en tenir sur l'honneur et la fidélité de ses fonctionnaires.

— *Votre bonne naissance* exige, reprit l'officier, de plus en plus hésitant.

— Oui, absolument... J'en ai le droit... Je le veux...

Grotnoï bouillonnait de colère.

— Comment! pensait-il, les billets de banque ne se trouvaient plus dans le chapeau où ils avaient été placés!... Mais le président les avait donc empochés sans que lui, Grotnoï, s'en aperçût... C'était inexplicable... c'était diabolique... Bien certainement le juge, malgré son assurance, allait se voir confondre et punir.

L'officier accomplit scrupuleusement sa fonction. Il ne trouva rien « sur la personne » du prétendu coupable, déclara que l'accusation avait porté à faux, et que l'innocence du président éclaterait au grand jour.

Cela dit, il s'éloigna en même temps que le magistrat, qui donna pour adieu à Grotnoï, non une poignée de main, comme on doit le penser, mais un léger salut, accompagné d'un immense éclat de rire.

Le pauvre noble, resté seul, anéanti, frappa de ses coudes sur la table, en s'écriant :

— Trahi!... Tout le monde me trahit maintenant!

V

Le malheureux Grotnoï!... Le lendemain, il perdit sa cause, comme il avait perdu sa peine en face du président, comme il avait perdu l'occasion de venger l'honnêteté outragée.

De plus, n'ayant pas fourni son dépôt, il fut obligé de restituer les dix mille roubles avancés par la justice.

Sa ruine totale, sans pareille, lui prouva qu'il y a « des juges à Saint-Pétersbourg », et que la raison du plus rusé est souvent la meilleure.

Jamais tour de chapeaux, exécuté par le plus adroit

prestidigitateur, n'avait mieux réussi que celui dont nous venons de raconter les détails circonstanciés.

Faut-il l'expliquer? Faut-il apprendre aux lecteurs par quels moyens le juge prévaricateur avait obtenu ce résultat excellent pour lui?

Voici le fait, qui retrace une scène de mœurs russes, et dont l'authenticité est complète.

Le comte de Benkendorff avait plusieurs hauts acolytes; chacun d'eux exerçait une autorité personnelle; les menées des uns et des autres se contrariaient, se neutralisaient fréquemment.

Un de ces acolytes, ayant eu connaissance de la convention qui était intervenue entre le chef suprême de la police et Grotnoï, pour arriver à prouver la culpabilité du magistrat incriminé, se rendit chez celui-ci, et, moyennant une assez ronde gratification, le prévint de tout ce qui allait se passer, et du grave danger qui le menaçait.

Ainsi secrètement averti, le magistrat avait fait la leçon à sa femme et à son neveu. Il avait joué au plus fin avec Grotnoï, assez naïf, malgré son âge, pour se poser en redresseur de torts, en réformateur d'abus.

Lors de la visite du neveu à l'oncle dans la taverne du *Czar-Pierre*, les chapeaux avaient été fort dextrement changés.

Les dix mille roubles en billets de banque ne se trouvaient donc plus « sur la personne » du magistrat; le neveu de celui-ci les avait emportés à l'insu de Grotnoï, incessamment distrait et regardant la porte du petit cabinet où se tenait l'officier de gendarmerie.

Plus de corps de délit, ainsi qu'on dit en style judiciaire. Le prix de la concussion avait été mis en sûreté.

Le neveu avait parfaitement bien aidé l'oncle.

Que nos lecteurs ne s'étonnent pas d'une action pareille, commise dans un pays où les malversateurs fourmillaient sous Nicolas 1ᵉʳ, où les ruses destinées à servir la cupidité de tous les fonctionnaires atteignaient le sublime du genre.

Sous ce rapport, la Russie n'a guère progressé. Nous n'oserions pas affirmer que les abus d'autrefois ne s'y soient pas conservés, en changeant seulement un peu de forme.

Quoi qu'on puisse constater à présent, rien n'égalait alors, dans aucun gouvernement de l'Europe, les friponneries déguisées, burlesques même, des serviteurs du czar Nicolas.

On cite, notamment, celle d'un colonel d'artillerie, qui, chargé de vérifier la fourniture d'un certain nombre de caissons et de boulets, fabriqués pour le compte de l'empereur de Russie dans une fonderie particulière de Saint-Pétersbourg, se laissa corrompre.

Il reçut de l'argent pour placer un de ses subordonnés à la porte d'une cour, avec ordre de noter le chiffre de charretées qui en sortiraient.

A mesure que les charretées défilaient devant ce subordonné, on les faisait rentrer dans la cour par une porte de derrière.

Et elles passaient de nouveau sous ses yeux, et elles étaient notées de manière à grossir le chiffre total exigé pour la fourniture.

La chose se pratiquait absolument comme cela avait lieu dans les effets de personnel employés dans l'ancien Cirque-Olympique des frères Franconi, à Paris, lorsque le défilé d'une armée s'opérait aux applaudissements des spectateurs, et que les figurants, courant bien vite derrière la toile de fond, continuaient le défilé commencé, et repassaient jusqu'à vingt fois sur la scène.

Le tour de chapeaux, joué aux dépens de l'infortuné Grotnoï, a mérité de devenir légendaire.

Nul doute que d'autres fonctionnaires ne l'aient imité, et ne l'imitent encore.

Il n'y a que les bonnes traditions qui se perdent; les mauvaises persistent éternellement.

Augustin Challamel.

UN ÉPISODE

DE LA

DERNIÈRE CAMPAGNE DU SOUDAN

— Ce fut le 7 janvier 1883 qu'après trois semaines de séjour à Kita, la petite colonne expéditionnaire chargée de faire flotter pour la première fois le drapeau de la France sur les bords du Niger, se mit en route pour Bamako, où elle devait construire un fort. Il y a près de trois cents lieues entre la capitale de notre colonie du Sénégal et Kita, il y en a cinquante de Kita à Bamako et au Niger. On n'en était plus à compter ses pas. Le colonel Borgnis-Desbordes, commandant supérieur du haut fleuve, avait dit à son monde : « Cette année, nous irons au Niger. » On y allait.

— Il s'était trouvé à Saint-Louis comme ailleurs plus d'un sage pour représenter au colonel la folie de son entreprise, la vanité de ses espérances, plus d'un prophète pour prédire à sa petite troupe les plus sinistres destinées. Aux prophètes blancs s'étaient joints les sorciers noirs. En 1881, comme la colonne partait pour sa première expédition, on avait vu dans l'un des villages riverains du haut Sénégal un indigène, nu comme la main, exécuter autour d'une calebasse des pantomimes et des danses. La calebasse contenait quelques grammes de poudre, il y mit le feu, et dès que le vent du soir eut mangé cette fumée, il expliqua à la foule que tel serait le sort de la colonne, qu'elle ne tarderait pas à disparaître sans laisser plus de traces de son passage que la fumée d'une pincée de poudre. Il en avait menti : la colonne et son chef étaient encore là, et on allait à Bamako.

Comme l'avaient dit les sages, l'entreprise était aussi périlleuse que malaisée. Un climat funeste à l'Européen, l'anémie, les fièvres, un soleil qui tue, de longues marches sur des plateaux de grès et d'argile, souvent ferrugineux, dont l'ardente chaleur perce au travers des semelles trop minces et cause parfois des brûlures du second degré ; ces plateaux sillonnés de coupures profondes, interrompus par des marigots escarpés et vaseux ; un pays dévasté par des conquérants et sur lequel on ne peut vivre, des chemins qui ne sont que des sentiers mal tracés, où tous les transports doivent se faire à dos d'ânes ou de mulets, l'éternel souci des approvisionnements, — que d'obstacles à surmonter, que de hasards à courir ! Ajoutez à la résistance des choses celle des hommes, les fâcheuses et inévitables rencontres, des populations soupçonneuses ou hostiles, qui aiment beaucoup à se servir de leurs fusils à silex, la nécessité de s'expliquer sans cesse avec elles, d'engager avec leurs chefs de fatigants *palabres* ou de recourir malgré soi à la force pour faire entendre raison à leurs entêtements africains. Les prophètes de malheur n'étaient-ils pas autorisés à annoncer des catastrophes ou à soutenir qu'on resterait en chemin ? Le colonel lui-même, quand il considérait la poignée d'hommes confiés à sa garde, se prenait à songer au peu de figure qu'elle faisait dans l'immensité du Soudan et aux conséquences fatales du moindre échec. L'Africain n'est pas tendre, il fait mourir dix fois ses prisonniers. Cependant on s'était tiré d'affaire à force de discipline, de vigilance et de gaieté, et après être allé à Kita, on allait à Bamako. Ne perdons pas notre gaieté, elle est la moitié de notre courage.

Le général Faidherbe, ce souverain juge des choses du Sénégal, n'a pas craint de comparer l'expédition hardie de notre colonne aux prouesses de Fernand Cortez, à cela près que Fernand Cortez déshonora sa gloire par ses brigandages, et que nos soldats allaient accomplir au Soudan une œuvre de paix et d'humanité. Ils étaient chargés de préparer la construction de la voie commerciale qui reliera notre colonie au centre de l'Afrique, et d'établir à cet effet, du haut Sénégal au Niger, une ligne de postes fortifiés. Leur chef avait l'ordre de s'aboucher avec les populations pour les gagner à nos projets, de conclure avec elles des traités, de leur persuader que le commerce enrichit plus sûrement que la guerre, de protéger les caravanes, de venir en aide aux honnêtes gens qui veulent travailler, de dégoûter de leurs entreprises les larrons et les pillards. C'était à peu près la mission d'un bon gendarme, et si le métier de gendarme n'est pas toujours commode en Europe, il l'est bien moins encore en Afrique.

Avant de partir de Kita, le colonel avait envoyé en avant-garde l'un de ses officiers les plus braves et les plus intelligents, M. le capitaine Pietri, accompagné de quelques tirailleurs et d'ouvriers du pays. Le capitaine devait organiser le service des vivres, améliorer les chemins, modifier les rampes d'accès de plus d'un marigot et les rendre praticables à nos petites pièces rayées de montagne. Il était en route depuis trois semaines quand la colonne s'ébranla. Forte d'un demi-bataillon ou de près de cinq cents combattants, elle marchait en file indienne, seul ordre de marche possible en ce pays. Un peloton de spahis, composé de seize blancs et de dix-sept noirs, la précédait en éclaireur, suivi à 100 mètres de distance par les ouvriers auxiliaires d'artillerie. Puis venaient le colonel, son état-major et son clairon, un détachement d'infanterie de marine, la batterie, une compagnie de tirailleurs indigènes commandés par des officiers français, les deux trains de mulets du convoi régimentaire et du convoi général, les mulets de cacolets, les cantines médicales. Une seconde compagnie de tirailleurs formait l'arrière-garde, que suivait le troupeau de bœufs, conduit par les bergers, les boulangers et les bouchers.

Le troupeau avait encore une autre escorte assez singulière ; c'était une compagnie de soixante-dix ou quatre-vingts femmes, dont plusieurs portaient un enfant sur leur dos. Le gouverneur du Sénégal avait autorisé nos tirailleurs à se faire suivre de leurs femmes, et le colonel, d'abord inquiet autant que surpris de cette mesure, avait fini par y donner sa pleine approbation. Il rend à ces vaillantes créatures le témoignage que durant ses trois campagnes, elles n'ont jamais causé le moindre embarras. Quoique chargées comme des portefaix, elles fournissaient de longues marches sans se plaindre, arrivaient à l'étape avec la troupe, préparaient le couscous, faisaient chacune la cuisine de plusieurs hommes. Industrieuses, sachant tirer parti de tout et ne craignant pas les coups de fusil, elles étaient toujours de belle humeur ; elles aidaient nos tirailleurs à se réconcilier avec la monotonie et les tristesses de la vie du Soudan. Presque toutes étaient de Saint-Louis, et à Saint-Louis il y a, paraît-il, deux classes de femmes noires. Les unes sont de jolies et dangereuses coquines, qui excellent dans l'art de ruiner un homme en quelques mois. Les autres ont le nez plus écrasé, mais elles sont parfaitement honnêtes, et heureusement pour eux, nos tirailleurs ne sont pas assez riches pour épouser des coquines.

On chemina quelques jours sans incident. On partait à trois ou quatre heures du matin, on atteignait l'étape à huit ou neuf heures, et on y restait jusqu'au lendemain, car passé le milieu de la matinée, les Européens ne bravent pas impunément le soleil des tropiques. On choisissait pour camper un endroit découvert et facile à défendre, mais il importait surtout qu'il y eût de l'eau et cinq ou six de ces arbres énormes dont chacun peut fournir de l'ombre à plus de soixante fantassins. Les chefs de corps avaient soin que le camp ne ressemblât pas à une caravane de bohémiens, ils exigeaient que faisceaux, bagages, tout fût rigoureusement aligné. On voulait montrer l'Europe à l'Afrique, et l'ordre, c'est l'Europe ; on le prétend du moins. Sur le soir, on allumait de grands feux, non seulement pour tenir les fauves à distance, mais pour épargner aux indigènes les souffrances que leur causent des nuits trop fraîches succédant à des journées brûlantes. Une seule chose chagrinait le colonel : il ne pouvait prendre son parti du misérable accoutrement de ses tirailleurs, souvent à demi nus. En contemplant leurs loques, il songeait à la cour des miracles, et il lui en coûtait de s'avouer que tel chef de bandes africaines avait à sa suite des soldats moins dépenaillés que les siens. De qui était-ce la faute ? Il y a des gouverneurs qui donnent des ordres, mais qui négligent de s'assurer qu'on les exécute, et les bonnes intentions n'ont jamais suffi pour habiller convenablement un tirailleur.

Le colonel s'était bercé de l'espoir qu'il pourrait traverser le Petit-Bélédougou et atteindre Bamako sans brûler une amorce. Il n'était pas allé au Soudan pour s'y battre, mais pour tenir en respect les batailleurs. A son vif regret, les nouvelles alarmantes qu'il reçut dissipèrent son illusion. Il n'en pouvait plus douter, les Bambaras du Bélédougou se disposaient à lui barrer le passage, il était obligé ou de s'ouvrir un chemin de vive force ou de prévenir l'ennemi en l'attaquant chez lui, et ce qui l'affligeait davantage, il fallait en découdre avec des gens qui sont nos amis, nos alliés naturels.

On ne choisit pas toujours ses amis, surtout en Afrique, et ceux que nous avons au Soudan laissent beaucoup à désirer. Le noir est un enfant vaniteux, tapageur et pillard. La guerre lui offre l'occasion désirée de revêtir un costume de couleurs voyantes, de faire beaucoup de bruit, et c'est en se battant avec ses voisins qu'il se procure des captifs. Or le captif est le capital roulant, le billet de banque du Soudan. Quand une femme s'échappe d'un village assiégé, on se rue sur cette proie, mille mains affolées se l'arrachent. Si elle est très bien faite, on pourra plus tard la troquer contre deux barres de sel, car c'est un principe chez nos amis du Soudan qu'une très belle femme vaut deux barres de sel.

Ajoutons que leur religion est fort rudimentaire ou plutôt qu'ils n'en ont point. Leurs seuls prêtres sont leurs sorciers, leurs seuls dieux sont leurs fétiches, dont la figure est souvent étrange. Une chose prouve plus que tout le reste combien leur intelligence est bornée, c'est qu'ils n'ont pas même la faculté de l'étonnement, qui est le commencement de la science. Le télégraphe électrique que notre colonne établissait partout sur sa route ne leur faisait point ouvrir de grands yeux, ils écoutaient d'un air insouciant les explications qu'on leur donnait, Ils disaient par forme de conclusion : « Eh ! quoi, c'est » la parole qui marche le long d'un fil. Les blancs savent » faire cela. » Ceux d'entre eux qui sont venus à Paris n'y ont rien trouvé d'admirable. Je me trompe : de retour dans leurs villages, ils ont raconté d'une voix haletante qu'un soir ils avaient vu une femme court vêtue, laquelle galopait en rond, debout sur un cheval. La seule merveille qui eût triomphé de leur indifférence était une écuyère de cirque.

Cependant il ne faut pas les calomnier. S'ils ont des défauts, ils ont bien leurs qualités. S'ils aiment trop la guerre, ils n'ignorent pas les arts de la paix, et leurs cultures, leurs maisons, leurs outils font honneur à leur industrie naturelle. Mais ce qui leur vaut surtout notre bienveillance et ce qui nous attire leur sympathie, c'est que nous avons de communs ennemis. Ainsi que nous, les Bambaras fétichistes ont à se défendre contre les sultans toucouleurs, contre les insolents mépris de ces conquérants musulmans, au cœur superbe et avare, célèbres par leurs massacres, qui ont juré de convertir, le sabre au poing, toute l'Afrique centrale à la loi de l'Islam, contre ces insatiables exploiteurs du Soudan, qui tiennent les peuples à la gorge et dont on a dit que partout où ils avaient passé, le coup de balai était si bien donné que cinquante ans après, la place était encore nette. En Afrique comme en d'autres endroits, nos alliés naturels sont les vaincus et les opprimés. C'est une glorieuse fatalité qui pèse sur nous.

Malheureusement les Bambaras fétichistes du Petit-Bélédougou avaient été un peu légers dans leurs procédés à notre égard. Au mois de mai 1880 ils s'étaient permis d'attaquer traîtreusement le commandant Gallieni, chargé par le gouverneur du Sénégal d'une mission toute pacifique, et ils avaient pillé sans vergogne le riche convoi qu'il traînait après lui. Au Soudan, si bienveillant, si débonnaire qu'on soit, il est dangereux de laisser une offense impunie. L'Africain considère le pardon comme un aveu de faiblesse. Le colonel se proposait, en traversant le Bélédougou, de représenter leurs torts aux chefs des villages les plus compromis dans l'attentat contre la mission Gallieni et de leur imposer pour pénitence la restitution du bien volé, accompagnée d'une légère amende en mil ou en moutons. Il ne doutait pas que les coupables ne se prêtassent à cet arrangement.

Il n'en fut rien. Le vieux Naba, chef du bourg fortifié de Daba, avait été le principal instigateur du pillage. Appartenant à une très ancienne famille du pays, ce chef dont on redoutait à dix lieues à la ronde la main lourde et l'intraitable orgueil, avait dix-sept villages sous son commandement immédiat. Il était resté sourd aux propositions d'accommodement que lui avait fait transmettre le capitaine Pietri. Il entendait nous braver, nous barrer le chemin, nous contraindre à une humiliante retraite. C'était un fâcheux incident. En cas d'échec, tout le pays se fût levé contre nous. En Afrique encore plus qu'ailleurs, l'homme qui recule devant un gros chien a bientôt à ses trousses cent roquets qui lui montrent les dents, échauffés par l'espoir d'une riche et facile curée.

Le colonel arrivait le 12 janvier au marigot de Boconi, quand il reçut du chef de son avant-garde campée sur le Baoulé une dépêche ainsi conçue : « Daba s'est décidé. Il ne veut pas de nous et se prépare à la guerre. Ses préparatifs prendront au plus trois jours, et, si on ne l'attaque pas, le 15 probablement il sera sur le Baoulé. »

Le colonel répondit sur-le-champ : « J'avoue que j'espérais n'avoir pas à recourir aux armes. Si vos renseignements sont exacts, nous nous trouvons en face d'une résistance qui s'étend du Baoulé à Dio. C'est une complication dont je n'avais pas besoin. Quoi qu'il en soit, il n'y a plus qu'à tomber le plus rapidement possible sur le chef de Daba et à faire un exemple qui arrête court toute extension de la révolte. Je n'ai ni les hommes, ni les munitions nécessaires pour conquérir le Bélédougou village par village. Je hâte ma marche, malgré la fatigue de tous. »

Le lendemain, la colonne rejoignait l'avant-garde sur les bords du Baoulé, et quittant la route de Bamako, on faisait une pointe au nord-est pour atteindre Daba en trois étapes. On marchait depuis dix jours, on était las, mais il n'y paraissait point ; il n'y avait pas un traînard. En approchant du village, on dut cheminer quelque temps à travers la brousse, dont les herbes étaient si hautes que les spahis et leurs chevaux y disparaissaient tout entiers. Le 16 janvier, au matin, l'avant-garde déboucha à 100 mètres de Daba. Une fois encore le capitaine Pietri essaie de parlementer. Des coups de fusil lui répondent, le tirailleur qui lui sert d'interprète tombe mortellement blessé. Le peloton exécute quelques feux de salve, se replie en bon ordre et attend la colonne.

Contrairement à l'usage général au Soudan de bâtir les villages dans des fonds, Daba est situé sur un léger renflement de terrain, et le regard n'y pouvait plonger. Ce qu'on en voyait n'était pas rassurant. Le bourg était entouré de toutes parts d'un vaste *tata* en quadrilatère, c'est-à-dire d'une de ces murailles d'argile construites successivement par assises horizontales de 15 à 20 centimètres de haut, qu'on laisse sécher durant vingt-quatre heures avant de continuer l'ouvrage. Le mur de défense de Daba avait plus d'un mètre d'épaisseur. Les maisons, également en argile, ne laissaient paraître que leurs toits, mais on pouvait s'assurer qu'elles étaient couvertes en terre et non en paille, qu'il n'y avait aucune chance de les incendier. Plus tard on s'apercevra que chacune de ces maisons est une vraie casemate, environnée de petits *tatas* qui se relient les uns aux autres avec des flanquements, ne laissant pour la circulation que des ruelles étroites, tortueuses, qu'enfilent les feux de nombreux redans crénelés.

Se croyant invincibles derrière leurs murs et méprisant notre petit nombre, les défenseurs s'apprêtaient à résister bravement. Ils avaient accompli toutes les cérémonies qui accompagnent une déclaration de guerre et dans lesquelles le rôle principal est rempli par leurs *griots*. Les *griots* du Soudan sont de singuliers personnages. A la fois parasites de cour, bouffons, musiciens, poètes, ils jouissent d'un grand crédit auprès des chefs de villages ou de royaumes, qui les caressent, les adulent, les enrichissent et les méprisent. Ils vivent des cadeaux qu'ils reçoivent, des contributions qu'ils prélèvent sur l'humaine vanité. Moyennant rémunération, ils se chargent de faire votre éloge, de publier votre gloire dans tout le Soudan. Ils ont leur tarif, et en vendant leurs hyperboles, ils ne font jamais de rabais; il faut y mettre le prix. Si vous donnez beaucoup, vous êtes un grand homme et vos aïeux furent au moins des rois; si vous donnez peu, vous n'êtes qu'un homme ordinaire; si vous ne donnez rien, vous êtes un drôle et peut-être avez-vous tué votre père. Ils gagnent beaucoup à ce métier, qui n'est pas absolument inconnu en Europe; mais ils n'y gagnent pas la considération, et après leur mort, on a soin de les enterrer à part.

Toutefois, dans certaines circonstances, leur rôle grandit, ces parasites se transforment en troubadours, leur musique souffle dans les cœurs une folie de colère et d'espérance. Durant la nuit qui précède un combat, ils racontent avec emphase les exploits des ancêtres, en s'accompagnant de leur bruyant tam-tam, et quand le jour paraît, ils entonnent des chants de guerre qui apprennent à mépriser la mort. Ceux de Daba n'avaient pas perdu leurs peines, ils avaient su chauffer leur monde. Dans tous les temps, la jactance fut un vice africain. Les Bambaras croyaient déjà tenir la victoire. Debout sur leurs murailles, ils invectivaient nos soldats, leur prédisaient une fuite honteuse.

Le colonel avait pris position sur un terrain découvert à l'est du village et rangé sa petite troupe en bataille à 250 mètres du *tata*. L'artillerie reçut l'ordre de désorganiser la défense en couvrant Daba de projectiles. Avant qu'elle commençât le feu, on entendait les chants aigus et perçants des *griots*, qui s'époumonnaient comme des coqs. A la première détonation, leur voix trembla et ils baissèrent la note; après la seconde, il se fit un grand silence. Les Bambaras étaient émus, mais ils ne faiblissaient pas. Les ouvertures que pratiquaient nos artilleurs dans leurs murailles leur servaient de meurtrières; chaque fois qu'un obus avait fait son trou, on y voyait paraître un visage noir et le canon d'un fusil. Nos quatre petites pièces de montagne concentrèrent leur tir, et bientôt une brèche de neuf à dix mètres de large fut ouverte dans le *tata*.

A dix heures un quart, on forma la colonne d'assaut. En ce moment solennel et critique, le colonel avisa sur sa gauche, en arrière de la ligne de bataille, une troupe d'irréguliers qui lui avaient offert leurs services, et que commandait Mary Ciré, prince de la famille royale du Kaarta. Les chefs, tous à cheval, la tête enturbannée, le visage à demi caché sous un voile qui ne laissait apercevoir que le nez et les yeux, le fusil haut, reposant sur l'arçon de la selle, avaient une attitude imposante et martiale. Derrière eux se tenaient en bon ordre et l'arme au pied leurs fantassins, heureux de montrer à des Français leurs sabres à fourreau ornementé, leurs splendides *boubous* de guerre, l'abondance de leurs gris-gris. Mary Ciré était l'homme des conseils hasardeux, téméraires; rien ne lui semblait ni difficile, ni dangereux; c'était un vrai casse-cou, je veux dire qu'il encourageait volontiers les autres à se casser le cou. Pour le mettre à l'épreuve ou pour lui donner une leçon, le colonel lui dépêcha un lieutenant de son état-major, qui lui dit : « Mary Ciré, le colonel te fait demander si toi et tes guerriers vous êtes assez braves pour donner l'assaut, auquel cas il te fait le grand honneur de vous permettre de marcher les premiers. » Le bouillant Mary Ciré ne prit pas le temps de la réflexion et il répondit avec une franchise tout africaine : « Va dire au colonel que nous ne sommes pas assez braves. » On assure que de ce jour Mary Ciré est devenu plus circonspect dans ses conseils et qu'on le désoblige en lui parlant de Daba.

Cependant la colonne d'assaut s'était mise en mouvement; les tirailleurs marchaient en tête, l'infanterie de marine les soutenait. Le capitaine Combes, qui a pris le commandement, s'introduit le premier par la brèche avec l'audace tranquille d'un homme qui ne croit pas au danger, et par miracle il ne reçoit pas une égratignure.

Les défenseurs, écartés un instant par nos obus, se reportent en avant, ils ouvrent un feu meurtrier, qui ralentit l'attaque sans l'arrêter. On pénètre au cœur du village, on s'y établit. Mais chaque case est comme une petite citadelle, qu'il faut prendre d'assaut. Malgré l'intensité de la fusillade et la grêle de balles qui sifflaient autour de lui, le capitaine Combes, aujourd'hui chef de bataillon, écrivait au colonel de petits billets pour le tenir au courant de ce qui se passait, et la netteté de son écriture témoignait de son parfait sang-froid. Quelques hommes grimpent sur les terrasses les plus élevées et font feu sur les points où se concentre la résistance. A son tour, la 3e compagnie d'infanterie entre en action, et le colonel ne garde en réserve auprès de lui qu'une compagnie de tirailleurs et les canonniers ouvriers. De ruelle en ruelle, de maison en maison, on arrive au bout du village. A midi, le *tata* était complètement occupé, Daba était à nous.

Les Bambaras avaient justifié leur vieille réputation de vaillance, et nos pertes étaient cruelles. La guerre des rues fait hésiter les courages les plus résolus ; pour enlever leurs soldats, capitaines et lieutenants avaient dû s'exposer beaucoup. On les avait vus marchant, le sabre haut, à plusieurs pas en avant de la troupe. Nos tirailleurs, très éprouvés, avaient eu leurs quatre officiers blessés, dont l'un, M. Picard, ne survécut que quelques heures. La 41e compagnie d'infanterie avait perdu un sous-officier, et le cinquième de son effectif était hors de combat. Les pertes de l'ennemi étaient plus importantes par la qualité que par le nombre. Au premier coup de canon, les captifs s'étaient enfuis, mais les hommes libres avaient fait leur devoir jusqu'au bout. Le vieux chef Naba, dont l'orgueil entêté était une vertu autant qu'un défaut, avait vendu chèrement sa vie. Avec lui périrent vingt-trois membres de sa famille. L'un de ses frères, sorti sain et sauf de cette sanglante bagarre, disait plus tard au colonel : « Nous étions résolus à nous défendre longtemps, nos dispositions étaient bien prises, mais il n'y a rien à faire avec toi, tu ne mets qu'une demi-journée à tout casser. »

Le colonel Borgnis-Desbordes n'est pas comme les noirs du Soudan, il a la faculté de s'étonner, et le jour où il prit Daba, il éprouva jusqu'à trois étonnements. Tout d'abord, comme il reconnaissait le terrain avant l'attaque, il aperçut à la lisière d'un petit bois une femme qui, à son approche, se retira précipitamment. Il fit fouiller le bois, on y trouva les soixante-dix femmes de nos tirailleurs, qu'on avait laissées avec le convoi à près d'un kilomètre en arrière. Au mépris de la consigne, elles n'avaient pu tenir en place. Elles savaient que l'affaire serait chaude, elles voulaient y assister. Dans la soirée, le colonel les fit comparaître devant lui, leur adressa une menaçante mercuriale pour avoir contrevenu à sa défense. Au Soudan, les femmes se tirent d'embarras comme en Europe. Celles-ci se mirent toutes à rire, et le colonel fut désarmé.

Vers le milieu de la matinée, il avait eu une autre surprise. Comme il venait de lancer sa colonne d'assaut, il entendit derrière lui un bruit de pas et de voix, et il craignit un instant que les Bambaras ne s'avisassent de le tourner. Il se rassura bien vite en voyant venir à lui le sous-officier indigène qui conduisait son convoi d'argent, dont il était inquiet depuis quelques jours. Quoique ses grand'gardes eussent l'ordre le plus sévère de ne laisser passer personne, le convoi avait passé on ne sait comment ; hommes et bourriquets arrivaient de leur meilleur pas, en se dirigeant sur le bruit du canon. Le colonel avait craint une embûche, c'étaient 90,000 francs en pièces d'argent qu'on lui apportait. Il ne savait qu'en faire en ce moment, mais il était bien aise de les avoir. Il est rare que la fortune se donne tant de peine pour venir à nous.

Enfin, quelques heures plus tard, quand on fit l'inventaire des maigres richesses que renfermait le village et parmi lesquelles figuraient quatre fétiches semblables à des trompettes de Jéricho, dieux impuissants qui n'avaient pas sauvé Daba, le colonel fut bien étonné de voir sortir d'une cachette où un Bambara l'avait précieusement serrée, — quoi donc ? — une poupée rose et blonde, une charmante et authentique poupée de Paris dans toute la fraîcheur de ses grâces. Comment cette poupée se trouvait-elle là ? Par quelle aventure était-elle arrivée à Daba ? On n'a pu éclaircir ce mystère. Elle était peut-être en voie de passer fétiche, elle a dû en vouloir à nos soldats de l'avoir enlevée si brusquement à ses hautes destinées.

Un jour que le colonel me racontait ces divers incidents que je vous raconte à mon tour, je lui demandai ce qu'il avait fait du corps du vieux chef Naba, qui me semblait une façon de héros, quoique un peu voleur, et s'il lui avait rendu les honneurs militaires. Le colonel devint pensif et me fit un aveu qui lui coûtait. La curiosité des savants ne respecte rien. Un docteur intrépide, attaché à l'expédition du Soudan, avait eu la bonne fortune de découvrir le cadavre de Naba. Sa tête lui parut si remarquable, si intéressante, qu'il conçut aussitôt le projet d'en faire hommage à la Société d'anthropologie de Paris. Il la coupa clandestinement, la prépara, l'enveloppa de serviettes, l'enfouit au fond d'un panier couvert. Comme il tenait beaucoup à ce qu'on ne sût pas ce qu'il y avait dans son panier, il imagina d'en confier la garde à un prisonnier aveugle, à qui il n'avait pas besoin de recommander la discrétion. Par malheur, cet aveugle y voyait assez pour se conduire. Ne doutant pas que le mystérieux panier ne contînt un trésor, il profita de la première occasion pour déguerpir avec son butin. On ne l'a plus revu ; personne ne saura jamais ce qu'ont bien pu devenir et la tête du vieux chef Naba et le faux aveugle qui la portait. Dans cette histoire, je vois une tête coupée et deux hommes volés ; c'est ce qui en fait la moralité.

Après avoir donné tous ses soins à ses blessés, dont les uns furent transportés à dos de mulet, les autres dans des litières, le colonel mobilisa trois petites colonnes pour parcourir tout le pays environnant et recevoir la soumission des villages. Les officiers ne rencontrèrent nulle part de résistance. La leçon avait profité ; nos amis égarés étaient revenus à de meilleurs sentiments et nous offraient à l'envi leurs bons offices. Le colonel, que rien ne retenait plus dans le Bélédougou, se disposa à poursuivre sa marche sur Bamako et le Niger. Peu s'en fallut pourtant qu'il n'y renonçât. Des bruits sinistres couraient. Deux souverains musulmans avaient résolu, disait-on, de prévenir nos desseins, ils concertaient une action commune, nous allions nous heurter contre deux armées. Un troisième s'apprêtait à tomber sur notre ligne de ravitaillement, à couper notre ligne de retraite ; il avait fait dire au colonel « que le jour où il le rencon- » trerait, les oiseaux du ciel n'auraient pas besoin de » chercher leur nourriture ». Mais le colonel savait que les sultans du Soudan sont aussi lents dans leurs préparatifs que leur bouche est prompte à l'insulte. Il savait aussi qu'il faut beaucoup de temps pour faire entrer dans le même bonnet trois têtes de prophètes. Il fut audacieux, et son audace le servit bien. A quelques jours de là, nos soldats entraient à Bamako. Ils pouvaient enfin contempler le grand fleuve qu'ils étaient venus chercher de si loin.

Le 7 février 1883, sans que personne réussît à nous déranger dans nos travaux de maçonnerie, nous posions la première pierre de notre fort de Bamako, et dans le discours qu'il prononça en posant cette pierre, le colonel disait à ses braves compagnons : « Nous allons » tirer onze coups de canon pour saluer les couleurs » françaises flottant pour la première fois et pour tou- » jours sur les bords du Niger. Le bruit que feront nos » petites bouches à feu ne dépassera pas les montagnes » qui nous entourent, et cependant, soyez-en convain- » cus, l'écho en retentira bien au delà du Sénégal. » Les petites bouches à feu firent gronder leur tonnerre, le drapeau tricolore fut hissé, et malgré tant de souffrances endurées et celles qu'on prévoyait encore, tous les cœurs étaient en fête. Ce drapeau qui flottait sur le Niger, c'était la France. On l'avait apportée avec soi ; elle était là, on la voyait.

Victor Cherbuliez.

LE CAUCHEMAR DE M. GRÉVY

---

19 septembre 1884

Un de ces jours derniers, M. Grévy, l'honorable et très constitutionnel président de la République, s'était senti moins bien disposé que d'habitude. Il paraissait préoccupé. De temps à autre il passait une main sur son front comme pour en chasser une idée pénible et persistante.

Quand vint l'heure du déjeuner il manqua d'appétit.

M. Wilson crut devoir le questionner.

— Qu'avez-vous, mon cher beau-père ? Vous n'êtes pas aujourd'hui comme d'habitude.

— En effet, je ne me sens pas très bien ce matin. Je n'ai pas faim et je ne chasserai pas.

— Vous ne chasserez pas ! Vous êtes donc sérieusement malade ?

— Dieu merci, non. Je me porte bien, au contraire. Pourtant j'ai quelque chose.

— Quoi donc, vous m'inquiétez. Auriez-vous, par hasard, quelque préoccupation au sujet de la convocation des chambres ou des affaires de la Chine?

— Non, cela regarde Ferry. Faut-il que je vous le dise, je suis sous le coup d'un rêve ridicule qui, néanmoins m'a vivement impressionné. J'ai beau vouloir le chasser de mon esprit, il y revient toujours. C'est une véritable obsession.

— Vous ne croyez pourtant pas à la réalisation des songes ?

— Non, certes, et comme dit Corneille :

> Je sais ce qu'est un songe et le peu de croyance.
> Qu'un homme peut donner à son extravagance.

Mais cela ne se commande pas, j'ai été impressionné par ce rêve, et je reste sous cette impression.

— Je n'ose insister, cependant...

— Eh bien, Wilson, puisque vous voulez le savoir, je vais vous conter mon rêve. Mais, je vous en préviens, cela n'a pas le sens commun et vous allez vous moquer de moi.

— Ah ! mon cher beau-père, pouvez-vous penser...

— Bref, voici. J'ai rêvé que j'étais traduit en cour d'assises.

— En cour d'assises, vous ! Ah ! par exemple !...

— Attendez, Wilson, en cour d'assises devant un tribunal de lapins.

— De lapins ! L'aventure est plaisante.

— Ne m'interrompez pas. C'est plaisant à la fois et c'est sévère.

— Oh ! sévère !...

— J'étais assis entre deux grands gaillards de lapins faisant les fonctions de gendarme et qui ne me perdaient pas de l'œil. Devant moi le tribunal composé de lapins fort sérieux et même un peu chauves, avec le président et l'avocat général, un gros lapin à l'air point commode du tout.

J'avais un défenseur, comme l'exige la loi. C'était un

jeune lapin d'avenir, du talent et une ambition superbe. Sa secrète pensée était de se faire nommer député pour arriver aux affaires comme ministre. Sachant que j'avais été mis en accusation sous l'inculpation de 19,073 meurtres constatés avec préméditation et guet-apens, et que j'allais être jugé, il avait intrigué auprès de vous, Wilson, pour obtenir la défense de ma cause. Vous la lui donnâtes. Derrière moi, mal assis sur le petit banc d'infamie, les lapins constitués en jury et pris au hasard dans les différentes garennes par le tirage au sort, présentaient des physionomies diverses sans grand caractère. L'un d'eux, pourtant, avait fixé mon attention. Il ne cessait de me regarder d'un œil rouge, haineux, en se tenant assis tantôt sur le côté gauche, tantôt sur le côté droit, jamais d'aplomb sur son séant.

Quantité de lapins, avocats ou stagiaires étaient venus pour assister aux débats. Dans l'endroit réservé au public, des lapins en quantité innombrable, ou pour parler plus exactement l'ombre de ces lapins se perdant à travers les murs du palais de justice en un nuage pensant et agissant dans la perspective d'un horizon sans limites.

— Je devine, mon cher beau-père, l'ombre de vos victimes.

— Précisément. Après la lecture de l'acte d'accusation très circonstancié et où l'on me reprochait l'assassinat, comme je viens de vous le dire, de 19,073 innocents lapins avec préméditation et guet-apens, le ministère public prit la parole. Il parla en termes indignés de la chasse et m'apostropha cruellement.

— Naturellement, n'étant pas chasseur et ne pouvant être que chassé...

— « Vous avez devant vous, dit-il au jury attentif à sa parole et manifestant ses émotions par de brusques mouvements d'oreilles et des froncements de bec, vous avez devant vous le premier magistrat de la République française. Cet homme qui, jusque dans ses distractions, devrait donner l'exemple de la plus stricte morale et d'une grande dignité, s'est fait, par désœuvrement, le plus implacable des nos assassins. Ses crimes sont d'autant plus odieux, qu'il les a commis sans nécessité, par le seul amour féroce du sang versé, se croyant, d'ailleurs, assuré de l'impunité. Vit-on jamais cause plus scandaleuse, plus révoltante et plus pitoyable! Ah! je connais les arguments que peuvent faire valoir les hommes en faveur de ce jeu abominable appelé la chasse. Je les trouve détestables, et la cour partagera mon avis.

» La chasse, au fond, c'est le meurtre impuni et inutile, quand on ne chasse pas pour se repaître de ses victimes. Examinons. La chasse, disent les hommes, est un exercice propre à entretenir la santé. Soit, mais si l'horrible plaisir de faire du mal, de tuer des êtres, — vivant au même titre que l'homme sur la terre, — n'était l'attrait secret, inavouable, de la chasse, ne trouverait-on pas d'autres motifs d'exercer le corps à la marche! Il y a les voyages en touriste à pieds, le sac sur le dos, le bâton à la main et l'herbier au côté. On voit ainsi des pays nouveaux et on les voit bien. Chemin faisant on herborise, ce qui est un plaisir délicat en même temps qu'un travail utile, on visite dans les villes et les villages les ruines des monuments anciens et en consultant ces témoignages de pierre, on reconstruit l'histoire. Cela ne vaut-il pas mieux que de briser une aile à un perdreau qu'on ne mangera pas le plus souvent, ou de casser les pattes à un lapin que le chien vous rapporte vivant et qu'on étrangle de ses propres mains de gentilhomme chourineur de bêtes?

» Mais, disent les hommes, il y a dans la chasse, outre l'exercice du corps par des marches souvent prolongées, un talent de tireur à déployer dont on se fait gloire. Sophisme, car je ne vois encore ici, au fond, que le plaisir essentiellement humain de faire le mal pour le seul plaisir de le faire. Ne peut-on donner la preuve de son adresse au tir, en tirant à la cible ou sur tout autre objet inanimé ?

» Non, la nature féroce de l'homme perce dans le plaisir de la chasse et il trouverait inutile de tirer juste, s'il ne tuait ou blessait en tirant.

» Encore si en s'attaquant aux animaux pour la satisfaction de ses instincts destructeurs et méchants, l'homme combattait à armes égales, cette férocité instinctive, cette jouissance du mal serait au moins relevée par le courage. Mais quel courage y a-t-il donc à estropier des lapins, des perdreaux, des lièvres, à ameuter soixante chiens stupides, rendus aussi féroces que l'homme, sur un cerf qu'on a élevé dans un parc fermé pour le forcer un jour et lui couper la jugulaire avec un couteau richement ornementé ? Les chasses aux lions et aux tigres sont rares parce qu'elles sont dangereuses. Celle des lapins se compte par autant de désœuvrés qui ont les moyens de se payer un permis de chasse. Ce jeu sanguinaire sans aucun risque à courir, n'est pas fier.

Reste le troisième argument : « On chasse pour se nourrir du gibier que l'on tue. » C'est vrai pour les hommes à l'état sauvage, c'est faux pour les hommes vivant en société. On ne chasse point pour se nourrir de sa chasse, on chasse pour tuer, et quand un chasseur ne trouve sur sa route aucun gibier, il tire un corbeau ou une pie qu'il ne se donnera même pas la peine de ramasser, et qu'il laissera mourir dans les tortures de ses blessures et de la faim.

Que les hommes trouvent ce qu'ils appellent le gibier un mets délicat, préférable au bœuf et au mouton, et qu'on le vende à de certaines époques de l'année sur les marchés publics, c'est malheureusement trop vrai pour nous, pauvres lapins, et nous baissons les oreilles devant cette loi cruelle de la nature qui a fait les carnivores pour se dévorer entre eux. Qu'ils nous tuent donc comme ils tuent dans les abattoirs les bœufs, les veaux et les moutons, mais qu'ils ne se fassent pas un jeu de notre mort. Se divertir de nos douleurs, voilà le crime et il est inexcusable.

— Singulières réflexions sur ce noble plaisir de la chasse, qui est un plaisir tout royal... et présidentiel.

— Ce n'est pas tout, continua M. Grévy.

Le ministère public tournant subitement ses deux longues oreilles qu'il braqua sur moi comme deux pistolets, me prit à partie dans mes fonctions de président de la République.

— Pas possible! fit M. Wilson.

— Mais si. « Ce qui rend plus odieux encore que chez un autre, le massacre de tant d'innocents lapins, nos malheureux concitoyens de garenne, par l'accusé, c'est qu'il est le président de la République française, et qu'en cette qualité, ayant le droit de faire grâce, il conserve à la vie les plus abominables scélérats humains, la terreur de la société. Eh quoi, tant de sensibilité pour les assassins et aucune pitié pour d'inoffensifs petits animaux! Cela est illogique et de plus, en ce qui concerne les criminels, c'est contraire au bon ordre social et choquant au point de vue de la morale et de la justice. Autant que je puis me rendre compte des intérêts de la société humaine avec mon esprit et mon cœur de lapin, le droit de grâce ne devrait être exercé en faveur des assassins, voleurs de profession, qu'à de très rares exceptions.

« Il faut ôter la vie à celui qui vit pour tuer, par cette raison qu'un assassin guillotiné n'assassine plus personne. Il faut lui ôter la vie parce que si on le laisse vivre, on doit nécessairement l'entretenir de nourriture, d'habits et de logement. Or, je dis, moi simple lapin, que tant que l'on verra des hommes innocents et de bonne volonté tomber d'inanition dans les rues, la société, qui n'a pu conjurer de pareils malheurs déshonorants pour elle, n'a pas le droit de prélever sur la fortune publique l'argent nécessaire à l'entretien d'un malfaiteur. Laisser mourir de faim un vieillard, une veuve chargée d'enfants, un ouvrier sans travail et nourrir un scélérat est une inconséquence et une monstruosité. »

Vous devinez, mon cher Wilson les conclusions d'un semblable réquisitoire. L'avocat général exhorta le jury à se montrer impitoyable : « Vous serez sans pitié, dit-il envers l'homme qui, de la même main qui signe la grâce des criminels, donne la mort, à nos pères, à nos mères, à nos frères, à nos sœurs, à nos épouses, innocentes victimes de ses plaisirs atroces. »

A ce moment il se produisit un incident d'audience que je ne veux pas passer sous silence.

— Parlez, mon cher beau-père, vous m'intéressez vivement.

— Le jeune lapin, mon avocat, qui avait écouté d'un air narquois le brillant réquisitoire du ministère public, quand il n'avait pas fait semblant de bâiller d'ennui, voyant que l'affaire allait fort mal pour moi, voulut se ménager un cas de cassation. Chavirant brusquement ses oreilles par un mouvement d'ancien télégraphe et écartant ses pattes jusque-là jésuitiquement croisées sur sa poitrine, il demanda en style de procédure qu'il plût à la cour de prendre acte que l'un des jurés, un vieux lapin, ne se trouvait pas auprès de l'accusé dans la situation d'indépendance exigée par la loi pour porter un jugement.

— Ce juré, dit le jeune avocat, a des raisons particulières de haine et de vengeance contre nous.

— Lesquelles? demanda le président.

— Veuillez seulement, reprit aussitôt l'avocat, demander au juré pourquoi il s'est constamment tenu penché soit à droite, soit à gauche, et jamais assis d'aplomb comme les autres jurés.

— Pourquoi, demanda le président au juré suspecté, cette attitude penchée que l'avocat fait remarquer à la cour?

— Pour rien, répondit le vieux lapin, visiblement intimidé.

— Pour rien, répliqua l'avocat en ramenant en avant l'oreille qu'il avait portée en arrière et en portant en arrière celle qu'il avait en avant, pour rien, ce n'est pas une réponse.

Et se dandinant d'un air moqueur :

— Monsieur le juré ne voudrait-il pas prendre la peine de s'asseoir bien d'aplomb comme tout le monde!... Ah! il hésite, cela devait être, et cette cause d'hésitation, je vais la faire connaître : il a du plomb dans le derrière.

A ces mots il se fit un grand tumulte dans la salle et quelques lapins, qui pourtant étaient morts par le plomb et dont on voyait les ombres, partirent d'un franc éclat de rire.

— Serait-il vrai, demanda le président d'un ton sévère,

en interrogeant le juré, serait-il vrai que vous ayez du plomb où il a été dit ?

— Oh! fit celui-ci d'un air piteux, un grain seulement.

— C'est assez, dit le président, pour que votre impartialité puisse être suspectée, ce grain vous ayant été envoyé par l'accusé.

Je passerai, mon cher Wilson, rapidement sur la plaidoirie de mon jeune avocat. Il plaida habilement les circonstances atténuantes, alléguant que la chasse n'est pas considérée comme un crime chez les hommes qui ont bien d'autres jeux cruels, tels que les courses de taureaux, par exemple. Il soutint qu'au fond je ne suis pas l'ennemi des lapins, puisque j'entretiens généreusement dans mes vastes propriétés ceux que je ne tue pas.

Et comme il répétait ces mots :

« Mon client aime les lapins » un loustic dans la salle cria : « Oui, en gibelotte. »

— Silence, dit le président, ou je fais évacuer la salle.

Enfin qu'ajouterai-je, mon cher Wilson? Quand le jury passa dans la salle de ses délibérations, mes yeux se tournèrent vers les ombres de tous les lapins que j'ai plombés depuis cinquante ans comme un délassement à mes graves travaux, et je me sentis bouleversé. Je jetai un cri. Ce cri heureusement m'éveilla, mettant fin à ce rêve ridicule qui, pourtant je le répète, me laisse sous une pénible impression.

— Si vous alliez à Paris pour vous distraire un peu, mon cher beau-père ?

— Oh! non, pas encore. A quoi cela servirait-il!... Je verrai, peut-être chasserai-je demain.

Oscar Comettant.

UN CIMETIÈRE DE PAPIER

EXHUMATION

DE NOTES BIOGRAPHIQUES SUR DES GENS DE LETTRES

Fragments

Lorsqu'un membre d'une administration de l'État, haut fonctionnaire ou simple commis, est rayé des cadres pour une des causes habituelles : — retraite, révocation, démission, décès, — on inscrit sur la *chemise*, ou enveloppe de son dossier, la date de sa sortie.

Au-dessus de cette date se trouve déjà celle de son entrée.

On dirait alors d'une épitaphe, avec ses indications du jour de la naissance et du jour de la mort.

Mais ce rapprochement entre les deux formes de l'extinction, dans la vie réelle et dans la vie administrative, va devenir encore plus saisissant.

Ainsi, le dossier du sortant, retiré des cartons où s'agite le personnel en exercice, est transporté, après les cérémonies d'usage, parmi ceux qui renferment la dépouille des anciens.

N'est-ce point là un véritable enterrement ?

Enterrement de la même classe pour tous, avec un commis d'ordre tout à la fois officiant, croque-mort, fossoyeur et marbrier.

Et remarquez que l'ensemble de ces cartons funéraires a reçu, par une métaphore d'une justesse lugubre, le nom de *Cimetière*.

C'est, du moins, l'expression imagée qui a cours au ministère de l'Intérieur, — celui qui m'occupe, — pour désigner la pièce où se trouve étagé symétriquement, comme dans une hypogée, l'ossuaire des disparus de l'administration centrale.

Toutefois, cette étrange nécropole se distingue de l'autre par un respect plus sincère de l'égalité que doivent retrouver toutes les créatures rendues au repos éternel.

Ici, en effet, point de monuments fastueux à côté de la misérable croix de bois ; point de concession spacieuse auprès de l'étroit terrain rectangulaire. Toutes les tombes sont taillées sur un modèle uniforme : la feuille de papier sous laquelle dort le plus illustre ministre et celle qui recouvre l'employé le plus obscur ont exactement le même format. Elles occupent le même espace...

Je me trompe. Il est de ces sépultures, j'entends parler des dossiers, dont le volume semble accuser plus d'importance chez ceux qu'elles renferment. Mais ce n'est point l'orgueil qui les gonfle et elles n'appartiennent pas aux plus grands.

Hélas ! elles ne doivent leur luxe apparent qu'à l'entassement successif de suppliques réitérées, relatives à des avancements trop longtemps attendus, à des gratifications trop espacées, à des secours urgents, à des craintes de disgrâces, à des menaces de retraite prématurée, — échos attristants des luttes et des angoisses de braves gens qui ont passé des heures douloureuses à calligraphier leurs appels à la justice, leurs révoltes contre l'oubli, leurs cris de désespérance... Ah ! si tous ceux qui ont des paroles amères contre l'employé de ministère, ou qui, dans l'ignorance de ses labeurs, de ses déceptions, de son pénible servage, portent envie à sa situation, pouvaient pénétrer dans sa vie, qui n'est souvent que celle d'un pauvre honteux, je doute qu'ils eussent pour lui un autre sentiment que cette commisération sympathique qu'on doit aux plus humbles et aux plus faibles...

Pardon ! je reviens à mon cimetière.

Le jour où la fantaisie me prit de parcourir ce champ de repos et d'en déchiffrer au hasard quelques épitaphes, une de mes surprises fut d'y rencontrer, dans une proportion relativement considérable, des noms que je croyais n'appartenir qu'au monde des lettres : noms de poètes illustres, de romanciers populaires, de journalistes marquants, de dramaturges féconds, d'écrivains de toute nature et de tout mérite.

Littérature et administration !... L'accord est-il possible entre ces deux éléments ? L'administrateur ne doit-il pas éviter d'associer l'homme de lettres à ses travaux et le considérer comme incapable, par la tournure de son esprit et de son caractère, de lui apporter une collaboration utile ?

Quelqu'un qui soutiendrait l'affirmative comme une vérité absolue ne serait qu'un sot. D'ailleurs, ce préjugé, qui domine peut-être dans certains milieux étroits, n'a jamais existé au ministère de l'Intérieur.

Il est vrai que ce département a autrefois réuni dans ses attributions les lettres, les beaux-arts, les théâtres, et que son rôle de protecteur naturel de toutes les choses de l'intelligence a dû placer et maintenir son esprit dans des régions assez élevées pour le rendre inaccessible à d'absurdes défiances.

Les biographes des gens de lettres qui ont figuré plus ou moins dans les cadres de cette administration ne mentionnent le plus ordinairement que par un mot, qui n'est parfois qu'une date, ce côté de leur existence. C'est une lacune que j'ai cru intéressant de combler, au moins pour quelques-uns, et, dans ce but, je vous propose de refaire avec moi une promenade rapide à travers mon cimetière de papier.

Vous me suivez?... Ci-gît :

ALFRED DE MUSSET

L'illustre poète fut nommé, par arrêté du 19 octobre 1838, « conservateur de la bibliothèque du ministère de l'Intérieur, de la collection des médailles et du dépôt des ouvrages de toute espèce, publiés à Paris et dans les départements ».

Son traitement était fixé à 3,000 francs.

On était rempli d'égards pour ce nouveau fonctionnaire.

Le ministre, M. le comte de Montalivet, en lui donnant avis de sa nomination par une lettre datée du 22 octobre, s'exprimait ainsi :

« ... Je suis heureux, monsieur, qu'en assurant une coopération telle que la vôtre à l'administration du ministère de l'Intérieur, il m'ait été possible de confier à vos soins des fonctions qui vous permettront de vous livrer aux travaux vers lesquels vous portent vos goûts et vos études. M. le secrétaire général est chargé de veiller à votre installation, dès que *vous pourrez* entrer en fonctions. »

Le chantre de Rolla *pourra-t-il* jamais entrer en fonctions ?...

Il en a au moins une fois manifesté l'intention, dans un billet qu'il adressa au secrétaire général, pour lui demander en quoi consistaient les fonctions qu'on venait de lui confier.

« Que dois-je répondre à M. de Musset ? » demandait le secrétaire général au chef de division qui avait la bibliothèque dans ses attributions.

« Répondez-lui, écrivait le fonctionnaire dont on demandait l'avis, que la bibliothèque est attachée à la division des Beaux-Arts et qu'il a à se présenter au chef de cette division, qui sera charmé de le recevoir et en qui il trouvera un bon camarade. Ajoutez qu'il serait utile que je le visse bientôt, car il est fortement question du déménagement de la bibliothèque. »

C'est bien dans ce sens que furent rédigées les instructions adressées à Alfred de Musset pour prendre possession de son poste.

Comme on le voit, il ne s'agissait pas d'une sinécure, et, pour son début, le nouvel employé allait avoir sur les bras le déménagement d'un dépôt qui ne renfermait pas moins de trente mille volumes ! La bibliothèque était alors rue de Lille, 62, et devait être transportée rue de Grenelle-Saint-Germain, 103.

La crainte d'un pareil labeur s'était sans doute emparée de notre poète.

Cinq mois après sa nomination, il n'avait pas encore paru au ministère.

A la date du 27 mars 1839, on lui écrit :

« Le moment est venu de transporter la bibliothèque

dans le local qui lui est destiné. J'ai dû vous informer de ces dispositions, puisqu'il vous appartient de donner une direction pour le placement des diverses parties du dépôt dont la conservation vous est confiée.

» Il bien désirable que vous puissiez vous occuper immédiatement de ces soins. »

Cette invitation n'a plus la tournure aimable des lettres précédentes ; sa sécheresse administrative montre qu'on était médiocrement satisfait des procédés du dédaigneux écrivain.

On se doute bien qu'elle ne produisit aucun effet.

La bibliothèque fut déménagée sans le concours de son conservateur, précisément au moment où celui-ci envoyait aux chanteurs des bords de la Sprée sa fière et patriotique réponse : *Nous l'avons eu, votre Rhin allemand...* Entre nous, ne fit-il pas mieux que de déménager ?

Le comte de Montalivet savait donc bien ce qu'il écrivait, lorsqu'il l'avisait naguère qu'on l'installerait « dès qu'il pourrait entrer en fonctions ».

Alfred de Musset qui, de son côté, savait lire, ne dut retenir que ce passage élastique de sa lettre de service, et il se dit qu'il ne pourrait jamais

Il était d'autant moins porté à se déranger pour se rendre au ministère, qu'il recevait chaque mois, à domicile, son traitement, qui lui était envoyé avec une ponctualité persistante par les soins d'un jeune et obligeant employé, un de ses admirateurs inconnus, M. B***, récemment décédé chef de bureau en retraite.

Cette délicate attention, longuement renouvelée, devait laisser une trace dans la mémoire du poète.

Un jour, Alfred de Musset passe dans la rue de Grenelle et remarque, au-dessus de la porte du n° 103, cette inscription : *Ministère de l'Intérieur.*

Il s'arrête, réfléchit un instant. « Au fait, se dit-il, je ferais bien d'entrer ici, pour remercier l'aimable collègue qui prend la peine de m'adresser régulièrement mes appointements. »

Il entre. Un instant après il se trouve en présence de M. B***, qui n'en croit pas d'abord ses yeux et qui, bientôt remis de sa surprise, l'accueille avec toutes les marques de la déférence que lui inspirait le grand écrivain.

Alfred de Musset lui serre affectueusement la main et lui exprime sa reconnaissance dans les termes les plus affables. Il comptait du reste sur la continuation de ses bons offices.

Il va prendre congé de M. B***. Déjà il entr'ouvre la porte.

— Mais, dit-il en se retournant, puisque j'y suis, ne serait-ce pas abuser de votre complaisance, si je vous priais de me faire voir *ma* bibliothèque ?

Tout en appuyant sur le *ma*, il le soulignait encore plus par son sourire.

M. B*** sourit également, en se mettant avec le plus vif empressement à la disposition de son illustre visiteur.

Le dépôt était au dernier étage.

Dès qu'il y est introduit, Alfred de Musset jette un coup d'œil étonné sur sa bibliothèque. Il est frappé de la voir si importante et si abondamment pourvue de livres rares et précieux.

— Tiens, tiens ! fait-il en allant curieusement d'une travée à l'autre, je ne me doutais pas de cela. Savez-vous qu'elle est vraiment intéressante, cette bibliothèque ?... Oh ! mais j'y reviendrai.

Jamais il n'y remit les pieds.

Un arrêté signé Ledru-Rollin mit fin à cette plaisanterie, le 5 mai 1848.

Ce qu'on croirait difficilement, si on n'en avait les preuves sous les yeux, c'est qu'Alfred de Musset eut la fantaisie, quelques mois après cette sortie de fonctions qui eurent l'entrée qu'on vient de voir, de solliciter sa réintégration.

M. Dufaure, alors ministre, maintint la décision de son prédécesseur.

Il écrivit :

« Je désirerais vivement pouvoir répondre à votre lettre d'une manière conforme à votre désir ; mais les nécessités du moment et la suite donnée par mes prédécesseurs (MM. Recurt et Sénart) à la mesure dont vous vous plaignez m'en ôtent la possibilité.

» Ce n'est pas sans regret, croyez-le bien, que je me vois forcé de renoncer au concours d'un homme de lettres dont le talent est si justement estimé. »

Le concours ? — Impossible d'être à la fois plus caustique et plus poli.

Alfred de Musset, qui retrouva une place de bibliothécaire au ministère de l'Instruction publique, a donc émargé pendant plus de dix années au ministère de l'Intérieur, sans y rendre aucun service.

Peut-être savait-il que son père y avait travaillé pour deux.

DE MUSSET-PATAY

Le père d'Alfred de Musset, qui, entre autres travaux, a publié une édition fort estimée des œuvres de J.-J. Rousseau, avec une *Histoire de sa vie et de ses ouvrages*, est entré au ministère de l'Intérieur le 1ᵉʳ octobre 1811, en qualité de chef de bureau. Il venait, avec le même titre, du ministère de la Guerre où il avait été admis, le 1ᵉʳ janvier 1805, sur la présentation du général Marescot. Précédemment, il avait servi pendant onze ans dans le corps du génie.

Il paraîtrait que M. de Musset n'avait pas d'autres ressources que son traitement, qui s'élevait à 6,000 francs.

A peine avait-il pris possession de son nouveau poste, qu'il écrivait à son ministre :

« Les maladies coûteuses de ma femme et de mes enfants (Alfred, le plus jeune, avait alors un an et demi) m'ont réduit depuis six mois dans une position si pénible, que j'ai été obligé d'avoir recours à madame Marescot. Mais son prochain départ, sa propre situation me font ardemment désirer de lui rendre 300 francs que je lui dois encore... »

Il ne demande point de secours. Il prie seulement le ministre d'autoriser le caissier à lui faire l'avance de cette somme sur son traitement.

Lorsque des bruits de réorganisation circulent dans le ministère, la frayeur le saisit. Comment pourrait-il élever sa famille, si ses fonctions étaient supprimées? Il tâche de conjurer le danger, en se faisant appuyer par de nombreuses recommandations.

Il se recommandait d'ailleurs de lui-même. C'était un travailleur sérieux et fort apprécié. Au mois d'avril 1815, le ministre Carnot écrit au général Marescot que M. de Musset a été maintenu dans sa place « qu'il remplit avec autant de zèle que d'intelligence ».

Recommandé au successeur de Carnot par l'évêque de Châlons, « à qui il est agréable d'entretenir le ministre d'un homme dont la moralité et les principes l'ont pénétré pour lui d'une estime parfaite », M. le comte de Vaublanc répond que « ce témoignage flatteur ajoute encore aux droits que cet employé s'est acquis par sa conduite et ses talents distingués ».

Parmi d'autres appels faits à la bienveillance des ministres en faveur de M. de Musset, je relève cette note intéressante sur sa famille : « M. de Musset, issu d'une famille noble, recommandable par ses services militaires, a eu à la fois, dans le même régiment (celui de Chartres infanterie), son père, deux oncles et trois grands-oncles paternels. Son père, major dans ce régiment, y a servi pendant trente ans ; un de ses grands oncles en a été lieutenant-colonel et brigadier des armées du roi, avec lettres de service, sous les maréchaux de Saxe et de Löwendahl. Le frère de M. de Musset, premier capitaine au régiment de Bresse, émigré en 1793, fut incorporé dans les chasseurs nobles de Condé et tué le 13 août 1796 à l'affaire d'Oberkamlach. »

Malgré tant de témoignages favorables, M. de Musset, à qui la crainte de perdre son emploi ne laissait pas un instant de repos, fut relevé de ses fonctions par arrêté du 18 février 1818.

On lui accordait *pendant une année* une indemnité d'inactivité égale à la moitié de son traitement.

C'était la misère en perspective...

A cette époque, il était chef du bureau des prisons.

Une lettre fort digne et fort touchante de M. d'Hotelan, directeur de la prison de Melun, adressée à un haut fonctionnaire du Ministère, nous édifie sur la cause réelle de cette disgrâce.

Cette cause était... une soupe.

Il y aurait matière à rire, si l'on n'entrevoyait pas dans cet incident burlesque les larmes d'un malheureux père de famille.

« J'ignorais complètement, écrivait le directeur de la

prison de Melun, la cause de cette catastrophe, et je ne l'attribuais qu'à l'impérieuse économie. M. de Musset m'apprend aujourd'hui ce qui a occasionné la mesure prise pour supprimer son bureau. A l'étonnement où m'avait jeté la première nouvelle de cette suppression a succédé la douleur de voir ce brave homme victime d'un soupçon de connivence avec notre entrepreneur à l'occasion de la nouvelle *soupe*... »

Le directeur explique clairement que la prescription de cette soupe des détenus, ordonnée par M. de Musset, lésait les intérêts de l'entrepreneur qui la fournissait à regret, et que, par conséquent, le chef de bureau avait fait tout le contraire de ce qu'on lui reprochait.

La fin de cette lettre nous prouve que M. de Musset a été la victime de la vengeance d'un inspecteur disposé à tremper... dans des soupes, et dont il avait déjoué les projets.

Si je donne ces détails, ce n'est pas seulement pour faire connaître la vie d'un écrivain assez obscur, c'est surtout pour montrer dans quel milieu rempli d'amertume et de tourments s'écoulait l'enfance du jeune Alfred, alors âgé de huit ans.

Certes, les rayonnements de la joie paisible et du doux bien-être n'éclataient guère autour de lui. Les sourires devaient être rares dans cet intérieur toujours aux prises avec les difficultés de la vie. On y avait connu les heures pénibles de la gêne ; on y avait enduré les tortures de cette pauvreté dont le seul aveu est déjà une si grande souffrance ; on avait été éprouvé par les maladies ; l'insuffisance des ressources avait obligé à des emprunts dont on ne se libérait qu'avec des privations ; enfin on était en proie à la perpétuelle appréhension de perdre une situation dont dépendait le pain quotidien. Et voilà que ces terribles pressentiments devenaient la plus cruelle des réalités et que la misère menaçait de grandir encore !

Pourquoi ne tiendrait-on pas compte de l'influence que put avoir sur le caractère d'Alfred le spectacle si sombre et si poignant de ces crises de famille ? Sans doute il dut revoir plus tard, dans les clairs souvenirs des choses de l'enfance, les lourds accablements de son père, ses déchirantes désolations, et ses justes et impuissantes révoltes. Et qui dira les impressions qui agitaient son âme, lorsqu'il se rappelait les traits bouleversés de sa mère et que lui revenait la sensation des baisers dont elle l'accablait et des pleurs qui brûlaient son visage ?...

Encore un mot, qui achèvera de nous renseigner sur la position précaire de cette famille.

Des démarches furent tentées auprès du ministre Lainé, pour le supplier de rendre un emploi à M. de Musset.

Le conseiller d'État, préfet de la Somme, écrivait le 16 mars 1818 :

« ...M. de Musset a l'espoir d'être replacé par Votre Excellence ; il en a bien besoin. Et ce n'est pas pour lui seulement ou même pour sa femme et ses enfants que je prononce ce mot : il y a dans les embarras de fortune qu'éprouve M. de Musset quelque chose de plus touchant encore... »

Le préfet explique longuement qu'il vient en aide à son beau-père et à sa belle-mère, tous les deux septuagénaires, infirmes et sans fortune.

« Voilà donc, Monseigneur, le chef de bureau réformé, pour lequel j'ai l'honneur de vous solliciter. Je vous exprime ici les vœux, et bien plus que les vœux d'une famille entière de gens de bien, sans fortune, chez qui les vertus et l'humanité la plus active sont héréditaires. J'ai la confiance qu'un ministre, qui possède les mêmes biens, daignera venir au secours de cette intéressante famille qui a tant besoin de lui. »

Les démarches n'obtinrent aucun succès.

AUGUSTE BILLIARD

J'ai dit que l'homme de lettres avait toujours reçu bon accueil au ministère de l'Intérieur. On serait tenté de croire, après avoir relevé le cas de M. Billiard, que la poésie aurait eu plus particulièrement le don de s'en faire ouvrir les portes à deux battants.

Un jour, — c'était en septembre 1840, — le comte de Montalivet, alors ministre, reçoit du fond de la province un large pli blindé de cire rouge et sentant à plein nez la vieille étude d'un honnête tabellion.

Un testament peut-être?

Il rompit les cachets...

Des vers!

Vous supposez sans doute que le premier mouvement du ministre fut de jeter de côté ce papier, pour passer aux affaires sérieuses?

Détrompez-vous. Le ministre lit, il sourit bientôt, il approuve même d'un signe de tête bienveillant; et, la lecture finie, il écrit en marge : « Je désire savoir ce que c'est que M. Billiard. »

Quelques jours après, il le savait. C'était le fils d'un notaire de Vendôme. Après avoir achevé son droit à la faculté de Paris, il était rentré chez son père, où il s'était mis à taquiner la Muse *par-devant maître Billiard et son collègue.*

Cependant le jeune Auguste se sentait bien loin du Parnasse et d'Apollon, dans la sombre et froide étude, sous l'œil d'un vieux premier clerc. Il rêva un retour à Paris.

Mais il lui fallait une position assurée. Son père, qui avait deux autres enfants, ne pouvait pas servir des rentes à un oisif, surtout à un poète... S'il sollicitait une place au ministère de l'Intérieur ? A merveille ; mais le moyen de se faire distinguer dans le tas des solliciteurs ?

Une idée ! si je demandais cela en vers ?

C'est ce qu'il fit, et nous venons de voir que sa demande n'avait pas été condamnée au classement à perpétuité. Certes, vous ne soupçonnez pas encore ce qu'elle lui rapporta. Attendez la fin.

Cette demande pouvait passer pour un modèle du genre, et, à trois quarts de siècle de distance, elle a conservé assez d'agréments pour pouvoir se montrer en public. Je n'hésite donc pas à vous la présenter, sans toutefois conseiller aux candidats du jour de chercher à la rééditer à leur profit. Je n'ai pas besoin d'ajouter que je n'y déplace pas une virgule. — La voici :

Monseigneur,
Le Sort à nos désirs n'est pas toujours propice :
C'est un aveugle Dieu guidé par son caprice,
Se riant des projets des fragiles humains.

Je songeais, l'autre nuit, qu'il changeait nos destins :
Du faîte des grandeurs obligé de descendre,
    De votre éclat il ne vous restoit plus
    Qu'une belle âme et de grandes vertus.
C'étoit à moi qu'on s'empressoit de rendre
    Les hommages qui vous sont dus ;
J'étois ministre enfin ! Vous étiez mon modèle.
    Toujours rempli d'un noble zèle,
Mais alors inconnu, sans trésors, sans faveurs,

> Par degrés vous vouliez remonter aux honneurs.
> Je devins votre appui : grâce à mon Excellence,
> Dans mes bureaux vous aviez un emploi,
> Lorsque Morphée, en diligence,
> Voyant naître le jour, est sorti de chez moi.
>
> Mon rêve, heureusement, n'a changé rien en France ;
> L'État conserve en vous un illustre soutien,
> Et moi, qui me suis vu votre égal en puissance,
> Que suis-je, Monseigneur ?... Hélas ! je ne suis rien !
> Je me repais en vain des charmes d'un mensonge.
> Pour y mêler un peu de vérité,
> Ne pourriez-vous pour moi faire en réalité
> Ce que pour vous j'ai fait en songe ?

Suivant les instructions du ministre, le secrétaire général fit venir le candidat, l'interrogea, et son rapport constate qu'il lui trouva « la figure honnête et la candeur d'un jeune homme sans prétention, occupé de travaux et d'études ».

Le ministre était tout à fait séduit. Le jeune poète fut aussitôt nommé commis à dix-sept cents francs.

Il fit son chemin. En 1812, ses appointements étaient portés à trois mille francs, et, en 1830, nous retrouvons M. Auguste Billiard à son tour secrétaire général du ministère de l'Intérieur, avec un traitement de vingt mille francs !

Voilà une poésie qui, je crois bien, a plus rapporté à son auteur qu'à Pierre Corneille toutes ses tragédies.

. . . .

PHILIPON DE LA MADELAINE

Philipon de la Madelaine offre le rare exemple d'une carrière administrative commencée à l'âge où l'on a dépassé celui de la retraite. Né le 9 octobre 1734, il est entré au ministère de l'Intérieur le 18 août 1798, — à 64 ans !

Je cite d'autant plus volontiers cette singularité, que j'en trouve l'explication dans les égards qu'on voulait bien accorder à la qualité d'homme de lettres.

Moins de deux ans après, de la Madelaine était nommé sous-chef. Comme il avait toutes les ambitions de la jeunesse, il aspira bientôt au grade de chef. Cependant il dut rabattre de ses prétentions; car il écrivait, au commencement de 1808, au secrétaire général : « Pour ne pas exciter la jalousie de MM. les sous-chefs, le ministre pourroit me donner la qualité de *chef-adjoint*. Entre nous, il est un peu humiliant pour un ancien avocat général, pour un ancien intendant d'un des frères du Roi, de n'être que sous-chef dans un ministère. »

Ce postulant de 74 ans avait été avocat au bureau des finances à Besançon et intendant des finances du comte d'Artois.

Sa ténacité, — car il revint dix fois à la charge, — ne fut pas couronnée de succès. Seulement, le 1er janvier 1816, de la Madelaine fut mis à la retraite dans des conditions aussi exceptionnelles que celles qui avaient marqué ses débuts : « Vous n'êtes pas maintenu en activité de service, lui écrivait le ministre, mais j'ai cru devoir vous conserver dans les cadres en qualité de conservateur honoraire de la Bibliothèque. En cette qualité, vous continuerez à recevoir votre traitement entier.

» Vous verrez, monsieur, dans cette disposition, un témoignage de l'estime très particulière que j'ai pour vos bons services et pour vos ouvrages et votre réputation littéraire. »

L'ambitieux vieillard était enfin content; sa dernière

lettre est un remerciement : « J'ai bien des grâces à vous rendre, écrivait-il au ministre, pour la retraite *peu commune* que m'accorde Votre Excellence... »

Il la garda jusqu'à sa mort, arrivée à l'âge de 84 ans.

. . . .

LOUIS VEUILLOT

L'ardent polémiste a laissé, au ministère de l'Intérieur, le souvenir d'un employé intelligent et laborieux.

Il y est entré le 1er avril 1839 en qualité de commis-rédacteur, au traitement de 2400 francs.

L'avancement ne se fit pas attendre : neuf mois après, le 1er janvier 1840, il était promu au grade de sous-chef avec un traitement de 2700 francs.

En l'informant de cette nomination, le secrétaire général écrivait :

« Les travaux du bureau auquel vous allez être attaché, faisant partie du secrétariat général, et devant par la réunion de diverses attributions acquérir une importance réelle, il m'a été agréable, sous ce double rapport, de pouvoir, en vous indiquant au choix du ministre (M. le comte Duchatel), m'assurer le concours de l'aptitude et du zèle que vous avez constamment apportés aux travaux de l'administration. »

Le bureau dont il devenait le sous-chef était celui des monuments historiques.

Le 31 janvier 1841, M. Louis Veuillot demandait un congé illimité, qui lui était accordé. C'est sans doute à cette époque qu'il partit en Algérie avec le général Bugeaud.

Ce congé eut pourtant une limite. Car un arrêté de la

même année (1ᵉʳ décembre 1841) fait passer M. Veuillot, avec son titre et son traitement, au cabinet du ministre, où il retrouve M. le comte Duchatel. Sa lettre de service fait remarquer que cette décision a été prise d'après le désir qu'il avait manifesté.

M. Louis Veuillot a été rayé des cadres de l'administration centrale le 1ᵉʳ janvier 1845, par suite de suppression d'emploi.

. . . .

AUGUSTE VILLEMOT

Qui le croirait ? Le futur chroniqueur de l'*Indépendance belge*, du *Figaro* et du *Temps*, ce spirituel « bourgeois de Paris » fut pendant plusieurs années un employé exemplaire du ministère de l'Intérieur.

Il y entra le 1ᵉʳ mars 1833 par la toute petite porte du surnumérariat.

Et cet apprentissage administratif dura pendant quatre ans !

Quatre ans sans un sou de traitement : voilà de la copie à bon marché !

Ce n'est qu'en 1837 qu'Auguste Villemot, — l'ambitieux ! — fut élevé au grade d'expéditionnaire de 6ᵉ ou 7ᵉ classe : 800 francs d'appointements. Et le sous-lieutenant de la *Dame Blanche* avait l'audace de se plaindre !

Le comte d'Argout, qui avait été son ministre et qui continuait à le suivre avec intérêt, trouva que la récompense était maigre pour le mérite de Villemot. Il écrivit (12 mai 1837) au secrétaire général, son ancien subordonné, pour le prier de traiter un peu plus largement son protégé.

« ...Villemot, disait-il, était soutenu par son père, qui était chef de bureau à la Banque. Mais ce père vient de mourir et ne laisse aucunes ressources. Tâchez de faire augmenter le traitement du fils de quelques centaines de francs, afin de lui donner les moyens de vivre. Ce sera une bonne œuvre. Ces Villemot sont d'ailleurs de très braves gens qui inspirent un intérêt général à la Banque. »

Villemot était pauvre, mais fier.

Ayant eu connaissance de la lettre de M. d'Argout, il écrivit aussitôt au secrétaire général :

« Je vous prie de ne prendre aucune décision à mon égard, avant d'avoir reçu de mes chefs les notes que vous pourriez leur demander sur mon compte. »

Il ne voulait pas de faveur, le brave garçon. Il travaillait, et il prétendait que son travail seul constituât ses titres à l'avancement.

Ces titres, il les possédait réellement, on peut s'en convaincre par les attestations qui vont suivre.

Le secrétaire général répondit au comte d'Argout que sa recommandation ne resterait pas sans résultat. « Je me suis assuré, écrivait-il, que M. Villemot mérite l'intérêt que vous lui accordez, et j'aurai bientôt l'occasion de lui en faire éprouver l'effet. »

Cette occasion se fit attendre près de deux ans! Car ce ne fut que le 20 octobre 1838 que le traitement de l'expéditionnaire Villemot fut porté de huit cents à mille francs. On lui donnait en même temps le titre de rédacteur.

C'était bien peu, hélas ! Et le secrétaire général lui-même, en envoyant à Villemot l'avis de son avancement, ne put s'empêcher de constater ce maigre résultat.

« Bien que ce traitement, lui disait-il, ne soit pas

aussi avantageux que je l'eusse désiré, vous verrez néanmoins dans les dispositions que je vous annonce une preuve des bons témoignages qui ont été rendus à M. le Ministre de votre travail et de votre conduite. »

Dès ce moment, Villemot ne devait plus prendre au sérieux les promesses de l'administration. Désillusionné, aigri, pris de dégoût pour un état qui ne lui rapportait pas de quoi vivre, il négligea sa besogne et chercha des ressources dans d'autres occupations.

Il perdit donc en peu de temps toute chance d'obtenir désormais le prix d'assiduité. Il poussa même si loin le relâchement, que le ministre, « Vu les rapports constatant l'extrême inexactitude apportée par le sieur Villemot dans son travail et emploi de rédacteur », prenait un arrêté de révocation le 5 septembre 1840...

Auguste Villemot voulut se donner dans la suite la satisfaction de faire une rentrée triomphale dans l'administration : il se glissa dans le ministère du 20 décembre 1848, en qualité de chef de cabinet de M. Bixio, ministre de l'agriculture et du commerce, au traitement de six mille francs.

Mais il était dit que l'administration ne lui jouerait que de mauvais tours. Villemot, qui avait reçu son avis de nomination le 27 décembre, n'était plus rien quarante-huit heures plus tard. Le 29, il disparaissait en même temps que le premier ministère de Louis-Napoléon.

– Il a dû faire quelque part une jolie chronique sur ce sujet.

. . . .

THÉOPHILE DENIS.

UN DRAME DANS LA NEIGE

Un soir de décembre, à la campagne, la famille B..., un ami et moi, nous faisions cercle autour d'un de ces larges foyers comme on en rencontre dans les vieilles maisons normandes. Au côté droit de la cheminée, dans un grand fauteuil Louis XIV, se trouvait une jeune fille extrêmement pâle, aux yeux bleus, et dont la chevelure noire, opulente, semblait fatiguer son cou de cygne ; à côté d'elle était assis son père, un homme d'une cinquantaine d'années environ, frais, à l'œil gai. Cependant, à travers cette gaieté paternelle, on percevait de temps à autre une parole triste. De l'autre côté de la cheminée se tenait sa mère, qui ne perdait pas des yeux sa pauvre Louise. Mon ami et moi nous complétions l'hémicycle.

On vint nous prévenir que le souper était servi. J'offris mon bras à la jeune fille. En passant devant les fenêtres nous jetâmes les yeux sur la campagne. Depuis trois heures que nous étions rentrés, elle avait complètement changé d'aspect : elle était enveloppée dans un immense linceul. La neige tombait épaisse et serrée, et les arbres pliaient sous le poids. Ma compagne tressaillit.

— Ah, mon Dieu ! fit-elle.

Je crus à un accident subit. On entoura la jeune fille ; des larmes coulaient sur ses joues amaigries.

— Ma Louise ! dit la mère en l'embrassant.

Quand son enfant fut un peu remise, le père nous attira dans l'embrasure d'une fenêtre et, nous montrant la neige que nous admirions comme des enfants heureux, il soupira : Voici ce qui la tuera.

Nous n'osions point interroger le père. On se mit à table. Louise fit acte de présence, mais elle tremblait sans cesse ; elle jetait les yeux sur les vitres contre lesquelles les flocons de neige venaient adhérer. Le souper fut triste, comme vous devez le penser. Lorsqu'il fut fini :

— Embrasse-moi, ma Louise, lui dit son père, et va te reposer.

Elle s'approcha de son père. Je lui tendis la main.

— Ah ! me dit-elle en essuyant furtivement une larme, n'allez pas à la chasse demain.

Je le lui promis, elle se retira. Évidemment, un mystère pesait sur la destinée de cette jeune fille, belle, âgée de dix-neuf ans. Je l'avais connue à seize ; alors elle était d'une franche gaieté : c'était un bijou merveilleux, un bijou vivant, sans prix : remplie de jeunesse et de santé, cette poésie de l'enfance. Qu'étaient devenues ces roses ? Elle était pâle comme un lis ! Qu'étaient devenus ses grands yeux bleus, ce bel azur mouvant ? Nous nous étions assis de nouveau autour de la grande cheminée ; le père tisonnait machinalement avec les pincettes.

— Ah ! dit-il tout à coup, pauvre Louise ! il y aura bientôt un an ! Qui me rendra ma Louisette !

Un silence de quelques secondes suivit cette phrase ; il avait les yeux fixés sur le brasier qui s'abîmait consumé.

— Un fagot, demanda le maître de maison.

Le domestique apporta deux bourrées qu'on délia, et

en peu d'instants, la salle resplendit de nouveau aux clartés de la flamme blanche et claire.

— Ecoutez cette sombre histoire, soupira le père.

Et sans que nous l'en eussions prié, il raconta ce qui suit :

— Je vous le disais tout à l'heure, il y a bientôt un an ! un mien ami nous avait envoyé son fils pour passer quelques jours avec nous. Louise et Georges avaient presque vécu leur enfance ensemble. Ils s'aimaient, et ma chère enfant ne le dissimulait pas. Ce fut donc une joie à la maison quand j'annonçai que Georges viendrait chasser plusieurs jours avec nous. Depuis quelques temps, ma fille, qui connaissait la passion de son cher aimé pour la chasse, avait la folle envie de l'accompagner. Quand je l'eus avertie de l'arrivée de Georges, elle vint me trouver dans ma chambre.

— Père, dit-elle, veux-tu me faire un plaisir?

— Si je le veux! lui répondis-je, en l'attirant à moi.

— Georges arrive dans quinze jours.

— Oui, et je crois que tu en es particulièrement enchantée.

Elle ne rougit point, ainsi qu'ont coutume de le faire les jeunes personnes élevées à dissimuler. Un baiser prépara la réponse.

— Oui, cher père, je suis heureuse au possible ! Et, pour que ma joie soit complète, je viens te prier de me donner un fusil et un équipement de chasse. J'ai dix-huit ans, je suis par conséquent une grande fille. J'aime la chasse par goût, et il me sera on ne peut plus agréable d'aller par monts et par vaux, comme un véritable Fra Diavolo.

— Peste! et même dans les marais? ajoutai-je.

— Georges affectionne particulièrement cette chasse,

et, étant deux, ce sera plus agréable. C'est promis? me dit-elle avec une insinuation de voix charmante.

Je n'eus pas le courage de refuser. Je connaissais Georges et je le tenais, avec raison du reste, pour un parfait honnête homme. L'union du fils de mon ami avec ma fille était chose arrêtée. Je promis. La chère enfant était bien heureuse.

Huit jours après, elle avait son costume. J'allai à Caen lui acheter un fusil et lui prendre un permis, rien n'égalait son ravissement. Il lui seyait à ravir, son costume. Les jours qui précédèrent l'arrivée de Georges, elle alla dans la campagne se faire la main. Elle était adroite; toutefois, elle avait les larmes aux yeux quand elle ramassait une grive. Au fond, Louise était plus amoureuse que chasseresse. Je m'en apercevais et je ne l'en blâmais point.

Je ne l'en blâme point encore; et cependant, c'est son amour qui la tue!

Georges arriva : je vous laisse à penser la joie! Je crus que la première parole de la fillette allait être : « Je chasserai avec vous. » Point; mais elle ne put s'empêcher de lui avouer qu'elle lui ménageait une surprise. Le lendemain, Georges et moi nous étions prêts à partir pour la chasse et nous attendions dans la salle où nous sommes, lorsque Louise descendit tout équipée, le fusil en bandoulière. Georges la regardait avec stupéfaction et n'osait avancer.

— En chasse! dit-elle crânement, en soulevant de la façon la plus charmante son feutre orné d'une plume de faisan. Voilà ma surprise!

Était-elle joyeuse! Je les vois encore ces deux rayons de jeunesse, lui et elle, harcelant les buissons et ajustant des lapins : Georges les arrêtant, Louise les manquant. Elle ne tirait *qu'au posé*. Pauvre chère enfant ! nous chassâmes plusieurs jours, et, vous l'avouerai-je, jamais grandes chasses ne m'avaient procuré tant de douces joies.

Un matin, quand nous nous réveillâmes, tout était blanc comme aujourd'hui. Il avait neigé, puis gelé. On mesurait un pied de neige.

Un soleil de pourpre éclairait ce blanc camail, que la terre avait revêtu pour le plus grand plaisir des riches et et pour le chagrin des pauvres.

— Nous voici aux arrêts, dis-je.

Georges avait déjà ses bottes.

— Au contraire, ajouta-t-il, la chasse sera bonne.

Il y avait à un kilomètre de l'habitation de grands marais, entrecoupés de fossés, de sources qui ne gelaient pas, et quelques mares. Comme le disait mon jeune ami, il y avait à penser qu'il ferait bonne chasse, surtout vers le soir. Louise déclara qu'elle voulait accompagner Georges. J'obtins qu'elle n'irait pas le matin, mais seulement l'après-midi.

Vers les onze heures, Georges était de retour avec deux sarcelles et un peu de menu gibier.

Nous déjeunâmes gaiement. Louise, dans la prévision de son bonheur, riait comme une petite folle.

Plus jamais elle ne devait rire de la sorte. Hélas ! Ils partirent l'un et l'autre. Tout à coup le ciel se ternit, la gelée ne tint plus, et de nouveaux flocons de neige se mirent à tourbillonner dans l'air.

Je les vois encore s'éloigner le fusil sur l'épaule.

— De la prudence ! leur criai-je.

Enfin, ma femme et moi nous les perdîmes de vue. Mais quelque peu après, j'entendis un coup de fusil. — Voici nos enfants qui s'amusent, disais-je à ma femme.

Nous les appelions déjà nos enfants. — Louise aura froid, ajoutait la mère. — Bah! répondais-je en riant, est-ce que les amoureux ont jamais froid!

Voilà quel fut le prologue du drame. Vous voyez que jusqu'ici, il n'y a rien de bien noir. Deux enfants naissant à la vie, heureux d'aimer et d'être aimés : tels sont les acteurs.

Plusieurs fois dans l'après-dînée, malgré la neige qui assourdissait le son, nous entendîmes des coups de feu du côté du marais. Puis, nous n'y pensâmes plus, excepté à cause des vêtements chauds que nous avions préparés pour le retour. La neige cessa cependant quelque temps; puis soudain elle retomba avec une intensité terrible. On n'y voyait pas à cent pas devant soi. Je comptais les voir rentrer à chaque moment. La nuit descendait : personne! Véritablement inquiet, je mis mes bottes et je me dirigeai vers les marais. Les chemins étaient effacés ; non seulement on ne voyait aucune trace de pas, mais encore à cinquante mètres on ne pouvait plus s'orienter.

Cette nuit blanche était plus terrible que la nuit noire. Plusieurs fois je fis résonner une corne de chasse que j'avais emportée à dessein. Aucun bruit, aucun cri ne répondit à mon appel. Une véritable angoisse s'empara de moi. J'ignorais où je marchais : la neige ne craquait plus, elle fondait sous les pieds, le vent me jetait les flocons à la figure ; j'étais aveuglé, je trébuchais. Ne pouvant ainsi continuer mon investigation, je pris le parti de retourner à la maison : pendant mon absence ils seraient peut-être rentrés. Cette espérance me ranima, je fis volte-face. Je mis, je crois bien, une heure à regagner notre demeure.

— La pauvre mère était là, demandant sa fille. Qu'était-il arrivé à nos enfants?

Un malheur nous menaçait.

Je connaissais pied par pied ces marais vers lesquels ils avaient dirigé leur chasse, et ces marais, entièrement recouverts de neige, n'étaient pas sans danger. Il y avait, dans l'étendue d'un kilomètre et demi, cinq ou six sources sans fond, abîmes dont l'orifice se trouvait dissimulé par des herbes poussant à la surface. Dès qu'un poids lourd pesait sur ces surfaces peu larges il est vrai, la masse s'enfonçait comme dans une vase mouvante. La neige dissimulait encore ces dangers. Nul doute, il était arrivé un accident !

Accompagné d'un domestique qui prit une lanterne sourde, je me remis aussitôt en route. Une heure auparavant les chemins étaient méconnaissables ; maintenant, ils étaient impraticables ; on avançait fort difficilement.

Pauvres enfants !

De temps à autre, nous écoutions : un silence sinistre régnait dans la campagne. La pluie fait du bruit en tombant ; la neige entasse couches sur couches sans troubler le silence le plus absolu !

Presque perdus, le domestique et moi, dans ces plaines sans sentiers, nous nous arrêtâmes ; alors nous entendîmes un léger bruit de sonnettes. Nous nous dirigeâmes vers l'endroit d'où partait ce bruit. On distinguait une lumière ; c'était une charrette. Je m'informai, le voiturier n'avait rien vu. Le chemin que suivait la charrette m'orienta : nous étions sur une route de traverse qui séparait les terres fermes des terres marécageuses.

Allions-nous nous engager dans cette plaine d'eau et d'herbes ?

Soudain, j'entendis un hurlement plaintif. Un chien hurlait de cette voix terrible de l'animal en détresse. Les hurlements cessaient, puis reprenaient plus cassés, plus inintelligibles. La bête semblait épuisée de lassitude. Nous avançâmes dans cette direction, enfonçant dans l'eau et dans les touffes de joncs, qui çà et là formaient comme des îlots. Je m'arrêtais pour écouter : plus rien ! Toute plainte paraissait avoir cessé.

J'avançais toujours. Enfin, j'entendis une respiration ; je dirigeai la lanterne du côté d'où venait le bruit, mais je ne vis rien. Alors retentit un nouvel aboiement. Je m'élançai éperdu : c'était mon chien. Le pauvre animal était accroupi sur une masse blanche : c'était Louise inanimée ! La bonne bête maintenait sa tête sur celle de sa maîtresse, et empêchait de la sorte la neige de la couvrir. La chaleur de son haleine faisait fondre les flocons à mesure qu'ils tombaient. Je soulevai ma chère enfant, dont les vêtements étaient en lambeaux. Il y avait eu lutte : le chien l'avait traînée une dizaine de pas, pour l'arracher à la mort.

Sa tête retomba en arrière. Était-elle morte ? J'avais la main tellement glacée, que je n'osais la mettre sur son cœur, pour voir s'il battait. Je la pris dans mes bras, cherchant à réchauffer son visage.

Je dis au domestique de poursuivre ses investigations et que je retournerais seul. Le chien me suivit. Après une marche si longue avec un tel fardeau, je retrouvai la charrette qui nous transporta à la maison.

J'étais anéanti.

Sans proférer une parole, je déposai Louise devant le feu. Je mis la main sur son cœur : il battait, Louise vivait. Je la couvris de baisers, et en quelques secondes elle se ranima. Elle ouvrit les yeux.

— Georges ? demanda-t-elle.

Ma tâche n'était point finie, l'autre infortuné manquait.

Je me remis immédiatement à la recherche du malheureux. Allais-je le retrouver vivant ?

Le chien m'accompagna presque joyeux. Cette fois, j'avais un guide. Auprès du marais, j'appelai : pas de réponse ! qu'était devenu le domestique ? Je suivais le chien qui, de temps en temps, écartait la neige avec son museau ; il me conduisit à gauche de l'endroit où j'avais trouvé ma Louise. La neige était moins épaisse, et l'on remarquait que les herbes avaient été foulées. J'avançais toujours, quand j'aperçus la lanterne du domestique. Je le hélai et me dirigeai à sa rencontre : le chien flairait toujours la neige. Nous étions exténués. Évidemment, nous nous trouvions sur le lieu du sinistre ; Georges n'avait pas dû quitter Louise. Mais comment, par une nuit pareille, sous la neige, retrouver quelque chose ? Chaque pas que nous faisons était périlleux.

Je ne vous raconterai point par quelles angoisses je passai. Le malheureux était peut-être là, à nos côtés. Le jour nous surprit transis, mais les premières lueurs de l'aube ranimèrent notre courage. Nous allions enfin y voir. Hélas ! le jour que nous attendions allait nous édifier sur l'étendue de notre malheur. Comme afin de hâter notre fatale découverte, la neige avait cessé ; piétinée par nous, elle laissait apercevoir l'herbe en quelques endroits.

Le domestique poussa un cri ! Il venait d'apercevoir le fusil de Georges ; c'était donc là qu'il avait péri ! J'avançais, quand en mettant le pied derrière une touffe d'ajoncs, je sentis que j'enfonçais. J'étais, en effet, sur une des sources redoutables. Au bord de cette fontaine, qui ne mesurait pas plus de 1m30 de diamètre, était le fidèle chien du jeune homme. L'animal avait la tête à moitié dans la vase : le poids seul de son corps resté sur le terrain solide l'avait empêché de disparaître. Le collier avait été tenaillé par une main désespérée, il était presque arraché. J'attirai le cadavre de l'animal ; la main de Georges n'avait point abandonné le collier, et elle s'était raidie dans une dernière convulsion en serrant son chien duquel il espérait le salut. Nous sortîmes du trou le pauvre enfant, arraché subitement à la vie par une mort affreuse.

Tel fut le dernier mot du drame !

Louise était revenue à elle, comme je vous l'ai dit. Quelle nuit la pauvre mère passa auprès de son enfant, en proie au plus terrible délire ! Au bout de huit jours, elle fut enfin hors de danger. Elle savait la vérité ! n'avait-elle pas assisté aux horribles péripéties de ce drame terrible ? Seconde par seconde elle avait pressenti l'agonie de son fiancé.

Un mois après ce lugubre événement, voici ce qu'elle nous a raconté.

Arrivés au marais proprement dit, Georges la pria de se tenir aux abords, pendant qu'il irait faire une excursion du côté des mares que bordaient des roseaux. Il marchait à petits pas, riant lui-même de ses méprises, alors qu'il enfonçait quand il croyait avoir pied. Elle lui disait de revenir, sinon qu'elle allait le rejoindre. Il marchait toujours, et elle, sans trop savoir comment, s'était mise en route dans sa direction. Un canard se lève : Georges fait feu et le tue. A ce moment-là, elle n'était qu'à une vingtaine de pas de lui. Le froid était intense, et elle ne pouvait plus tenir son fusil, dont le canon glacé lui engourdissait les doigts. Georges la conjura de rebrousser chemin ; mais lui, après avoir ramassé son canard, poursuivit sa route dans la direction des mares. Incapable d'avancer, Louise songea à retourner. Tout à coup, un cri aigu se fit entendre ; et, se retournant, elle vit son Georges qui s'abîmait dans une fondrière ! elle le vit lâcher son fusil et s'accrocher instinctement à son chien.

L'animal aboya pour demander du secours, mais peu à peu, la victime, tout en cherchant à saisir les herbes, disparut.

Elle voulut courir vers lui, mais lui criait en désespéré : « N'approchez pas ! »

Autant que le lui permit son engourdissement, elle marcha vers le lieu du sinistre, buttant de ci de là. Elle ne voyait plus que la tête. Enfin Georges poussa un cri déchirant :

— Ma Louise !

Ce fut tout. Elle ne vit plus que la main qui tenait le cou du chien.

Elle tomba sans connaissance sur une touffe de joncs. Quelques minutes après, il lui sembla entendre les aboiements du chien ; mais le froid terrible et la neige l'eurent bientôt plongée dans l'état d'anéantissement dans lequel nous la trouvâmes !

Tel est, dans ses moindres détails, ce drame affreux qui a fait de ma chère Louise une fleur fanée, qui, j'en ai bien peur, ne revivra jamais sa belle vie d'autrefois.

En prononçant ces dernières paroles, le père désolé versa d'abondantes larmes.

— Vous comprenez, ajouta-t-il, l'impression qu'elle a ressentie en voyant la neige. Depuis un an, rien n'a jamais pu la distraire, elle ne pense qu'à son Georges... elle en mourra !

Il n'y avait pas de consolations à apporter à une aussi légitime douleur ; les fagots de l'âtre étaient consumés. Je serrai la main du vieillard, et je montai à ma chambre. Quand je fus seul, je contemplai à travers la vitre la plaine blanche; la neige continuait à tomber. Alors, moi qui jusque-là avais tant aimé ce blanc linceul, je le trouvai lugubre. Ces beaux flocons, qui font les délices des enfants, me parurent bien tristes.

Toute cette belle poésie qui m'avait tant séduit jetait à mes oreilles des notes sévères. Je pensais à la terrible histoire qu'on venait de me raconter, je songeais aux déshérités, à ceux qui n'ont pas de bûche pour réchauffer le foyer !

Je fermai mes rideaux pour ne plus voir ces volées d'étoiles blanches.

Le lendemain, je crus avoir fait un mauvais rêve. Hélas ! quand nous nous retrouvâmes réunis et que je vis Louise aussi blanche que la neige et se soutenant à peine, je compris que les rêves ne tracent point de sillons aussi profonds.

Charles Diguet.

COMMENT J'ÉCRIVIS

L'*HOSPITALIÈRE* [1]

Quels rêves charmants on fait à la campagne ! En face des grands bois, devant la mer immense, tout l'être au repos se dilate délicieusement, et il n'est pas d'espérance folle qui ne le touche, ne le pénètre, ne le grise, et ne finisse par l'enlever sur son aile jusqu'aux nuages, c'est-à-dire par delà les bornes du sens commun. Paris est si loin ! et on se complaît à oublier un moment ce Paris qui, pour les artistes de tous les arts, est l'éternelle difficulté, l'éternelle lutte, l'éternel chagrin. Il y a une douceur enivrante à ne plus se sentir sous la griffe du monstre qui vous a tant de fois fait saigner l'âme, tant de fois mordu la chair.

A Paris je m'étais dit souvent :

« Pourquoi, moi aussi, ne tenterais-je pas le théâtre ? C'est si beau, une première représentation ! »

[1] Charpentier, éditeur, 13, rue Grenelle.

Je m'étais dit cela dans mon petit coin tranquille des Batignolles. Mais, comme si le drame n'était pas à ma portée, pris d'une sorte de terreur, sans m'en détourner une minute, j'avais poursuivi la besogne de prédilection, le roman commencé, *l'Abbé Tigrane* ou *Barnabé*.

A Yport, avec mes nerfs pacifiés dans la solitude, avec cette négligence de la grande ville si favorable aux aberrations de l'esprit, les choses changèrent tout à coup, et, un jour que, gravissant la falaise vers Vaucotte, je m'en allais à travers champs, sans autre but que de humer à pleine poitrine l'air salubre et fortifiant du large, ces mots, partis du fond de moi, tout à fait à mon insu, se retrouvèrent sur mes lèvres :

« Pourquoi, moi aussi, ne tenterais-je pas le théâtre? C'est si beau une première représentation !

— Il faut le tenter, parbleu ! » me répondit une voix inconnue.

Je me retournai vivement. Personne. Qui donc avait parlé, et de ce ton impérieux et brusque? Mon *Moi d'Yport*, le *Moi* de la campagne.

« Le tenter? balbutia mon *Moi de Paris*, effaré.

— Il y a un sujet original, superbe, très dramatique, dans notre roman *le Chevrier*.

— Dans notre roman *le Chevrier*? Ah ! par exemple !...

— Cherche, fouille, creuse. »

Je marchai un quart d'heure, la tête penchée.

« Je ne découvre rien, murmura piteusement le *Moi de Paris*.

— Le sujet y est pourtant.

— Non !

— Si ! »

Les blés avaient mûri, et la faucille les couchait partout à travers les hautes plaines. Des gerbes étaient disséminées de tous côtés, en tas. Faible, abattu, sentant venir le combat formidable du travail et demandant grâce, je me laissai tomber entre deux piles, et là, bien abrité, n'entendant rien que le bruit sec du fer dans les sillons, puis au loin la voix solennelle de la mer montante, je fermai les yeux et m'endormis.

II

Le soir même, en proie à une excitation fébrile, j'ouvrais une malle, en retirais un exemplaire du *Chevrier*, et relisais mon livre avidement. Le sujet tant vanté par le *Moi d'Yport* m'apparut. Il n'était ni aussi *original*, ni aussi *superbe*, ni aussi *dramatique* qu'on me l'avait insinué dans le chemin de Vaucotte; toutefois ce roman de simplicité, de franchise, tout en muscles, me sembla capable de supporter les arrangements, les modifications qui le jetteraient à la scène, vivant, agissant, palpitant. Ce serait un peu plus âpre, un peu plus sauvage que *François le Champi*, que *Claudie* de George Sand; mais aussi quelle différence entre la terre du Berry, grasse, plantureuse, ondulée de collines aimables, et ma rude terre natale, aride, graveleuse, où le granit, avec ses poussées d'une lieue, a des éboulements de rocailles énormes qui défient toute culture, repoussent toute végétation! L'homme est un produit du sol, lui aussi, et on ne saurait lui reprocher, pas plus qu'on ne saurait le reprocher aux arbres, de reproduire, dans son caractère, son attitude, les violences ou les grâces de la nature d'où il a jailli.

III

Ce satané *Moi d'Yport*, de sa flûte persuasive, car sa voix chantait comme la flûte d'un pastoureau cévenol, avait fini par me convaincre, et, sans m'en apercevoir, il arriva que je donnai le premier coup de pioche en mon sujet. Le travail, outre qu'il m'intéressait par l'imprévu, — j'étais neuf dans cette forme souveraine du drame, et la bataille des personnages sans cesse en présence me stimulait étrangement, — ce travail me ravissait par les conditions adorables où il m'était accordé de l'accomplir. Le temps était beau; je pouvais écrire en plein air.

L'après-midi, par un chemin creux, noir d'ombre, je gravissais la falaise dominant le village, à gauche, et prenais plaisir à me perdre aux mille sentiers qui se croisent à travers le plateau. Là-bas, Vattetot, avec l'aiguille de son clocher pointant parmi les amoncellements de feuillage; ici, une ferme pittoresque, avec des vaches noyées jusqu'au fanon dans l'herbe drue, le tout, maison et bétail, enveloppé, remparé, défendu par une triple ligne de hêtres hissés sur des talus de terre tassée, comme à la crête de fortifications. Oh! le riche, l'abondant pays normand!

Ma pensée, aussitôt, visitait mes pauvres Cévennes, si misérables, si bouleversées. Quel coup sur le cœur! Je m'asseyais les jambes coupées, retirais mon calepin de ma poche, et, pénétré d'une émotion qui me faisait trembler les doigts sur le papier, tant la vision du pays natal était pleine, immédiate, j'écrivais une scène, quelquefois deux.

« Ça marche! ça marche! me sifflait incessamment à l'oreille le *Moi d'Yport*.

— Je ne sais pas, murmurait le *Moi de Paris*, harcelé de doutes poignants.

— Et comment intitulerons-nous cette œuvre fameuse?

— Nous aurons le temps de nous occuper du titre.

— Moi, j'appellerais ce drame rustique : l'*Hospitalière*, du nom qu'on donne aux enfants de l'hospice dans le Midi.

— L'*Hospitalière*?... On verra.

— Combien d'actes?

— Cela ne me regarde nullement. J'appartiens à mon sujet. J'irai jusqu'au dénouement, c'est-à-dire jusqu'au bout de mon idée.

— Pardon! l'*Hospitalière* n'est pas un roman, et nous sommes tenus de condenser, de condenser, de condenser..... Tu n'as donc pas écrit un *scenario* rigoureux avant de partir du pied droit?

— Jamais de la vie! Est-ce que je suis un auteur dramatique, moi? Je n'ai ni cette humilité, ni cette prétention. J'écris ce qu'il me plaît d'écrire, ce que je peux sur un sujet donné, et ne m'embarrasse pas du reste. Que mes personnages soient vrais, que l'action où je les entremêle, les entrechoque, soit naturelle, je n'en demande pas davantage.

— Mais c'est l'enfance de l'art, ça, mon cher!

— En effet, la grande, la sublime enfance de l'art, à laquelle nous devons les chefs-d'œuvre impérissables du théâtre antique, de notre théâtre, du théâtre anglais, du théâtre espagnol...

— Caresserais-tu la folie, avec l'*Hospitalière*, d'accoucher à ton tour d'un chef-d'œuvre?

— *Moi d'Yport*, vous devenez inpertinent, dit le *Moi de Paris*, se fâchant. Parce qu'il ne saurait m'être donné d'*accoucher* d'un chef-d'œuvre, comme vous dites, voudriez-vous m'interdire d'aspirer sans cesse à produire un chef-d'œuvre ? Et quel but alors proposerez-vous à mon ambition, chaque jour plus impatiente de la perfection, chaque jour plus avide des sommets, si vous lui enlevez le but glorieux qui est la réalisation d'un ouvrage accompli de tous points ?

— Et le succès, malheureux ?

— Le succès vient toujours à ceux qui le méritent.

— Tu ne l'as guère connu, toi.

— Je ne l'ai pas assez mérité.

— Il est pourtant des gens qui ne te valent pas et qui font plus de bruit que tu n'en fais.

— Tant pis pour ces gens-là !

— Que tu es naïf !

— Merci.

— Que tu es provincial !

— Merci encore.

— Que tu es malhabile !

— Merci toujours.

— Quand je songe qu'une toile d'araignée te sépare de la grande réputation, et que peut-être il te faudra mourir sans avoir crevé la gaze légère où tu étouffes !

— Peut-être.

— J'enrage !

— Rassure-toi, *Moi d'Yport*, compagnon intime aussi dangereux que charmant. Si mon bras, un jour, ne met pas en pièces la toile d'araignée qui m'enveloppe, c'est que mon bras aura manqué de force, et, comme l'art ne réclame que les forts, a le devoir de ne compter qu'avec les forts, il n'y aura pas lieu de se préoccuper de moi.

Sois-en sûr, la destinée ne me trahira que parce que moi-même je l'aurai trahie. »

IV

Le plus souvent, au lieu de pousser vers l'intérieur des terres, vers Vattetot ou le bois des Hogues, je suivais l'étroit sentier à l'extrémité de la falaise, le *Chemin des Douaniers*, et gagnais lentement Vaucotte. Ah! oui, lentement, bien lentement...

A mesure que j'avançais, la ligne de mer s'élargissait de plus en plus dans la direction d'Étretat, et j'embrassais un plus vaste horizon. Quel spectacle! Mon regard piquait d'abord droit devant moi, et allait s'accrocher au point le plus éloigné de la prodigieuse circonférence; puis, après avoir flotté, ébloui, sur l'immense surface, riche de tous les accidents du ciel, — ici bronzée, là laiteuse, plus loin verte, ailleurs d'un poli d'acier avec des éclats fulgurants, — se rabattait vers la petite ville de Fécamp, cachée en un large pli de la côte normande, entre deux énormes coulées de pierre blanche, qui la protègent comme de gigantesques remparts.

Qu'ils étaient beaux, ces remparts cyclopéens, posés là pour défendre la terre sans cesse menacée d'invasion par les flots barbares, éternellement cabrés sur elle! Quand le soleil, rasant les eaux, où il allumait les cuirasses de toute une armée d'assaillants farouches, touchait d'un rayon ces murailles démesurées, tout brillait, tout étincelait, tout éclatait. Les bavures de l'humus supérieur, qui, à travers les siècles, a pleuré le long des pentes des traînées saignantes, apparaissaient comme autant de rivières où coulaient l'or, l'argent, les rubis.

Et les arbres têtus enracinés aux crevasses, et les herbes folles poussées aux fentes du roc monstrueux, quel charme ! quelle fraîcheur ! quelle joie ! quelle vie !

Mais les personnages de l'*Hospitalière*, par des plaintes lancinantes, m'arrachaient à ces contemplations paresseuses et me poussaient en avant. Docile à l'aiguillon, — le *Moi d'Yport* le maniait à me trouer la peau à chaque coup, — je laissais à droite le Chemin des Douaniers, et, à travers un taillis épais de chênes, de bouleaux, de jeunes hêtres, je dégringolais vers Vaucotte.

Le délicieux réduit ! Huit ou dix maisons tout au plus, isolées au creux d'un ravin profond, très ombragé, ouvrant sur la mer par une échancrure mince, étranglée entre deux falaises. En cette baie aussi large que la main, la mer déferle avec douceur. Presque pas de galets ; du sable fin, et... personne. O solitude ! précieuse solitude ! solitude bien-aimée !

Ici, le calepin sortait pour ainsi dire de lui-même de ma poche, et j'écrivais sans effort. Parfois, dans l'ensorcellement de ma pensée, tout entière au pays natal, mes yeux, errants sans conscience des objets environnants, confondaient la mer grisâtre avec nos garrigues pierreuses des Cévennes, et prenaient pour d'innombrables troupeaux de chèvres blanches, pour des *cabrades*, les crêtes argentées des vagues s'entre-croisant, s'entrechoquant, folâtrant, se débattant dans l'étendue. Illusion touchante ! mon crayon courait plus alerte sur le papier.

V

Cependant le soleil appliquait à pleines lèvres rouges son dernier baiser au front de la terre, au front de l'océan, puis s'engouffrait. Je me relevais de dessus le sable, les membres courbatus par une trop longue immobilité, et repartais, la cervelle encore obsédée par mes bonshommes du drame qui ne me quittaient pas volontiers.

« A propos, à qui pourra-t-on confier le rôle de l'*Hospitalière*? me demanda le *Moi d'Yport*, un soir que je rentrais d'un pied plus allègre, croyant ma besogne de ce jour meilleure que celle des jours précédents.

— Le rôle de l'*Hospitalière*? répondit le *Moi de Paris*, pris au dépourvu... Ma foi! je n'y ai pas songé. Qui m'assure, d'ailleurs, que cette étude dialoguée soit digne d'être produite à la scène?

— Moi, j'ai mon *Hospitalière*, poursuivit le *Moi d'Yport* sans se déconcerter, et une *Hospitalière* admirable.

— Oh! toi, tu ne doutes de rien.

— Que penserais-tu de Sarah Bernhardt? »

Le *Moi de Paris*, sans vergogne, rit au nez du *Moi d'Yport*, et lui cingla la face de ce coup de fouet :

« Tu n'es qu'un imbécile !

— Sarah Bernhardt a tant de fois joué les reines, les grandes dames, qu'il ne lui déplairait peut-être point trop de jouer, pour se divertir, les paysannes.

— Te tairas-tu !

— Sans compter que le costume cévenol est joli et lui siérait à ravir...

— Allons, décidément, tu as fait ta distribution? interrogea le *Moi de Paris*, prenant le parti de s'amuser.

— Complète.

— Voyons ton ouvrage. A qui as-tu infligé le rôle du *Chevrier*?

— A Febvre. Il a la tenue parfaite du personnage; il en aura la voix brève, le geste sobre où respire quelque chose de primitif.

— Et le rôle de Malgrison?

— A Got, l'imcomparable Got.

— Et celui de Cancalon?

— A Coquelin, qui devient tout ce qu'il lui plaît de devenir, et qui sera un meunier cévenol à en remontrer à tous les meuniers de la montagne.

— Et celui de Baduel?

— A Thiron. Tu me donneras des nouvelles de Thiron quand, la gourde au côté, la faux sur l'épaule, il ira couper les luzernes des Agathon au hameau de Soulaget.

— Comme cela, tu mets à ma disposition toute la Comédie-Française?

— Ni plus ni moins.

— C'est superbe! Mais t'es-tu occupé de M. Perrin?

— M. Perrin est un directeur très lettré, et il n'est pas sans avoir lu quelqu'un de nos livres. Je parierais qu'il connaît l'*Abbé Tigrane*, peut-être même le *Chevrier*.

— *Moi d'Yport*, tu es fou, et, chose déplorable, je sens que moi-même je le deviens à t'écouter. Un estomac creux est mauvais conseiller de la tête. Courons dîner, courons ! »

VI

Rentré à Paris, plus d'agitation, le calme plat. Autant le bruit de la mer me transportait, autant le grondement de la grande ville me terrifiait. Je me réfugiai dans ma coque des Batignolles, déconfit, presque honteux. Et le *Moi d'Yport*? Dans l'angoisse où me mettait l'inquiétude d'avoir commis à Vaucotte quelque mauvaise action littéraire, j'eus beau l'appeler à mon secours, l'invoquer, il me laissa seul, le perfide, le lâche, et Dieu sait avec quels soupirs, interminables comme des points d'orgue, je me résignai à ranger mes papiers. Il fallait bien, après cette folle équipée à la campagne, revenir enfin aux choses sérieuses, attaquer enfin le travail, le vrai!

Dans cette revue de livres et de cahiers — pour moi c'est toujours une réinstallation qu'un retour, — le calepin, le coupable calepin de la côte normande me tomba sous la main. Mes doigts l'agrippèrent avec une force singulière, et j'éprouvai un mouvement vif du côté du cœur. Je n'étais donc pas guéri de ma maladie de là-bas? Je lus sur la première page ce titre étonnant:

L'HOSPITALIÈRE,

DRAME RUSTIQUE EN CINQ JOURNÉES.

« Peste, en cinq *journées!* C'est tout à fait comme Tirso, Calderon, notre Hugo! » me dit tout à coup le *Moi de Paris*, d'un ton dont l'ironie aiguë me traversa d'outre en outre comme une lame.

Abandonné à mes forces uniques, je baissai la tête interdit.

« Parcourons ça ! » reprit-il d'une voix moins cruelle.

Hallucination bizarre! mes yeux virent distinctement le *Moi de Paris*, puis le *Moi d'Yport*, prendre des chaises, s'asseoir l'un près de l'autre, côte à côte, fraternellement, et m'inviter d'un geste à tourner les pages du manuscrit. Je leur souris pour les remercier. Je commençai.

J'allai jusqu'à la fin de la cinquième journée, — du cinquième acte, si vous préférez, — sans être interrompu. Cette réserve excessive m'était pénible à supporter, et plus d'une fois les mots eurent grand'peine à sortir de ma gorge tarie. J'en voulais surtout au *Moi d'Yport* qui, m'ayant lancé dans une si funeste aventure, ne trouvait rien pour me soutenir. Que le *Moi de Paris* fût là devant moi, grave, menaçant comme un juge, je le comprenais et ne pouvais lui en vouloir de rester ce que je l'avais connu ; mais le *Moi d'Yport!*... Ah traître! triple traître!...

« Eh bien ? balbutiai-je, votre avis à tous d'eux est que ce drame, comme le sonnet d'Oronte, *est bon à mettre au cabinet.*

— Ma foi!... » osa opiner le *Moi d'Yport.*

Un pareil détachement de l'œuvre à laquelle il m'avait attelé, pauvre naïf, pauvre provincial, pauvre inhabile que j'étais, m'exaspéra, et, levant le calepin sur sa joue, que je souffletai vigoureusement :

« Misérable ! hors d'ici ! que je ne te revoie plus ! » lui criai-je.

Il s'esquiva.

« *Moi de Paris*, dis-je en tendant des mains suppliantes, *Moi de Paris*, ami sévère et doux, ami véritable, parle; à toi de me conseiller, de me guider; censeur redoutable de mes écrits, dont les lèvres ont eu pour moi plus d'absinthe que de miel, tu sais si je te respecte, si je t'honore, si je t'aime. C'est vrai, je ne t'ai pas toujours obéi, et plus d'une fois j'ai laissé aller telle page, tel livre, qu'il eût été plus sage de retenir. Sois indulgent aux défaillances d'un écrivain qui se repent, qui jure de ne plus tomber en tentation... Voyons, dans l'extrémité où me voilà réduit, que dois-je faire ? Faut-il jeter au feu ce manuscrit?

— Non.

— Ah!

— Les trois premiers actes, par un travail nouveau et plus serré, sont susceptibles de devenir bons et de produire quelque effet.

— Et le quatrième?

— Le quatrième m'inquiète : il me paraît un peu à côté. Il se trouve là cependant une scène capitale et qu'il faut conserver à tout prix : celle où l'*Hospitalière* paraît, son enfant dans les bras, à la crête des rochers, et marche vers la mare des Fontinettes.

— Et le cinquième?

— Il est convenable, rien de plus... L'ensemble de l'œuvre me rassure : il y a de la vie, une singulière vigueur dans la conduite de l'action énergiquement nouée, et par intervalles comme un souffle...

— Le souffle des hauteurs, le vent des Cévennes.

— Mais les maladresses dramatiques sont nombreuses et j'ai peur....

— Tu as raison, *Moi de Paris*. Augier, Dumas, Sardou, Feuillet, en outre de dons particuliers qui les font des auteurs dramatiques de premier ordre, ont une merveilleuse dextérité de main. — Un insurmontable respect m'empêche de parler de Victor Hugo, que son génie égale aux maîtres de tous les temps et de tous les pays.

— Je suis perdu... Mon œuvre ne verra jamais le feu de la rampe.

— Il faudrait, pour faire jouer l'*Hospitalière*, découvrir un théâtre qui eût cet héroïsme : s'exposer à perdre de l'argent.

— Comment le découvrir, puisqu'il n'existe pas?

— Peut-être les Français, peut-être l'Odéon que l'État subventionne !... L'auteur des *Courbezon*, de l'*Abbé Tigrane*, après tout, a le droit de frapper à ces deux portes.

— Qui ne s'ouvriront pas pour lui. Un drame rustique d'ailleurs, il y a là, je le soupçonne, une grosse difficulté. Le théâtre est devenu parisien, exclusivement parisien; il n'est guère de place sur la scène que pour les sujets pris aux entrailles de Paris. Que nous fait la province? Que nous fait le monde? Nous sommes Parisiens. Paris est à lui seul toute la sphère, et même, pour certains cerveaux fanatiques, quelque chose de plus. Paris est divin ; il faut l'adorer jusque dans ses fanges, jusque dans ses vomissements... Voyez-vous la mine piteuse, ahurie, attrapée de spectateurs regardant, durant cinq actes, défiler des paysans, puis des paysans, puis encore des paysans?

— Et des paysans cévenols, rudes, terribles, dont on n'a pris aucun soin d'enrubanner ni le langage ni l'habit!

— Oui, des hommes tels qu'il m'a été donné de les observer, tels qu'ils sont, tour à tour avares et généreux, tour à tour durs comme le granit natal et tendres comme la châtaigne, la robuste nourricière du pays.

— Il me vint une idée : si on imprimait l'*Hospitalière*?

— L'imprimer !

— La lecture est une représentation aussi.

— Oui, une représentation en chambre, à frais très réduits.

— Les frais, les frais ! voilà le diable à confesser...

— Imprimons... Peut-être, plus tard, avec une œuvre nouvelle et meilleure, si je ne suis pas mort avant, je... »

Il me fut impossible d'achever... C'est drôle, ma voix s'était embarrassée brusquement, et, si ce n'était pas trop bête de faire la confidence d'une faiblesse ridicule, j'avouerais que j'avais une vague envie de pleurer.

Ferdinand Fabre.

Novembre 1879.

LA LÉGENDE DE LA CLOCHE

I

De mon clocher où perche la cigogne
   Ma voix de bronze appelle à la besogne
Le travailleur des champs aux premiers feux du jour
Et quand l'ombre descend des montagnes altières
   A deux genoux on se met en prières
   En entendant tinter mon chant d'amour.
J'arrête au ciel la foudre avant qu'elle ne frappe,
Du voyage ici-bas je marque chaque étape :
Je lance dans les airs mes plus joyeux accords
Lorsque devant l'autel un couple se présente,
   Puis, en l'honneur du nouveau-né je chante,
   Enfin je pleure avec les morts...

   Vous, dont j'ai chanté la naissance
   Hâtez-vous de devenir grands !....
   Autour du drapeau de la France
   Serrez les rangs ! Serrez les rangs !

II

Mais tout à coup éclate un chant de guerre
Un pas pesant a fait trembler la terre.
Debout! On sent la poudre... à l'appel des tambours
L'écho de nos cités répond : Honneur ! Patrie !
Près du foyer désert la mère prie
Que de vaillants sont partis pour toujours !
On m'arrache au clocher... Dans la fournaise ardente
On me jette... Et mon corps sous la lave brûlante
Se tord comme un damné, goutte à goutte se fond
J'étais cloche ; aujourd'hui, sur les champs de bataille
A l'ennemi je crache la mitraille...
Mon bronze est devenu canon !...

Vous, dont j'ai chanté la naissance
Hâtez-vous de devenir grands !...
Autour du drapeau de la France
Serrez les rangs ! Serrez les rangs !

III

Longtemps ainsi, je semai le carnage
Autour de moi, broyant sur mon passage
L'envahisseur maudit. Mais après vingt combats
Il me faut reculer. On s'attelle à ma roue,
Puis à travers une sanglante boue
Mes canonniers me traînent de leurs bras.
L'ennemi nous atteint, — la lutte recommence

Les miens se font hacher sur moi pour ma défense
Enfin ils m'ont sauvé dans un suprême effort !
Aujourd'hui je repose et j'ai l'*âme* meurtrie...
    Mais s'il fallait défendre la patrie
    L'airain saurait tonner encor !...

    Vous, dont j'ai chanté la naissance
    Hâtez-vous de devenir grands !...
    Autour du drapeau de la France
    Serrez les rangs ! Serrez les rangs !

                      Élie Frébault.

UN REFRAIN SÉDITIEUX

I

Parmi les baraques élevées sur les demi-lunes du Pont-Neuf, celle de Manon Criquet se distinguait particulièrement par l'entrave qu'elle apportait à la libre circulation, en raison du nombre de flâneurs qui stationnaient du matin au soir devant elle.

C'est qu'aussi elle méritait bien qu'en passant on s'arrêtât un moment pour jeter un coup d'œil aux cages dont elle était garnie, depuis le haut jusques en bas, et dont il s'échappait incessamment des notes perlées, des trilles adorables, des gammes rapides qui valaient à eux seuls une mélodie, et c'était un concert vraiment étrange, que celui formé par cette multitude de petits artistes ailés qui, sans s'inquiéter de la discordance, pépiaient selon leur fantaisie, chantaient au gré de leur caprice du moment, sifflaient, modulaient, gazouillaient du matin au soir.

Chardonnerets, linottes, fauvettes, rouges-gorges, serins, rossignols, pies, merles et même moineaux francs, tout cela faisait la joie et l'admiration des écoliers, des apprentis et surtout des naïfs garçons qui, manquant d'ouvrage, allaient vendre leur liberté aux racoleurs du quai de la Ferraille, chargés d'incorporer dans le régiment de Champagne, les plus beaux hommes qu'ils pourraient se procurer, moyennant une dizaine d'écus.

Et ce n'était pas seulement les gens du petit monde qui jetaient volontiers un regard à la boutique de Manon, plus d'un bourgeois, plus d'un robin, et même plus d'un homme de qualité, non seulement s'arrêtaient pour voir les oiseaux, mais encore cherchaient des yeux Manon Criquet, qui était, d'ailleurs, une fort jolie personne, très accorte et d'une gaieté inaltérable.

Mais, hâtons-nous d'ajouter qu'elle était aussi sage que belle et que sa réputation de vertu était si bien établie dans tout le quartier du Pont-Neuf, que personne ne se fût avisé de se permettre avec elle la moindre familiarité ou de lui adresser un mot déplacé.

Tout le monde la respectait parce qu'on la savait digne du respect de tous et tout le monde l'aimait parce qu'elle inspirait la sympathie à première vue par sa bonne humeur et ses gentilles façons.

On devine facilement que Manon ne devait pas manquer de soupirants. Mais cela ne la préoccupait guère ; certes, si quelque honnête garçon, laborieux et rangé, se fût présenté à elle dans le dessein de l'épouser, elle y eût peut-être facilement consenti, car elle regrettait souvent de n'avoir pas pour l'aider dans son commerce d'oiseaux un homme, dont l'activité lui eût été d'un grand secours.

Mais, encore une fois, rien ne pressait, et elle attendait très patiemment qu'une bonne occasion se présentât pour entrer en ménage.

Toutefois, si l'honnête Manon se disait qu'il serait toujours temps de prendre un mari, bon nombre de garçons jeunes ou vieux se montraient fort désireux de se faire remarquer par elle.

Il en était un surtout, Christophe Radinois, un écrivain public dont l'échoppe était bâtie sur la demi-lune contiguë à celle de Manon.

C'était un maigre personnage d'une trentaine d'années, aux cheveux blonds filasse, au nez rouge, qui, parce qu'il savait faire brillamment courir sa plume sur le papier et qu'il tournait une lettre aussi bien qu'eût pu le faire un notaire au Châtelet, se croyait, comme on dit, le premier moutardier du pape.

Mais s'il avait cette bonne opinion de lui-même, il faut ajouter que ceux qui le connaissaient ne la partageaient en aucune façon ; on savait Christophe quelque peu ivrogne, paresseux, querelleur, et pour beaucoup il fallait qu'ils eussent véritablement une lettre pressée à faire écrire, pour qu'ils se décidassent à s'adresser à lui ; certaines personnes du quartier préféraient aller jusqu'à la rue de la Huchette et avoir affaire à l'honnête écrivain qui avait pour enseigne : *Au tombeau des secrets.*

Christophe n'avait pas été le dernier à reconnaître que Manon était une fort gracieuse personne et il s'était dit que s'il parvenait à s'en faire aimer et à l'épouser, il ferait une excellente affaire et pourrait désormais flâner et paresser tout à son aise, tandis que Manon se chargerait de gagner, avec son petit commerce d'oiseaux, l'argent nécessaire pour faire marcher la maison.

Pas bête ! M. Christophe.

Et dès qu'il se fut mis en tête cette belle idée d'épouser Manon, il profita du voisinage pour aller sans cesse ennuyer celle-ci de ses protestations en ayant soin de faire remarquer à la jeune fille que ce serait pour elle un grand honneur de devenir, elle, une simple marchande d'oiseaux, la femme d'un écrivain public, c'est-à-dire d'un homme dont la plume savante adressait chaque jour des missives importantes, aussi bien à monseigneur le premier Président du Parlement, qu'à messire le garde de la prévôté de Paris.

Mais Manon méprisait les grandeurs, et sachant à quoi s'en tenir sur le compte de l'écrivain public, lorsque celui-ci s'avisait de lui dire :

— Savez-vous, mademoiselle Manon, qu'il ne tiendrait qu'à vous que j'oubliasse la distance qui sépare un écrivain public d'une oiselière.

— Monsieur Christophe, lui répondait-elle en accompagnant ses paroles d'un rire perlé dont chaque note semblait emprunter au répertoire de ses oiseaux, je vous serai très obligée de ne jamais l'oublier.

— Mais cependant...

— Cependant, monsieur Christophe, je vous prie de vous souvenir que je vous ai dit déjà que jamais je ne serai votre femme.

— Nous verrons cela.

— C'est tout vu.

II

Bien que Manon eût cru devoir faire entendre à l'écrivain qu'il devait chasser au loin tout espoir de devenir son époux, leurs relations de voisinage n'avaient nullement cessé pour cela. D'ailleurs, Christophe n'était pas homme à casser les vitres, mais comme au fond il était horriblement vexé de voir son espoir déçu, il se promit bien de se venger ; toutefois, il n'en dit rien et il continua, tout comme par le passé, à rendre à la jeune fille les petits services dont elle pouvait avoir besoin, entre autres, celui de veiller sur sa petite boutique lorsqu'elle était obligée de s'absenter, et de répondre à son lieu et place aux gens qui venaient s'informer du prix de quelque oiseau.

Or, Manon avait depuis peu un perroquet vert dont elle était très fière, car c'était sans contredit, l'oiseau le plus précieux de sa collection, et déjà on le lui avait marchandé, mais comme c'était un charmant animal qui chantait avec infiniment de complaisance, quand il était bien disposé, la romance à la mode :

> Quand je bois du vin clairet,

Manon en voulait un bon prix. C'était tout naturel.

Donc, la gentille oiselière était une après-midi de juin sortie pour faire quelques menues acquisitions dans le voisinage, et comme d'ordinaire, elle avait prié son voisin Christophe de jeter de temps à autre un coup d'œil à ses cages, et celui-ci l'avait assuré qu'elle pouvait compter, qu'il ferait bonne garde. Mais à peine se fut-elle éloignée qu'il se dirigea vers le perroquet et lui présenta un morceau de sucre ; l'oiseau avançait déjà la patte pour s'en saisir, mais Christophe retira le sucre et chanta lentement sur un air qui courait alors les rues :

> L'indigne Pompadour
> Voudrait ruiner la France
> J'espère bien un jour
> La voir à la potence.

Le perroquet répéta « l'indigne Pompadour » puis s'arrêta ; alors Christophe redit le second vers, puis le troisième. Le perroquet le suivit docilement ; c'était assez pour un jour ; il reçut son morceau de sucre. Le lendemain, Christophe renouvela le même manège. Bref, au bout de huit ou dix jours, le perroquet chantait sans se tromper le couplet qu'on lui avait appris, mais quelque sollicitation qu'on lui adressât pour le lui faire dire, alors qu'elle n'était pas accompagnée d'un morceau de sucre, elle restait sans effet.

Mais dès que Christophe, en lui montrant la friandise, commençait à chanter l'indigne Pompadour, l'oiseau répétait ces paroles et achevait le couplet.

Le méchant écrivain public se frottait les mains.

— Ah ! ma belle Manon, tu t'es moquée de mon amour et tu refuses d'être ma femme, eh bien, tu apprendras à tes dépens ce qu'il en coûte de dédaigner un homme comme moi.

Puis, rentrant dans son échoppe, il prit une belle feuille de papier, tailla sa plume et écrivit en superbe bâtarde à M. le lieutenant de police, pour l'informer que mademoiselle Manon Criquet, vendeuse d'oiseaux, sur le Pont-Neuf, scandalisait les passants en exposant aux regards de tous un perroquet vert à qui elle avait appris à chanter d'horribles couplets dirigés contre madame la marquise de Pompadour, la noble dame que tous les Parisiens chérissaient.

Naturellement, il se garda bien de signer de son nom cette dénonciation, mais il ajouta perfidement qu'il serait probablement facile de s'assurer du fait, en interrogeant les voisins de la marchande d'oiseaux qui ne devaient pas ignorer la vilaine éducation qu'elle donnait à son perroquet.

Lorsqu'il reçut cette lettre, M. le lieutenant de police, qui savait combien le roi tenait à ce qu'on réprimât sévèrement les délits de ce genre, et qui n'était pas fâché de faire preuve de zèle, se sentit animé du plus vif désir contre la coquine qui se permettait d'élever si mal ses oiseaux.

Sans plus tarder, il appela un de ses exempts, un jeune homme d'une physionomie douce et dont le maintien honnête et modeste ne décelait guère la profession.

— Monsieur Aristide, lui dit le lieutenant de police en lui montrant la lettre, prenez s'il vous plaît connaissance de ceci.

Aristide prit le papier et lut, tout en donnant les signes d'une vive émotion.

— Vous êtes indigné comme moi, reprit le lieutenant.

— Certainement... balbutia l'exempt... quoique... cependant...

— Vous allez immédiatement vous rendre chez cette fille que je devrais peut-être faire appréhender au corps, sans autre forme de procès ; mais comme je suis un homme équitable avant tout, je veux au préalable m'assurer de la véracité du fait et c'est vous que je charge de ce soin ; prenez le commis-greffier avec vous et partez ; vous me rendrez compte au retour de ce que vous aurez vu et entendu et surtout, n'oubliez pas d'interroger les voisins.

L'ordre était formel, Aristide s'y conforma, non sans pousser un soupir, car jamais besogne ne lui avait paru plus répugnante que celle qu'il allait faire. C'est que lui aussi connaissait bien Manon. Chaque fois qu'il passait devant la petite boutique, il s'arrêtait censément pour regarder les oiseaux, mais en réalité, pour jeter un regard bien tendre et bien respectueux à l'oiselière, et il se disait que celui qui serait assez favorisé pour devenir l'époux d'une telle personne, serait bien heureux.

Il s'était même aperçu que Manon ne semblait pas le

voir avec déplaisir et voilà que justement, il allait avoir à verbaliser contre elle.

N'était-ce pas jouer de malheur ?

Enfin, accompagné du commis-greffier, il arriva à la boutique de Manon et le premier objet qui frappa ses regards, fut le perroquet qui dodelinait sa tête au soleil.

Mais ce qu'il ne vit pas, ce fut l'écrivain Christophe qui guettait son arrivée et qui, en le voyant entrer chez sa voisine, se hâta d'accourir.

Aristide retira très honnêtement son chapeau et fit connaître à la jeune fille le motif de sa visite.

Celle-ci qui ne se doutait de rien, lui répondit par un superbe éclat de rire, ce qui choqua très fort M. le commis-greffier.

— Mademoiselle, dit alors Aristide, il est bon de rire, et moi-même, je vous l'assure, je ne suis pas ennemi de la gaieté. Cependant, permettez-moi de vous faire observer que l'accusation formulée contre vous est grave, et que...

Soudain, Manon aperçut Christophe :

— Comprenez-vous, voisin, lui dit-elle en riant derechef, qu'on m'accuse d'apprendre de vilaines choses à ce pauvre Jacquot?

— Est-il possible ! fit doucereusement Christophe... un si joli oiseau !...

Et tirant de sa poche un morceau de sucre, il le présenta au perroquet qui, sans se faire prier davantage, entonna son quatrain :

> L'indigne Pompadour
> Voudrait ruiner la France
> J'espère bien un jour
> La voir à la potence.

— Oh ! fit le commis-greffier avec effroi.

— Vous l'entendez, mademoiselle? dit à son tour Aristide.

Manon était demeurée bouche béante.

— Que signifie cela?... Mais, monsieur, c'est la première fois que je l'entends prononcer de telles paroles... Veux-tu bien te taire? vilain Jacquot.

Mais loin de se taire, le perroquet recommença.

Quant à Christophe, il fit mine de plaindre l'oiselière.

— Pauvre demoiselle Manon...... voilà qui est bien fâcheux.

— Mais, monsieur Christophe, dites donc à ces messieurs que jamais vous n'avez entendu Jacquot chanter cela...

— Ah mademoiselle... je mentirais... Car hier encore tandis que vous étiez allée acheter des fleurs, Jacquot a chanté de la sorte, malgré tout ce que j'ai fait pour l'obliger à se taire.

Il n'y avait pas à douter, il ne restait plus qu'à constater le délit; ce fut ce que fit bien malgré lui Aristide, qui, s'il eût été seul eût peut-être fermé l'oreille, mais qui, en présence du commis-greffier, ne pouvait que faire son devoir.

Alors Manon ne rit plus; au contraire, elle se mit à pleurer toutes les larmes de son corps, et elle était si consternée, son désespoir était si grand, qu'en se retirant, Aristide trouva moyen de lui glisser à l'oreille ces mots :

— Prenez courage, mademoiselle, je reviendrai.

Et il partit.

III

Aristide était tout préoccupé de ce qu'il venait de voir et d'entendre; il ne pouvait croire que Manon, une fille si rieuse, se fût avisée de se mettre de gaieté de cœur dans un mauvais cas, car il n'y allait de rien moins pour elle que d'être enfermée à l'Hôpital général.

Évidemment, elle était victime de quelque machination, mais laquelle? peut-être avait-elle acheté ce perroquet à quelqu'un qui lui avait appris le méchant couplet qu'il chantait, mais alors pourquoi ne s'était-elle pas mieux défendue?

Eh! pourquoi! parce que la pauvre fille avait été si troublée, elle paraissait si inconsciente de ce qui se passait qu'il était tout naturel qu'elle perdît un peu la tête.

Voilà ce que se disait Aristide, et il se promit bien de retourner dans la soirée auprès d'elle et de la questionner, non comme exempt, mais comme ami, oui comme ami, car il l'aimait de tout cœur, l'aimable Manon, et il eût fait tout au monde pour la tirer du mauvais pas dans lequel elle se trouvait.

Mais d'abord il fallait empêcher son arrestation et malheureusement tout portait à croire que M. le lieutenant de police allait, d'après son rapport, donner des ordres pour la faire enfermer!

S'ouvrir au commis-greffier il ne fallait pas y songer, avec sa face de carême et son œil louche, ce personnage était méchant comme un âne rouge, et il eût fait emprisonner son meilleur ami, pour le plaisir de le voir se désoler.

Donc, le plus sage était de tâcher de gagner du temps, aussi lorsque Aristide se trouva de nouveau en présence de son supérieur, et qu'il dut lui rendre compte de sa mission, il embrouilla tellement les choses, en avançant qu'il avait cru reconnaître le perroquet pour appartenir à un ennemi de madame de Pompadour, que Manon pouvait bien être une grande dame déguisée en oiselière, enfin il mêla tant de balivernes en son récit, que le lieutenant de police impatienté finit par lui dire :

— Monsieur Aristide il faut décidément que cette oiselière vous ait tourné la tête, car jamais je ne vous ai ouï divaguer de la sorte, mais en voilà assez, vous m'avez donné l'envie de voir cette fille, puisque vous n'avez pas su tirer d'elle ce qu'il importait de savoir, j'irai moi-même la trouver.

— Ah! monsieur le lieutenant de police verra une créature bien extraordinaire.

Il n'en fallait pas davantage pour piquer la curiosité du magistrat.

Il se promit d'aller le lendemain chez l'oiselière, mais le lendemain il n'en eut pas le loisir, et dut remettre à un jour ou deux sa visite au Pont-Neuf.

Pendant ce temps, Manon se désolait et comme la pauvrette reprochait à l'écrivain public de ne pas lui avoir confié plus tôt qu'il avait entendu le perroquet chanter de vilaines choses :

— Que voulez-vous, ma chère, je n'ai pas à me mêler de vos affaires, ah! si vous aviez accepté d'être ma femme, les choses ne se seraient pas passées de la sorte, je serais là pour vous protéger; mais vous m'avez repoussé... vous avez fait fi de moi... tant pis pour vous, je dirai tout ce que je sais à M. le lieutenant de police.

— Ah! c'est ainsi, eh bien, vous lui direz aussi que je

vous hais, que je vous défends de me parler à l'avenir et de mettre le pied dans ma boutique.

— C'est bien... c'est bien, on s'en va... mais vous ne l'occuperez pas longtemps votre boutique, ma mie, et M. le lieutenant de police se chargera de vous loger désormais.

Et sur ce, il s'en alla, laissant la pauvre Manon tout en larmes.

Mais le soir venu, elle était toute tristement assise sur son tabouret de paille, lorsqu'elle vit arriver de nouveau Aristide; elle tressaillit, mais celui-ci la rassura bientôt:

— Il faut que je vous parle, lui dit-il.

Alors Manon le fit entrer et le fit asseoir auprès d'elle; le jeune homme était assez timide d'ordinaire, mais cette fois, il s'enhardit et lui dit que c'était pour la sauver qu'il venait la trouver; il la fit causer, lui apprit que c'était par suite d'une dénonciation écrite que M. le lieutenant de police avait été informé de l'existence du perroquet, bref, Manon devina facilement d'où venait le coup qui la frappait.

— Oh! méchant Christophe! s'écria-t-elle.

— Oui! c'est ce vilain homme qui a manigancé tout ça contre vous, dit-il, mais ce n'est pas tout de savoir de qui vient la dénonciation, il faut en combattre l'effet!

— Oui! mais que faire?

— Cherchons!

— Cherchons!

Et tous deux se mirent en quête d'un moyen.

IV

Enfin, M. le lieutenant de police accablé de besogne, s'était souvenu de cette affaire du perroquet qui lui était un peu sortie de la mémoire, par suite de faits beaucoup plus importants, qui avaient absorbé toute son attention.

Et un beau jour il fit appeler Aristide.

— Pourquoi, monsieur, lui dit-il, ne m'avez-vous pas fait songer à la démarche que je m'étais promis de faire auprès de mademoiselle Manon ?

— Mademoiselle Manon, dit Aristide en ayant l'air de chercher dans ses souvenirs.

— Mordieu ! monsieur, avez-vous donc oublié cette créature dont le perroquet...

— Ah ! faites excuse, monsieur le lieutenant... j'y suis, je n'y avais pas songé non plus.

— Hum ! vous allez venir avec moi, sur l'heure, chez cette fille.

— Vous déranger vous-même, monsieur le lieutenant, pour une semblable peccadille.

— Peccadille ! une insulte à madame la marquise de Pompadour, corbleu ! monsieur, taisez-vous, et prévenez le greffier.

— Oui, monsieur le lieutenant.

— Peccadille !...

Au bout d'un moment tout le monde était prêt, le lieutenant prit sa grande canne noire, monta dans sa chaise escorté d'Aristide et du greffier et arriva chez Manon qui crut voir le diable en personne, mais ce qui ne l'empêcha pas de faire une révérence que n'eût pas désavoué une duchesse.

— C'est toi, petite, fit le magistrat, qui te permets de... ah ! voici le perroquet.

— Oui, monseigneur.

— Allons drôle, chante ta chanson, dit le lieutenant en le menaçant du doigt.

Le perroquet fit mine de lui happer le doigt.

Aristide s'avança :

— Il faut lui donner du sucre, monsieur le lieutenant de police, tenez :.

Et tirant un morceau de sucre de sa poche, il le présenta au perroquet qui chanta :

> Vive la Pompadour
> On la chérit en France
> Car du peuple à la cour
> Elle est la Providence.

— Comment ! fit le magistrat étonné... mais on m'avait dit...

— Quoi donc ! monseigneur, demanda Manon de son air le plus ingénu.

— Mais vous-même, continua le lieutenant de police, en s'adressant à l'exempt... votre rapport...

— J'ai eu tort, je l'avoue, monsieur le lieutenant mais comme le perroquet n'avait pas voulu chanter je m'en suis rapporté à l'affirmation d'un voisin...

— Un ennemi de notre bonne marquise, monseigneur, reprit Manon.

— Où est-il cet homme ? qu'on aille le chercher...

— Justement le voici.

En effet, Christophe enchanté de voir le succès de sa dénonciation, était à la porte, ainsi que nombre de passants qui s'étaient arrêtés à la vue de la chaise du lieutenant de police.

Invité à entrer, il ne se fit pas prier et s'avança souriant :

— C'est donc vous, monsieur, lui demanda le magistrat qui avez osé prétendre que ce perroquet se permettait de chanter un refrain inconvenant ?

— Mais, monseigneur, j'ai dit la vérité.
— Comment cela?
— Si monseigneur veut bien écouter.

Et à son tour il présenta un second morceau de sucre à l'oiseau qui le prit gravement, puis le jeta à terre et enflant sa voix, se reprit de plus belle à chanter :

> Vive la Pompadour,
> On la chérit en France,
> Car du peuple à la Cour,
> Elle est la Providence.

Ce fut à Christophe de demeurer bouche béante.
— Mais monseigneur, reprit-il au bout d'un moment.
— C'est bien. Emmenez cet homme, fit le magistrat.

Et tirant de sa poche un écu de trois livres il le donna à l'oiselière.

Puis il sortit aux cris de :
— Vive monsieur le lieutenant de police !

C'était Aristide qui avait changé les vers du couplet et sur son indication, Manon avait passé tout son temps à les faire répéter au perroquet qui avait oublié les précédents pour ne se rappeler que de ceux-ci.

Ce fut Christophe qui fit de la prison et quand il en sortit, il eut le déplaisir d'apprendre le mariage de l'exempt Aristide avec Manon Criquet.

H. Gourdon de Genouillac.

LA MÈRE MOUSTACHE

J'éprouvai en l'abordant une émotion profonde.

On m'avait tant parlé d'elle !

Pendant mes derniers jours de congé, mon oncle Marius, vieil officier supérieur d'Afrique, auquel on venait de « fendre l'oreille », et qui avait servi dans le régiment d'Algérie où j'allais faire mes premières armes comme sous-lieutenant, m'avait narré ses exploits, connus dans les trois provinces.

Mon oncle me répondait à peine quand je l'interrogeais sur le pays, sur les mœurs de ses habitants. Tout au plus me donnait-il quelques instructions sommaires sur le service d'Afrique.

Mais vie, caramades, service, tout lui était prétexte pour revenir à la *Mère Moustache*.

Il ne tarissait pas sur son compte, et, de sa vie passée, ne semblait regretter qu'elle. Il aurait donné son meilleur sabre, celui avec lequel il avait fait voler à la course la tête du cheick Ben-Faka, pour la pouvoir amener avec lui en France.

Il avait bien essayé ; mais le régiment ayant menacé de se soulever, il avait fallu y renoncer.

Quelle vaillance ! quel dévouement ! quel cœur !

— Ah ! troun de l'air ! comme le disait mon oncle avec son terrible accent provençal que trente années passées loin de la Cannebière n'avaient pu lui faire perdre, il n'y avait pas sa pareille.

Ces éloges extravagants me faisaient parfois baisser la tête, et je souffrais intérieurement pour ma pauvre tante, qui devait, à mon avis, être fort blessée de l'enthousiasme extra-conjugal de son mari.

Mon oncle m'accompagna au paquebot. Le bateau qui l'avait amené regagnait le quai qu'il me criait encore :

— Eh donc ! mon petit, n'oublie pas de l'embrasser pour moi, et si tu la voyais triste ou malade, n'hésite pas, bagasse ! Embarque, mon bon, embarque, coûte que coûte... Elle nous retrouvera ici pour la recevoir !

Ma parole d'honneur, j'étais honteux pour mon oncle, mais curieux, en dépit de moi-même, de connaître cette perfection.

Dame ! écoutez donc, il faut être juste ! Il est des héros qui n'ont pas plus légitimement mérité d'être inscrits au Temple de mémoire !

Toute jeune encore, elle sauva l'escadron qui, l'ayant trouvée un jour, abandonnée de père et de mère, mourant de faim et de soif, l'avait adoptée.

Cet escadron, envoyé pour éclairer la route d'une colonne dont le gros faisait séjour à Mascara, avait été cerné, sur la gauche de Tékedemta, par mille cavaliers des Beni-Amers.

Deux fois l'escadron essaya de se frayer un passage le sabre à la main, deux fois il fut repoussé et dut se borner à se tenir sur une défensive de tous les instants. La saison était rude ; la neige tombait avec abondance, et, comblant les inégalités du terrain, faisait disparaîtrre tous les sentiers sous son blanc linceul.

Déjà, un officier, un maréchal des logis et deux brigadiers, avaient essayé de franchir le cercle d'investissement pour aller prévenir et guider la colonne de Mascara. Mais les secours n'arrivaient pas. Les pauvres gens s'étaient perdus dans la neige ou avaient été pris et tués par les Arabes.

Les vivres manquaient. Pas d'orge pour les chevaux ; pas de biscuit pour les hommes. Quelques lièvres et quelques lapins qui, effarés par les coups de fusil venaient se jeter dans les rangs, avaient fait l'unique nourriture de l'escadron. Encore avait-on dû les manger à moitié crus. On avait à peine le temps d'allumer un feu. Depuis douze heures les cavaliers ne quittaient pas les postes de combat.

Le capitaine, sentant son escadron perdu et voulant au moins mourir en causant le plus de mal possible à l'ennemi, allait rallier son monde pour essayer une dernière fois de se frayer un passage, lorsqu'il aperçut à quelques pas de lui l'orpheline. Il lut dans ses yeux brillants tant d'intelligence et de courage qu'il pensa que peut-être elle réussirait là où ses messagers avaient échoué.

Il écrivit quelques mots à la hâte, roula son billet et le cacha sur elle, puis, pour toute indication, lui montra du doigt la direction de la ville qu'on avait quittée la veille.

L'orpheline inclina la tête en signe d'obéissance et disparut bientôt dans l'obscurité.

C'étaient quarante kilomètres pour aller et revenir dans un pays à peu près inconnu, au milieu de la neige que le vent chassait devant lui en tourbillons aveuglants; à travers les précipices, les hyènes, les chacals et les Arabes.

La nuit était venue et la fusillade n'éclatait plus que par intervalles, lorsque les Arabes, rampant sur la neige, avec laquelle leurs burnous blancs se confondaient, cherchaient à forcer un des points du petit carré formé par l'escadron.

Quelques minutes après le départ de l'orpheline, on entendit cependant au loin sept ou huit coups de fusil. Le capitaine se douta bien que cette salve était à l'adresse de son courrier et il attendit le jour avec cette angoisse profonde qui étreint le cœur de l'officier le plus brave lorsqu'il joue sur une carte, non pas seulement sa vie, mais celle des braves gens qui lui sont confiés.

Le jour vint.

Les chasseurs, à moitié morts de faim, de fatigue et de froid, ne ripostaient plus que faiblement aux coups de fusil des Arabes. D'ailleurs les gibernes se vidaient.

Quelques heures encore, et tout serait fini.

Soudain, un coup de canon résonna au loin, puis deux, puis trois :

Le messager avait passé !

La colonne de Mascara, prévenue, s'avançait en toute hâte, et, chemin faisant, envoyait par la grosse voix de ses obusiers de montagne des signaux d'espérance aux assiégés.

Ces signaux rendirent, non pas le courage, — il n'avait jamais manqué, — mais la force aux chasseurs d'Afrique.

Le froid, la faim furent oubliés. La fusillade se réveilla, comme un feu qui, près de s'éteindre, semble vouloir jeter plus bruyamment aux échos ses derniers crépitements.

Mais cette fois les Arabes ne répondirent pas. Ils avaient, eux aussi, entendu le « Moukala, » et, abandonnant cette héroïque petite troupe, disparurent du côté du sud de toute la vitesse de leurs chevaux.

Bientôt, l'escadron, qui venait de passer de si cruelles heures, ralliait la colonne et voyait aux premiers rangs la messagère dont la rapidité venait de le sauver. Elle avait été blessée à l'épaule, mais elle avait marché quand même voulant revenir auprès de ses pères adoptifs.

A dater de ce jour, l'orpheline, malgré son sexe, fut immatriculée au 2ᵉ escadron du 2ᵉ chasseurs d'Afrique, et y toucha ses rations comme les camarades.

On comprend le respect que, malgré mes justes susceptibilités de famille, je devais éprouver pour une semblable héroïne.

J'avais trop de vénération pour mon oncle, malgré le penchant de ses compatriotes à l'hyperbole, pour mettre sa véracité en doute.

Mon escadron était détaché dans une *smala* éloignée d'une dizaine de lieues de Mascara, la smala du grand *Bordj*.

Je dus aller rejoindre aussitôt et trouvai en arrivant tout le monde en l'air.

Un ordre de départ avait été apporté pendant la nuit; officiers et soldats faisaient leurs préparatifs avec une joie que peuvent seuls comprendre ceux qui ont vécu quelque temps la vie épouvantablement monotone de la smala.

On ne laissait au dépôt qu'un officier, un maréchal des logis et une vingtaine de cavaliers pour garder quelques bagages et des malades, tant hommes que chevaux. L'escadron devait les reprendre en revenant d'une tournée d'impôts qu'il allait faire avant de rentrer à Oran.

Dans le coup de feu du départ, on fit à peine attention à moi. Le capitaine me dit de venir le retrouver dans deux heures. Mes camarades me serrèrent la main en me souhaitant la bienvenue au galop, et retournèrent à leurs affaires.

Le moment était mal choisi pour m'enquérir de l'idole de mon oncle Marius. Cependant, un jeune sous-lieutenant ayant mis un peu plus de chaleur dans son accueil, je hasardai une question sur la Mère Moustache.

— Ah! vous avez déjà entendu parler de la bonne vieille, me dit-il. Elle va bien, Dieu merci!... Vous la trouverez là-bas à la cantine. D'ailleurs, vous aurez tout le temps de faire connaissance, car elle va rester avec vous. Elle a été un peu malade en ces derniers jours, et le capitaine ne veut pas qu'elle nous suive... Un conseil à ce propos, ajouta-t-il; laissez enlever vos bagages, laissez mourir vos malades; mais, si vous tenez à rester au régiment, veillez à ce qu'à notre retour il ne manque pas un poil de barbe à la Mère Moustache.

Et il tourna les talons.

Je compris alors la cause de la bienveillance exceptionnelle que m'avait témoignée mon camarade.

Avant ma venue, il était le plus jeune officier du régiment, et comme tel devait rester avec les bagages et les invalides. Mon arrivée le sauvait. C'est à moi qu'allait incomber cette corvée, un peu adoucie à mes yeux par l'honneur de servir de protecteur à l'héroïne du 2ᵉ chasseurs d'Afrique.

Le capitaine me donna ses instructions, et, une heure après, les derniers sons de trompette s'éteignaient derrière le marabout des Quatre-Tourelles.

Je demeurais le souverain maître de dix fiévreux, de six dysentériques, de cinq chevaux et de quatre mulets, tous plus ou moins éclopés.

Je commençai la visite de mon empire par la cantine,

qui servait d'écrin au bijou précieux commis plus spécialement à ma garde. C'était une hutte en planches d'où s'exhalaient les parfums culinaires les moins odorants.

Je faillis être renversé en entrant par une énorme boule de poils noirs qui m'atteignit en pleine poitrine. J'entendis en même temps des cris aigus :

— Fermez donc la porte, b... de maladroit ! hurlait une voix parfaitement désagréable.

J'obéis machinalement et jetai un coup d'œil dans cet intérieur, dont l'abord n'avait rien de très hospitalier.

La voix appartenait à une petite vieille, laide, ratatinée, assez sale, et dont la bouche, veuve de toutes ses dents, était armée d'une paire de moustaches qui eût fait l'orgueil d'un conscrit.

Un vieux bonnet de police graisseux, crânement posé sur un chignon gris jaunâtre que le démêloir n'avait jamais dû beaucoup fatiguer, accompagnait ces moustaches. Le reste du costume à l'avenant.

Tout cela composait une des figures les plus hétéroclites qui se puissent rencontrer. Mais « l'habit ne fait pas le moine, » dit le proverbe, et d'ailleurs les récits de mon oncle étaient encore trop présents à ma mémoire pour que je pusse éprouver d'autre sentiment que celui d'une admiration respectueuse.

Je me mis donc en devoir de présenter à la maîtresse du logis mes hommages et ceux de ma famille. Je m'étais dès longtemps préparé à cette solennité, et j'ose dire que je présentai mon compliment non sans grâce.

Cependant, lorsque je levai mes yeux que j'avais tenus jusque-là modestement baissés vers la terre, je crus voir le visage de la brave dame plus refrogné que jamais :

— Ah ! le commandant Marius se souvient de moi, me dit-elle enfin. Eh, bien moi aussi je me souviens de lui. Mais il peut bien rester où il est, le vieux dur à cuire ! Ce n'est pas moi qui irai le chercher.

Le début était peu encourageant.

Évidemment, il était survenu depuis le départ de mon oncle des incidents qui avaient porté une atteinte sérieuse à leur vieille amitié.

Assez embarrassé de mon personnage, je tournai mes regards vers une grosse chienne qui, couchée dans la poussière, grondait sourdement. C'était un magnifique spécimen de l'espèce des griffons.

Entre les longs poils noirs qui couvraient son mufle léonin, luisaient des yeux brillants comme des escarboucles qui regardaient obstinément la porte que je venais de refermer. C'était elle qui m'avait presque jeté bas quelques minutes auparavant en voulant s'échapper. Je la caressai.

Elle leva les yeux sur moi. Ma figure lui plut sans doute plus qu'à l'héroïne, car elle cessa de gronder, et vint quelques minutes après se frotter doucement contre mes jambes. Les chiens sont comme les enfants et distinguent facilement ceux qui les aiment.

Je murmurai quelques paroles respectueuses à l'adresse de la Mère Moustache. Elle daigna alors porter, comme un vieux troupier la main à son bonnet de police et je me préparai à sortir.

La chienne voulut me suivre, mais la vieille se précipita au-devant d'elle et la retint par son collier, en grommelant :

— Maudite bête, va ! Veux-tu rester ici !

La chienne, furieuse, secouait la vieille à la renverser.

Si mon oncle Marius avait été là !

Pour moi, j'abandonnai vivement le terrain de cette lutte, où, en dépit de moi-même et des recommandations de mon oncle, toute mes sympathies étaient pour le quadrupède.

Le lendemain, au jour, je fis seller mon cheval pour aller reconnaître les environs, et, mon exploration terminée, je tournais bride pour rentrer à la smala, lorsque j'entendis un aboi plaintif.

Je me dirigeai de ce côté, et trouvai le griffon couché au pied d'un arbre. Le pauvre animal s'était échappé pendant la nuit pour rejoindre ses amis les chasseurs; mais une grosse épine qui s'était fichée dans une de ses pattes, l'avait empêché de poursuivre sa course.

J'enlevai l'épine, je lavai la plaie et la bandai de mon mieux avec mon mouchoir.

La bonne bête me regardait faire en poussant de petits gémissements; mais elle allongeait de temps à autre un coup de son énorme langue sur mes mains, par manière de remerciement, et balayait le sol de sa large queue.

Le pansement terminé, je remontai à cheval et pris la direction du camp.

La chienne hésita, regarda alternativement la route que je prenais et celle par laquelle, la veille, avait disparu l'escadron; puis enfin, non sans pousser un plaintif gémissement, se décida à venir avec moi. Elle marchait sur trois pattes, et quand je la voyais trop fatiguée, je mettais pied à terre et la hissais sur le dos de mon cheval où elle se tenait, par ma foi, avec l'aplomb d'un vieux cavalier.

Rentrés au camp, elle me suivit sous le gourbi que m'avait abandonné le sous-lieutenant, mon prédécesseur, et ne voulut plus me quitter.

Je ne m'en plaignis pas, au reste, et j'ai rarement

trouvé compagnon plus aimable, plus dévoué, moins gênant. Elle me guidait dans mes promenades aux environs, me remettait dans mon chemin quand je m'égarais au milieu des montagnes. Un bruit se produisait-il dans la smala pendant la nuit, elle me réveillait et me menait directement à l'endroit suspect. Quand la nuit avait été tranquille, la première chose que je voyais en ouvrant les yeux, c'était son bon regard qui semblait avoir veillé sur mon sommeil, et dès que je faisais un mouvement, elle se dressait, et de ses pattes velues, imprimait à mon hamac le balancement d'un berceau.

Cette compagnie m'était d'autant plus précieuse, qu'en dehors de mon maréchal des logis, vieux soldat ultra-chevronné, et auquel je n'ai jamais pu arracher que des : « Oui, mon lieutenant, » — « Avec plaisir, mon lieutenant », très respectueux, mais parfaitement monotones, je ne pouvais adresser la parole à âme qui vive en dehors du service.

Il y avait bien l'héroïne de la cantine, mais j'avais à cœur son premier accueil, bien que nous fussions un peu mieux ensemble.

Il est vrai que cet accord était fort préjudiciable à mes intérêts ! Deux jours après ma promotion au commandement en chef des invalides à deux et à quatre pieds, la Mère Moustache était venue réclamer contre deux chasseurs qui, disait-elle, « l'avaient traitée comme la dernière des dernières ».

— Sauf votre respect, mon lieutenant, avait-elle ajouté en brandissant un vieux balai, dont elle avait cru devoir s'armer, ces *blaireaux* étaient ivres comme trente-six mille hommes et m'ont traitée de *Ped zouille*.

— *Ped zouille*, ma brave mère, qu'est-ce que cela veut dire ?

— Je n'en sais rien, et c'est bien pour cela que je veux qu'ils soient punis de la belle façon.

L'argumentation laissait à désirer.

Néanmoins je crus devoir obéir aux ordres que me donnait cette bouche aussi glorieuse que désagréable.

Je fis assembler le détachement, et, en présence de la plaignante, je flétris en termes indignés la conduite des deux coupables, et leur infligeai une punition exemplaire, « non point tant, dis-je, pour s'être enivrés que pour avoir insulté une femme, et quelle femme! l'une des gloires de l'armée d'Afrique ».

La cantinière se rengorgea, salua militairement, et, sans doute pour me prouver sa reconnaissance, marqua, par la suite, les champoreaux et les états-majors que je prenais chez elle pour mon déjeuner du matin avec une fourchette de telle taille, que je m'aperçus bientôt, avec stupéfaction, qu'à son compte j'avais bu, en huit jours, de quoi abreuver tout un escadron.

Non contente de cette arithmétique éminemment fantaisiste, et sous le fallacieux prétexte de laver et de raccommoder mon linge, — mes chemises, quand elle voulait bien me les rendre, semblaient avoir essuyé toutes les gamelles de la smala, — elle s'appropriait la meilleure partie de mes effets, et je vis un jour une magnifique couverture de voyage, brodée à mes initiales, que m'avait donnée une mienne cousine, étendue en guise de descente de lit devant le grabat de la cantinière.

Cette communauté forcée, dont je faisais tous les frais, ne laissait point que de me causer quelque ennui.

Mais pouvais-je me plaindre, et avoir seulement l'air de suspecter la bonne foi de la Mère Moustache?

Mon oncle ne me l'eût jamais pardonné.

Je m'attachais donc de plus en plus, chaque jour, au

bon animal que le hasard m'avait donné pour compagnon. Je l'avais nommé *Myrta*, en souvenir d'un terre-neuve qui avait fait la joie de mon enfance.

Dans une de nos promenades, je rencontrai une tribu d'Arabes campés sur les bords de l'Oued-Minah. Ils avaient avec eux quelques chevaux dont l'un attira mes regards. Malgré les avis de Myrta qui grognait et montrait les dents jusqu'aux gencives, je pénétrai dans le douar et essayai d'entrer en marché pour ce cheval.

Le chef secoua la tête en répétant plusieurs fois : « Ioudi, Ioudi. »

Je me rappelai alors que jamais un Arabe ne consent à traiter avec un *Roumi* sans l'intermédiaire d'un Juif. Il déteste et méprise le Juif beaucoup plus encore que le *Roumi*, et place les fils d'Abraham, dans l'échelle des êtres, bien au-dessous du *Kelp*, animal déclaré vil par le Coran. Mais il semble qu'en dehors d'eux il n'y a pas, pour l'Arabe, de transaction possible. Le marché conclu, il renvoie le Juif avec les injures les plus féroces que la langue du Prophète puisse fournir, et il a de nouveau recours à lui le lendemain.

Le Juif, bien entendu, vole vendeur et acquéreur, et se retire en baissant humblement la tête sous ce torrent d'invectives.

Je dus donc, quelque grand que fût mon désir, attendre qu'il plût à un Juif de flairer une affaire de notre côté. L'Arabe me fit comprendre qu'il allait mettre quelques-uns en campagne, et que peut-être le lendemain nous pourrions conclure l'affaire.

Aussi le lendemain, dès l'aurore, je me mettais en route. Les doux yeux et les fines jambes du cheval m'avaient trotté toute la nuit dans la tête.

Myrta refusa de me suivre.

Depuis la rencontre de la tribu, elle paraissait inquiète, allant, venant autour de moi, et fixant obstinément sur mon visage des yeux qui auraient dit bien des choses s'ils avaient pu parler. Dans ma fatuité, j'attribuai l'inquiétude et la mauvaise humeur de la chienne à la jalousie. Myrta avait surpris mon admiration pour le bel Arabe et craignait que cette nouvelle affection ne refroidît mes sentiments à son égard.

J'essayai de la rassurer par les plus chaudes protestations. Mais elle secouait la tête et semblait vouloir employer la force pour m'empêcher de sortir.

Je perdis patience et, pour la première fois, la repoussai violemment du pied.

La pauvre bête dégagea alors la porte et se coucha au milieu de la chambre, en poussant un jappement plaintif. Je montai à cheval et partis avec mon ordonnance.

Nous n'avions pas fait une lieue que Myrta nous avait rejoints. Elle n'avait pas eu le courage de me bouder plus longtemps; mais au lieu de courir joyeusement en avant, comme elle avait coutume, elle ne quittait pas l'épaule de mon cheval.

J'arrivai au douar. Le Juif était là. Le marché fut promptement bâclé! L'Arabe ne demandait qu'à vendre. Je ne demandais qu'à acheter. Le digne descendant d'Israël m'écorcha comme il lui plut, et quelques minutes plus tard, je reprenais avec mon beau cheval le chemin de la smala. Mon ordonnance était parti en avant, emmenant la bête que je montais le matin.

Nous suivions, Myrta, ma nouvelle acquisition, et moi, les bords tout semés de lauriers-roses de l'Oued-Mina. Myrta battait les buissons à droite et à gauche, au grand émoi des lièvres qui pullulent dans cette région, pays de cocagne du chasseur, où le plus maladroit, le plus myope, est à peu près certain de ne pas revenir *bredouille*.

Mais ce jour-là, par un triste retour des choses d'ici-bas, les rôles devaient être intervertis. C'était moi qui allais servir de gibier.

Je cheminais paisiblement, tout entier à mon admiration pour la bouche fine et le pas élastique de mon cheval, lorsque Myrta, jetant un aboi perçant, partit comme un trait, la queue basse, les oreilles droites, et s'arrêta à trente pas, en hurlant furieusement devant un massif de figuiers.

Au même instant un éclair jaillit de ce massif ; je ressentis un léger choc au flanc ; il me sembla que mon cheval filait entre mes jambes, et... je m'évanouis.

Mon vendeur avait, paraît-il, une façon toute particulière d'entendre le commerce. Il vendait, empochait, puis rentrait à coups de fusil dans l'objet vendu. Dans ce but intelligent, il avait coupé à travers champs, et, m'ayant attendu au massif, m'avait salué d'un coup de fusil ; puis me voyant étendu sur le sol, il accourut, espérant pouvoir me reprendre son cheval tout à son aise et me dépouiller par surcroît.

Mais le mécréant comptait sans le brave garde du corps dont je n'avais pas voulu comprendre les avertissements.

Dès que Myrta me vit à terre, elle se jeta au-devant de moi et fit si furieuse garde qu'il ne put approcher.

Quelques heures plus tard, lorsque je sortis de mon évanouissement, je me trouvai dans la grange d'une ferme distante de quelques kilomètres du lieu de l'affût, — je puis bien l'appeler ainsi.

Les colons me racontèrent alors, qu'attirés par les aboiements persistants d'un chien, ils avaient gagné les bords de l'Oued et m'avaient ramassé tout ensanglanté sur le sol. Le corps d'un Arabe à moitié étranglé gisait à quelques pas, et entre nous se tenait Myrta, qui, n'osant me quitter, jetait aux échos ses hurlements d'alarme.

La lutte de la chienne et de l'Arabe avait dû être acharnée, car le corps de la pauvre bête était labouré de coups de couteau.

Le soir même, les colons nous mirent tous les trois sur des civières et nous conduisirent à Mascara.

Myrta et moi nous allâmes à l'hôpital.

Le bandit fut dirigé sur la prison et ne la quitta que pour passer devant un peloton d'exécution, qui le guérit de ses mauvaises habitudes commerciales en lui logeant douze balles dans le ventre.

Nous eûmes, nous, la bonne fortune d'avoir affaire à un jeune chirurgien trop savant pour avoir de la morgue, et qui ne pensa pas compromettre sa dignité en soignant un chien. Myrta partagea donc ma chambre d'hôpital comme elle avait partagé mon gourbi de la smala. Elle fut sur pieds, ou sur pattes, plus tôt que moi. Ma blessure était fermée, mais le mauvais air de l'hôpital retardait ma convalescence. Le chirurgien demanda en ma faveur un congé et m'envoya dans ma famille.

Myrta me suivit jusqu'au bateau.

Là, il y eut, encore, de sa part, un grand mouvement d'hésitation auquel, fort heureusement, le coup de sifflet de la machine coupa court. Le paquebot tordait déjà les flots sous son hélice.

Myrta était prisonnière et devait, bon gré, mal gré, partir avec moi pour la France.

Elle prit bravement son parti et ne me tint point rancune.

Sur le quai de débarquement nous trouvâmes mon oncle. Il accourait à moi, les bras tendus.

Soudain, il s'arrêta, rougit, pâlit, puis enfin, jetant un formidable « troun de l'air ! » qui fit brusquement retourner les passants :

— Ah ! pauvre Pitchoun ! s'écria-t-il, pauvre belle ! Pauvre Moustache ! Te voilà donc enfin !... Et cet animal de neveu qui ne me prévient pas !

L'animal de neveu, — c'était moi, — se retourna vivement, croyant trouver derrière lui la vieille cantinière.

Il ne vit que Myrta.

Elle venait de débarquer, et ayant, elle aussi, paraît-il reconnu mon oncle, se dressait sur ses pattes de derrière appuyant ses pattes de devant sur la poitrine du vieux soldat, tout joyeux et véritablement ému.

Ce fut une touchante accolade.

Pour ma part, je ne fus point jaloux d'être délaissé pour Myrta, car une lueur, hélas ! un peu tardive, venait de se faire dans mon esprit.

L'orpheline, l'héroïne de Tekedemta, la Mère Moustache, en un mot, c'était Myrta !

J'avais niaisement fait fausse route et prodigué à la plus hideuse de toutes les mégères passées, présentes et futures, les attentions et les respects qui revenaient à ma vaillante amie à quatre pattes, à mon sauveur.

Je fus un peu penaud et subis très impatiemment l'épouvantable bordée de brocards qui m'assaillit, lorsque mon oncle connut ma ridicule méprise et apprit mes vénérations et mes générosités forcées.

— Té, mon bon, la vieille bagasse de coquine t'a pris pour un conscrit, me disait-il, en m'allongeant sur l'épaule des claques amicales qui me faisaient ployer les genoux.

Et depuis, j'ai passé bien peu de mes jours de congé, sans entendre raconter à tout venant le récit de « mes amours » avec la vieille harpie du Bordj.

Quant à ma jolie cousine, elle fit une moue très prononcée lorsqu'elle apprit l'usage que j'avais fait de la belle couverture brodée par ses blanches mains.

Bref, ce fut une mésaventure complète dont me consolait seule l'amitié de Myrta.

Pendant quelques années, tous les jours d'arrivée des paquebots de Merz-el-Kébir, on put voir, sur les quais de débarquement, un grand et gros homme, coiffé d'un large panama, chaussé de souliers jaunes, et vêtu d'un paletot blanc orné d'une rosette d'officier de la Légion d'honneur.

C'était le commandant Marius.

La Mère Moustache était assise à coté de lui. Tous deux attendaient le débarquement des passagers.

La calotte rouge et la veste bleue des chasseurs d'Afrique venaient-elles à briller parmi les vêtements sombres des « pékins », Moustache sortait de son immobilité, et, quand elle s'était assurée que le porteur de ce costume appartenait bien au 2ᵉ chasseurs d'Afrique — vous me croirez si vous voulez, mais elle ne s'est jamais trompée de numéro, — elle courait au-devant de son régimentaire et lui faisait fête.

L'oncle Marius intervenait alors, et, de gré ou de force, il fallait que le passager vînt dîner avec lui.

— Bagasse ! un camarade ne pouvait faire affront à la Mère Moustache.

S'il n'y avait pas d'uniforme, la chienne hurlait à la lame de toute la force de son aboi, que l'âge commençait déjà à rendre chevrotant.

L'oncle disait alors dans son langage imagé « qu'elle

chargeait Amphitrite de ses messages d'amitié pour les braves du 2ᵉ ».

Au retour, la Mère Moustache allait se coucher au soleil, sur la terrasse de la maison de mon oncle, située à l'angle du Prado, en face de la mer.

Ce fut là qu'on la trouva morte un soir d'été.

Ses yeux, encore ouverts, semblaient chercher, par delà l'immense ligne d'horizon où se confondent les flots bleus et le ciel d'azur de la Méditerranée, cette terre africaine qui avait été le théâtre de ses exploits.

Depuis cette mort, le domestique de mon oncle a amassé des rentes à montrer aux pèlerins du 2ᵉ d'Afrique le portrait de la Mère Moustache, peint par Jadin, qui tient la place d'honneur dans le salon de la petite maison.

Ce portrait est vivant. Les yeux de l'héroïne luisent à travers les longs poils ébouriffés de la face et semblent briller de plaisir à l'aspect de cet uniforme qu'elle a tant aimé. Tout le tableau, d'ailleurs, a grand air.

Ma vieille amie, évidemment soucieuse de sa renommée, a redressé, en posant, sa tête un peu courbée par les ans, et pris, devant le peintre, l'attitude légitimement fière qu'elle devait avoir à Tekedemta, lorsque le capitaine du 2ᵉ escadron inscrivit, pour fait de guerre sur les contrôles du 2ᵉ chasseurs d'Afrique, le nom de la *Mère Moustache*.

EDOUARD GRIMBLOT.

DE LA GYNÉCOCRATIE EN PORTUGAL

Les mœurs et les lois portugaises sont à peu près inconnues en France ; elles mériteraient pourtant d'être étudiées. Le Portugal, quelque restreinte que soit l'étendue de son territoire, a tenu une grande place dans l'histoire de l'humanité par sa lutte contre les Arabes, ses grandes découvertes maritimes, ses prodigieuses conquêtes, ses merveilleuses colonisations. Un peuple qui a accompli d'aussi grandes choses à l'extérieur, mérite d'être étudié dans ses institutions, dans ses mœurs et dans ses lois. L'oubli dans lequel l'ont laissé les travaux des jurisconsultes et des historiens nous semble injuste. Le Portugal, qui a une telle individualité dans l'histoire, en a une aussi grande dans sa législation, qui contient des parties tout à fait originales. Les grands jurisconsultes n'ont pas plus manqué à ce pays que les grands souverains, les grands capitaines, les grands navigateurs ; et pourtant, qui connaît le jurisconsulte Alvaro Valasco, auteur de traités qui peuvent prendre place à côté des travaux juridiques les plus estimés des autres pays ? Nous voudrions faire connaître au moins quelques parties du droit portugais. Peut-être déciderions-nous de plus habiles et de plus érudits à y pénétrer.

En attendant, et comme preuve de l'originalité réelle de la législation portugaise, voici, d'après le code de 1867, quel est le régime pécuniaire du mariage dans le droit commun.

Les jurisconsultes portugais revendiquent avec orgueil pour leur législation une origine nationale. Ce n'est pas du droit canonique, ni du droit romain, ni du droit germanique que sont nées les institutions civiles de leur pays. Elles sont nées sur le sol lui-même, des idées, des sentiments, des besoins. C'est le peuple portugais qui a fait lui-même son droit.

Ce droit est consigné dans des recueils respectés autant que célèbres en Portugal : les ordonnances *Alphonsines*, qui remontent à 1446 : les ordonnances *Manuélines*, qui datent de 1521 ; les ordonnances *Philippines*, promulguées en 1603 et qui aujourd'hui ont été refondues et remplacées par le code civil de 1867.

Mais, si ce droit porte le nom de trois souverains de Portugal : Alphonse V, Emmanuel et même Philippe III, le successeur du conquérant espagnol, il faut bien se garder de croire qu'il soit l'œuvre de la royauté. Les jurisconsultes font remarquer que ces rois n'ont pas fait œuvre de créateurs d'un droit nouveau ; ils ont été seulement comme les collectionneurs des institutions anciennes, des usages consacrés par le temps, des coutumes.

La coutume forme le fond du droit portugais. De même, le droit français ancien est aussi né de la coutume ; il n'est pas l'œuvre de nos rois. Si, au seizième siècle, il a été écrit par les délégués royaux, ceux-ci n'ont été que des greffiers écrivant, pour ainsi dire, sous la dictée de la population, qui leur disait de quelle manière le droit matrimonial, le droit successoral, le droit testamentaire, etc., étaient pratiqués.

Les populations de l'ancienne France régies par le droit coutumier n'ont pas reçu leurs institutions civiles du souverain, mais d'elles-mêmes, et les rois se sont bornés à enregistrer ce qu'avaient fait les idées, les sentiments et les besoins du peuple français ; de même, en Portugal, le peuple n'a reçu son droit que de lui-même : lui-même et les rois n'ont été que les rédacteurs de ce qu'il avait fait. Les dénominations : Ordonnances Alphonsines, Manuélines, Philippines ne veulent pas dire droit imposé au peuple par Alphonse, Manuel ou Philippe, mais bien droit conçu et pratiqué par le peuple et recueilli par ces trois souverains, qui en ont donné une rédaction officielle. Les jurisconsultes reviennent sur ce point avec trop d'insistance, notamment Mello Freire, pour que nous omettions de le signaler.

Voyons maintenant quel droit matrimonial avait fait la nation portugaise, comment elle avait entendu les droits de la femme dans l'association conjugale et sur les biens de la famille.

La communauté universelle est le droit commun matrimonial des Portugais. Mais c'est une communauté universelle *sui generis*, plus favorable à la femme que la communauté du droit français, lui reconnaissant des droits plus étendus et, en conséquence, diminuant les droits du mari. Peut-être ne faut-il pas nous en étonner ; souvenons-nous, en effet, qu'en Portugal les femmes ont droit de commander au peuple, de devenir reines. Reines dans l'État, il est logique qu'elles aient moins de subordination, qu'elles jouissent de droits plus étendus que dans les pays où il leur est interdit de régner. Leur capacité politique peut expliquer leur capacité civile.

Les jurisconsultes portugais nous ont retracé l'histoire fort intéressante de l'établissement de la communauté universelle dans leur pays. On sait que le royaume de Portugal a été fondé par des gentilshommes français au douzième siècle. Un prince français de la maison de Bourgogne, à la tête des chrétiens du pays, chassa devant lui les conquérants musulmans et créa le comté de Portugal entre le Minho et le Douro. Or, les vainqueurs établirent un droit tout aristocratique. Comme la femme, dans les sociétés guerrières, où la force prévaut, ne peut avoir des droits fort étendus, on comprend que sa capacité civile, au milieu de l'aristocratie guerrière du nord du Portugal, ne pouvait être que restreinte. C'est alors qu'un double fait se produisit : d'une part, cette aristocratie batailleuse, continuant de guerroyer contre les Musulmans, les chassa devant elle et les remplaça successivement par des colonies chrétiennes, mais sans abandonner ses établissements du Nord, les aristocraties n'émigrant généralement pas ; d'autre part, les régions méridionales, l'Estremadure notamment, se couvrirent d'une population à peu près libre de toute sujétion, mais pauvre, qui grandit et se développa sans tutelle aristocratique. C'est au milieu de cette population du Portugal du Sud que prit naissance la communauté universelle, à peu près telle qu'elle s'est continuée jusqu'à nos jours, telle que nous la trouvons organisée dans le code portugais de 1867.

Alphonse V le constate lui-même. Il laisse les époux libres d'adopter le régime dotal romain ou tout autre dans leurs conventions matrimoniales, mais il proclame la communauté universelle comme le régime de droit commun que la coutume a institué en Portugal ; et il ajoute, dans ses Ordonnances, que le Portugal révère non seulement comme le premier recueil de ses lois, mais aussi comme un des plus anciens monuments de sa langue, pour lesquelles les jurisconsultes portugais professent les sentiments que Cicéron avait pour les lois romaines, tant au point de vue juridique qu'au point de vue philologique, que la communauté existe depuis longtemps en Portugal, mais a commencé en Estremadure, gagnant de là le reste du royaume. « Costume foi d'antigamente usado em estes Regnos, e escripto em a nossa Chancellaria *em tempo d'El Rey Dom Affonso o Terceiro*, em esta forma que se segue... E tamben podera aver lugar quando a Doaçom fosse feita antes que fossem casados, *e ao depois per casamento fossem communicados seus bens, segundo costume da Estremadura*, etc. (1). »

Comme le remarquent avec infiniment de justesse MM. Lévy Maria Jordão et Seabra, la communauté, qui est le caractère du mariage des classes dont la richesse se réduit au travail commun des époux, devait presque infailliblement se développer dans l'Estremadure, « habitée alors par les classes ouvrières et de condition inférieure, à la différence de la province du Minho, où les familles les plus puissantes s'étaient concentrées et où le régime de la communanté eût de la peine à s'éta-

(1) Si les ordonnances du royaume furent réunies en corps régulier sous le règne d'Alphonse V, il n'est que juste d'en reporter l'honneur au régent de Portugal, le célèbre infant don Pedro d'Alfarrobeira, duc de Coïmbre, malheureusement moins connu en Europe que l'infant don Henrique. Ce point a été fort bien établi par M. Ferdinand Denis, qui a su, à la différence de plusieurs historiens, rendre une complète justice au second fils du fondateur de la dynastie d'Aviz. La postérité, injuste, n'a pas dégagé la vérité ni su reconnaître que l'infant fut un homme d'État dans toute l'acception du terme.

blir (1). » C'est de l'Estremadure que la pratique de ce régime s'étendit à presque tous les autres pays coutumiers et se généralisa au point de s'imposer au législateur de 1446.

Valasco, le grand jurisconsulte portugais, dans les profonds travaux juridiques dont il a doté son pays, a beaucoup exalté le régime de communauté. Il s'en est constitué le théoricien, et, pour lui donner plus d'autorité et plus d'éclat, il n'a pas craint d'en faire remonter l'origine à Plutarque et à Platon. Voici, d'ailleurs, comment l'auteur de la *Praxis partitionum et collationum inter hæredes* justifie son argumentation dans un passage qui nous a paru des plus curieux : *Hæc consuetudo regni hujus est antiquissima, ut bona omnia communicentur inter conjuges... Et est nimium rationabilis consuetudo ex pluribus : primo, ut qui communicant corpora, quod plus est, communicent etiam omnia bona, jura et actiones, quod minus est, quia excellentior est persona rebus (unde non incongruit, quod bona sequantur personam); — item ne quotidie in eadem domo sit illud jurgium inter conjugatos, quod esse consuevit, hoc est meum, illud est tuum, prout contingit in illis locis, in quibus hujusmodi consuetudo non viget; — tum etiam quia talis mutua communicatio bonorum vergit in eorum utilitatem, quia unusquisque conjugum procurabit illorum augmentum et conservationem, tanquam rei propriæ. Hæc consuetudo laudatur nimis a Plutarcho* (2).

(1) Cf. M. SEABRA, *La Propriété*, tome I, p. 305 ; Coïmbre, 1850.
(2) La citation de Plutarque est empruntée aux *Préceptes du Mariage*, chap. XX. Ce passage est ainsi traduit par Amyot : « Platon écrit (*République*, liv. V, p. 91 de l'édition grecque-latine de F. Didot) que la cité est bien heureuse et bien ordonnée, là où l'on n'entend point dire, cela est mien, cela n'est pas mien : pour ce que

Cette communauté, célébrée par Valasco, après avoir été promise par Platon dans l'ordre politique, et par Plutarque dans le droit familial, répondait si bien aux idées et aux besoins du Portugal que le législateur de 1867 n'a fait, en dernière analyse, que copier les ordonnances Philippines, qui n'étaient elles-mêmes que la reproduction des ordonnances Alphonsines et Manuélines. Seabra, l'éminent auteur du code civil qui régit aujourd'hui le Portugal, voulant démontrer dans son livre *De la propriété* l'excellence du régime de la communauté portugaise, le comparait à ces plantes qui croissent spontanément dans de certaines conditions géologiques et atmosphériques.

— Le nouveau code civil du Portugal, comme notre code français, proclame la liberté pour les époux d'adopter tel régime matrimonial qui leur convient; mais, à défaut de stipulations particulières, il proclame que les époux sont mariés sous le régime de communauté universelle, qu'il appelle *mariage selon la coutume du royaume* (*casamento segundo o costume de reino*).

D'après les textes, « *le mariage selon la coutume du royaume* consiste dans la communauté, entre les époux, de tous leurs biens présents et futurs... » Tous les biens meubles et immeubles des époux, tant ceux qu'ils possédaient au jour du mariage que ceux acquis postérieure-

---

les habitants y ont toutes choses, mesmement celles qui sont de quelque importance, communes entre eux, autant comme il est possible. Mais ces paroles-là doivent bien encore être bannies hors du mariage..... Cette communauté de biens mesmement, doit être principalement entre ceux qui sont conjoints, qui doivent avoir mis en commun et incorporé tout leur avoir en une substance : de sorte qu'ils n'en réputent point une partie être propre à eux et une autre à autrui, ainsi le tout propre à eux et rien à autrui... »

ment, quelles qu'en soient la nature, la qualité ou la valeur, qu'ils aient été apportés par le mari ou par la femme, qu'il s'agisse de capitaux ou de revenus, ou des fruits du travail ou de l'économie des époux, composent, suivant l'expression des jurisconsultes portugais, « un fonds social » répondant des dettes de chacun des conjoints et sur lequel chaque époux a un droit égal de propriété et de possession, et qui se partage également entre les époux ou leurs représentants, en cas de dissolution du mariage ou de séparation de corps et de biens.

Les différences entre notre droit et le droit portugais s'accentuent quand il s'agit du *passif* de la communauté. C'est là que commence à apparaître cette importance plus grande donnée au rôle de la femme dans l'association conjugale en Portugal, cette extension de ses droits et, en conséquence, la limitation des pouvoirs du mari sur les biens de la communauté *et même un amoindrissement des droits de celui-ci sur ses propres*. On se demande quelquefois, en lisant certains articles du code portugais et surtout certains écrits de ses commentateurs, si la supériorité du mari sur la femme, qui est comme un article de foi dans la législation française, n'est pas acceptée avec répugnance par le législateur de 1867, et si ce n'est pas comme de force qu'il a déclaré, en ordonnant l'autorisation maritale pour certains actes, que la femme n'aurait pas des droits égaux à ceux de son mari. Certains jurisconsultes, surtout parmi les jurisconsultes modernes, disent expressément que, si le mari est le chef de la communauté, ce n'est pas parce que la nature des choses le veut ainsi, mais parce qu'il fallait un chef dans cette association et qu'il était plus commode que ce fût lui.

L'ancien droit portugais avait déjà apporté des restrictions plus considérables aux droits du mari en ce qui touche le pouvoir de contracter des dettes. Il lui refusait le droit d'aliéner ou d'hypothéquer les biens de la communauté sans le consentement de la femme. Le mari avait toute liberté pour faire des acquisitions, pour enrichir la communauté, mais il était renfermé dans des règles étroites pour engager à des tiers le patrimoine commun. Le nouveau code est allé plus loin ; un de ses commentateurs nous dit que le législateur de 1867 a fait une transaction « entre le vieux droit, qui déclarait la communauté tenue des dettes que le mari contracte seul et sans l'autorisation de la femme (sauf bien entendu, le droit d'hypothéquer et d'aliéner, comme il a été dit plus haut) et les bons principes juridiques, lesquels exigent que le mari et la femme soient placés sur la même ligne dans la société conjugale, sous la réserve du rôle de chef attribué au mari. » Ces paroles de l'éminent interprète J. D. Ferreira sont caractéristiques et éclairent parfaitement la situation.

Aussi le législateur portugais, établissant la classification des dettes qui composent le passif de la communauté, distingue soigneusement les dettes contractées par les deux époux des dettes contractées par les époux individuellement. Bien entendu, il annule les dettes contractées par la femme sans l'autorisation de son mari. Sous ce rapport, il est dans le même ordre d'idées que le législateur français ; mais il refuse aux dettes contractées par le mari sans le consentement de la femme l'efficacité et la force qu'elles ont avec ce consentement. Le principe du droit portugais est que les dettes contractées par le mari seul durant le cours du mariage, sans l'autorisation de sa femme, ne grèvent point la part de la femme dans la communauté. Comme le disent les au teurs, « le mari, attendu sa qualité de chef de la famille, est habile à contracter sans l'autorisation de sa femme des dettes qui ne grèvent, d'ailleurs, que ses biens personnels et sa part de communauté. » Il y a plus. Le fait que des dettes ont été contractées par le mari seul sans l'autorisation de la femme, s'il donne au créancier un droit limité à la part du mari dans la communauté, s'oppose à ce que ce droit, même ainsi limité, puisse s'exercer au préjudice des droits de la femme. En effet, ce créancier devra attendre la dissolution de la communauté par mort ou autrement pour pouvoir exercer son droit de poursuite. Exercé pendant le mariage, le droit de poursuite nuirait à la femme et à l'association conjugale, en les privant de la jouissance de la part afférente au mari dans l'actif de la communauté.

Que ces règles sont différentes de celles qui s'appliquent en France! Combien la femme a plus de garanties, et, partant, plus d'indépendance! quel droit de veto, pour tout dire, lui est donné!

Une disposition bien remarquable et singulièrement protectrice des intérêts de la famille se rencontre encore dans le droit portugais. Bien entendu, le code de 1867 met à la charge des biens personnels de chacun des époux la responsabilité pécuniaire ou civile des crimes et délits dont il est l'auteur. Mais la conséquence du principe que la part de la femme dans la communauté ne saurait être grevée que du consentement de la femme elle-même ou par des dettes auxquelles elle a consenti, est que la communauté est exonérée de toutes les amendes et de tous les dommages-intérêts prononcés contre le mari, aussi bien que des amendes et dommages-intérêts prononcés contre la femme. Néanmoins, cette règle n'est pas la plus originale. La disposition protectrice des droits de la famille est celle qui exonère la communauté des dettes contractées pendant le mariage au jeu, dans le libertinage ou autres vices. La doctrine admise, dès avant 1867, par les jurisconsultes portugais assimile le vice au crime et confond dans la même inefficacité les dettes qui sont le résultat du vice et celles qui sont le résultat du crime !

Une pareille disposition est évidemment sage en Portugal. Serait-il à désirer qu'elle fût imitée en France ? Nous pensons qu'elle pourrait donner lieu à beaucoup de difficultés pratiques. Il nous semble que, dans un grand pays comme le nôtre, elle présenterait de sérieux inconvénients par la nature des procès qu'elle ne manquerait pas de susciter. Ces règles sur la composition du passif de la communauté portugaise suffiraient à elles seules pour justifier notre désir de faire connaître une législation qui reconnaît à la femme mariée des droits et un veto dont nous n'avons nulle idée en France. Il devient évident, pour peu qu'on pénètre la législation du Portugal et qu'on lise les œuvres des commentateurs, que ce pays tend vers l'émancipation de la femme.

Nous ne voulons pas agiter ici la question du droit des femmes, puisque nous ne faisons qu'esquisser à grands traits un chapitre d'un code étranger. Cependant, il nous faut constater que ce droit de veto ne paraît pas conforme aux idées françaises sur la condition de la femme dans le mariage. Introduit en France, il deviendrait peut-être un élément de discorde dans la famille. Si on l'envisage au point de vue de ses conséquences économiques, il énerve l'action du créancier, il jette de l'incertitude sur le sort des engagements du mari, il apporte un trouble réel dans les intérêts. Ce qui est bon en Portugal pourrait être mauvais en France.

— En ce qui touche l'*administration* et les droits de *libre disposition* des biens, que le code de 1867 a dû conférer au mari, non seulement sur les biens de la communauté, mais sur ses biens personnels et sur ceux de la femme, les droits du mari portugais sont singulièrement moindres que ceux du mari français. « La propriété et la possession de tous les biens de la communauté appartiennent aux deux époux, » disent les textes.

De ce principe, le législateur tire cette conséquence que le droit d'*aliénation* n'appartient pas au mari seul : la femme étant copropriétaire, le mari ne saurait disposer de la propriété commune sans son consentement. Le mari n'a qu'un droit qu'il puisse exercer seul, le droit d'*administration*. Nous voyons même que, bien que les jurisconsultes appellent le mari *caput mulieris*, c'est un chef dont le pouvoir le plus étendu lui-même, le pouvoir d'administrer, souffre encore des restrictions au profit de la femme.

Voyons maintenant les droits du mari : en ce qui concerne les biens de communauté, d'abord ; ensuite, en ce qui concerne les propres de chacun de époux.

Le législateur portugais subdivise les *biens de communauté* en biens mobiliers et biens immobiliers.

En ce qui concerne les biens mobiliers, le droit du mari est absolu, sauf le droit de disposition à titre gratuit, qui est extrêmement limité. Il ne faut pas croire que le législateur portugais ait été infidèle à ses principes en reconnaissant le droit du mari d'aliéner seul les biens mobiliers de la communauté. Il était difficile de reconnaître à la femme le droit de venir quereller une possession mobilière, sous prétexte que son mari ne l'aurait pas consultée, ou attaquer une tradition sous prétexte qu'elle l'aurait désapprouvée. Aucune possession n'aurait été à l'abri de vexations, et de vexations inutiles, dénuées de résultat pratique, car, les transmissions mobilières pouvant s'opérer sans écrit, de la main à la main, la femme, attaquant la transmission faite par son mari, aurait été dans l'impossibilité de prouver par écrit ou autrement l'absence de son consentement et, par suite, le vice de l'aliénation.

Hâtons-nous de dire que le code s'est, pour ainsi dire, vengé en matière immobilière. Les immeubles se transmettant par écrit, il était possible de rattacher la légitimité de la transmission de la propriété immobilière à la preuve du consentement de la femme. Aussi le code de 1867 dispose-t-il que les immeubles de la communauté ne peuvent être aliénés par le mari seul : il lui faut le consentement de la femme. Le législateur portugais s'exprime ainsi : « Le mari ne peut aliéner ou grever sous quelque forme que ce soit les immeubles de la communauté sans l'autorisation de la femme. Dans le cas de dissentiment ou d'opposition mal fondée, le consentement de la femme pourra être suppléé par la décision du juge. »

Quelle différence avec nos idées! Mettons en regard de ce texte la loi française : « Le mari administre seul les biens de la communauté. — Il peut les vendre, aliéner et hypothéquer sans le concours de la femme. » Comme les deux peuples ont envisagé différemment les droits du mari ! Comme le Portugal les restreint !

Cette théorie n'est point nouvelle : le Portugais des temps héroïques, des temps aristocratiques, a pensé sur ce point ce que pense le Portugais des temps nouveaux. Dès la fin du moyen âge (1446), les ordonnances Alphonsines défendent déjà au mari de grever ou d'aliéner les immeubles lorsque le mariage est contracté selon la coutume du royaume. Les Philippines, postérieures de 150 ans, ont reproduit les mêmes dispositions.

Le mari portugais a donc les mains liées pour l'aliénation des immeubles communs ; et, s'il estime que la femme a tort de ne point l'autoriser, il la traduit en justice, il l'appelle devant les tribunaux. Et la femme a un droit si rigoureusement égal à celui du mari, que ce dernier ne peut obtenir du juge de briser sa résistance et de concéder l'autorisation qu'elle refuse, qu'autant qu'il prouve que ce refus d'autorisation est injuste et mal fondé, que l'aliénation présente pour la communauté un visible profit. — Il faut donc qu'il y ait lésion, mauvais vouloir manifeste, pour que l'immeuble commun puisse être aliéné sans le consentement de la femme. Est-il besoin de dire que, ainsi organisée, cette intervention de la justice dans la gestion financière de la communauté a quelque chose qui étonne?

Si l'administration et la disposition des biens de la communauté portugaise présentent de si profondes différences avec les règles de la communauté légale du droit français, l'administration et la disposition des *biens propres* de chacun des époux dans les deux législations se distinguent par de notables dissemblances.

Remarquons cependant que ces dissemblances n'existent que dans l'administration des propres du mari. On sait que, d'après la loi française, le mari, quoique administrateur des propres de la femme, ne peut les aliéner sans son concours, et qu'il ne peut ester en justice sans elle, relativement à ses immeubles ; ces dispositions d'une législation peu restrictive des droits du mari se retrouvent naturellement dans un code aussi peu favorable au mari que le code portugais.

Mais, où la dissemblance s'accuse, profonde, entièrement profonde, c'est dans l'administration des propres du mari. Elle est libre aux mains du mari français, qui peut aliéner, hypothéquer seul sans sa femme. En Portugal, au contraire, en se mariant, l'homme place ses immeubles sous le contrôle et la surveillance de sa femme ! Ses biens cessent de lui appartenir à lui seul, ils appartiennent aussi à sa femme ! Sa fortune ne lui appartient plus, il n'est plus le maître d'en disposer ! Par le mariage, il s'est donné non seulement une compagne de sa vie, mais encore une maîtresse de ses biens !

Cette disposition, qui étonne au premier abord, semble se rattacher à la conception catholique du mariage, suivant laquelle l'idéal de l'association conjugale consiste dans la fusion de deux existences en une seule. Puisque, dans l'ordre immatériel, les deux existences n'en doivent former qu'une, dit la loi religieuse, les deux fortunes, dans l'ordre matériel et pécuniaire, doivent également se confondre par la force du mariage. Et, pour que cette unité se réalise, il faut que les mêmes règles gouvernent les deux patrimoines, sans quoi il resterait entre eux des distinctions, il n'y aurait pas fusion, il n'y aurait pas unité. C'est pour cela sans doute que, dans la mesure du possible, le législateur, ne laissant au mari que les pouvoirs de simple administrateur, qu'il était difficile de lui enlever, a à peu près appliqué les mêmes principes aux propres qu'aux biens communs, investissant, à cet effet, la femme d'un droit de contrôle et de surveillance, d'un droit de veto si original et si rare.

A coup sûr, les ancêtres des Portugais de nos jours, les créateurs du droit coutumier consigné à la fin du moyen âge dans les ordonnances Alphonsines, les législateurs qui ont élevé la femme mariée à ce haut degré d'indépendance matérielle ne pouvaient, il y a cinq siècles, devancer les idées des publicistes modernes sur le droit féminin. Ils subissaient, et ne pouvaient pas ne pas subir, l'influence des idées catholiques sur le mariage. Le culte de la Vierge, si répandu dans le midi de l'Europe, avait complètement transformé la condition de la femme; il avait développé, dans le monde du moyen âge, ce qu'on a appelé l'excellence de la femme. On sait que la femme du moyen âge, sous l'empire des idées religieuses si ardentes de l'époque, prit un rang, une importance que l'antiquité n'avait pas connus. Quoi de surprenant, en conséquence, qu'un peuple aussi profondément catholique que le peuple portugais, aussi chevaleresque, aussi enthousiaste de la Vierge ait donné à la femme, non seulement dans la constitution politique, mais encore dans l'ordre civil, dans sa législation, une place si éminente?

Inutile d'ajouter que, le code déniant au mari le droit d'aliénation de ses propres et cette aliénation n'étant possible qu'avec l'agrément de sa femme, il ne peut accepter seul la succession à lui échue et qu'il lui faut l'autorisation de sa femme.

Il n'en pouvait être autrement. A chaque pas, dans les commentateurs portugais, nous lisons qu'il est inadmissible qu'un acte du mari seul puisse nuire à la femme; que, pour que la femme puisse être atteinte indirectement ou directement par un acte du mari, il faut qu'elle l'ait autorisé. Par suite, la succession mauvaise que le mari accepterait seul pourrait exposer la communauté et la femme à des poursuites de la part des créanciers héréditaires. Donc la femme doit être consultée par le mari et donner son adhésion, sinon l'acceptation par le mari seul ne conférera aux créanciers aucune action sur les biens communs. On ne peut évidemment voir dans cette règle que l'application des principes qui ont été précédemment exposés.

Mais nous nous laissons aller à l'explication de l'origine d'une législation étrangère. Cette explication est hors de notre cadre et de notre compétence. Etranger au pays, nous n'avons qu'à le faire connaître et à exposer son droit. Il faudrait appartenir à la nation portugaise pour pouvoir dire sûrement quelles sont les idées qui ont présidé à la formation de sa constitution civile ou politique. Il nous suffit d'avoir montré que la femme mariée possède en Portugal des droits tout à fait particuliers et que le mari, au contraire, y subit une situation qu'un Français trouverait amoindrie. Certes, il y a des moments où, en étudiant cette législation exotique, on se demande si la condition du mari n'est pas quelque peu semblable à celle d'un prodigue muni d'un conseil judiciaire, le conseil judiciaire étant la femme !

Marcel Guay.

LES ROMANS DE GREUZE

I

LA PANTOUFLE VIOLETTE

Non seulement Greuze a fait du roman sentimental, en peinture, et en a écrit plus d'un en quelques pages emphatiques, mais il en a vécu trois qui appartiennent à l'histoire intime de son temps.

Greuze n'a confié son premier amour qu'à Grétry et à Florian. La confidence faite au poète ayant plus de charme et d'à-propos, je vais donc la reproduire sur les indications de Florian. Greuze était allé joindre le jeune capitaine de dragons au château d'Anet, pour copier un portrait de Diane de Poitiers. Nous sommes donc au château d'Anet, un des chefs-d'œuvre de Philibert Delorme, à moins que ce ne soit un chef-d'œuvre de l'Amour. Comme a dit un autre poète :

> L'Amour en ordonna la superbe structure ;
> Par ses perfides mains avec art enlacés,
> Les chiffres de Diane y sont encor tracés.

Diane, tous la connaissent ; l'Amour, c'est tout simplement Henri II.

Greuze fut enchanté du château.

— En vérité, dit-il à Florian, vous vous croyez poète à Anet, on le deviendrait à moins. Voyez donc ce beau portique dont l'archivolte nous offre, au milieu des festons, des chiens et des sangliers, une belle figure de Diane, non pas l'amoureuse, mais la chasseresse.

— L'horloge qui domine ces quatre colonnes doriques est des plus ingénieuses, dit Florian. Douze fois par jour les chiens courent et aboient après un cerf qui, de son pied, frappe les heures. Je ferai une fable sur cette horloge. Mais entrons dans les salles du rez-de-chaussée. Voyez ce salon qui semble destiné à des hommes d'un autre âge. Quelle splendeur et quelle majesté ! comme ces beaux enfants portent bien ces trophées !

— Il est bien heureux, dit Greuze que ce plafond soit peint par Audran. Mais voilà des Amours sans nombre qui ne disent rien qui vaille ; et puis toujours Cupidon, Cupidon par-ci, Cupidon par-là. A tout prendre, j'aime encore mieux sa mère.

— Passons dans la salle des gardes. Ici, le plafond vous présente les armes ; il est vrai que ce sont les armes de Henri et de Diane. Ce portrait que vous regardez un peu de travers, mon cher peintre, c'est celui du duc de Vendôme, célèbre à la guerre et à l'amour.

— Passons outre, dit Greuze ; je n'aime ni la poudre, ni le bruit, ni le sang.

— Si vous voulez prier le bon Dieu, allons à la chapelle, dit Florian : c'est une chapelle un peu profane ; il y a des statues de toutes les divinités. Allons plutôt à la fontaine de Diane. Voyez comme la façade du château sur le jardin est animée par tous ces bustes de marbre ; mais voyez surtout ce jardin, c'est à la fois le chef-d'œuvre de l'art et de la nature. Le jardin de Versailles aurait le défaut d'entrer dans celui d'Anet; en outre, la rivière d'Eure vient nous baigner à loisir. C'est un vrai jardin chinois : nous avons des chutes d'eau, des prairies, des chaumières, que sais-je? une île délicieuse, l'île d'Amour, où le duc de Vendôme enfermait ses maîtresses rebelles. Mais arrivons à la fontaine. Tout le portique est d'architecture rustique; Diane, en marbre blanc, est nonchalamment couchée sur un piédestal que vient baigner une magnifique gerbe.

— Nous reviendrons souvent à cette fontaine, dit Greuze.

Les amis descendirent dans la chapelle des tombeaux. Du premier regard, Greuze vit la pâle lumière d'une lampe d'argent qui avait toujours brûlé. Dans le chœur, sous cette lampe, il vit quatre sphynx de marbre blanc soutenant un sarcophage, où Diane de Poitiers est représentée à genoux, les mains jointes, devant un prie-Dieu. Sur ce prie-Dieu un livre était ouvert; savez-vous quel livre profane dans ce sanctuaire? C'était Brantôme.

— Vous pouvez lire sans crainte, dit Florian à Greuze.

Le peintre lut à haute voix ce passage de l'historien des dames galantes :

« Je la vis six mois avant sa mort, si belle encore,
» que je ne sache cœur de rocher qui ne s'en fût ému.
» C'est dommage que la terre couvre un si beau corps.
» Elle était fort débonnaire, charitable et aumônière. Il
» faut que le peuple de France prie Dieu qu'il ne vienne
» jamais favorite de roi plus mauvaise que celle-là, ni
» plus malfaisante. »

— Eh bien! poursuivit Greuze, voilà une oraison funèbre d'un nouveau genre. Une pareille oraison venant de la bouche de Brantôme, qui n'était pas un courtisan, vaut bien une oraison de Bourdaloue, dont c'était le métier.

— Ce livre, dit Florian, a été ouvert ici par le duc de Vendôme, à l'avènement de madame de Pompadour ; ainsi, c'était plutôt une satire qu'une oraison.

Nos deux chercheurs allèrent déjeuner en se racontant ce qu'ils savaient de l'histoire de Diane de Poitiers. Durant quelques jours, Greuze, de plus en plus ravi, ne trouva pas une heure pour peindre.

— Ah! disait-il au poète, que vous êtes heureux de peindre un tableau en vous promenant.

Un soir qu'ils venaient tous deux de s'arrêter dans un des bosquets de la fontaine de Diane :

— Reposons-nous là, dit Greuze ; je viens de retrouver, par hasard, un des plus charmants souvenirs de ma jeunesse ; c'est un coup qui m'a frappé au cœur, me voilà tout chancelant. Ah ! la jeunesse, l'amour, les romans de la vie !

Greuze venait de s'asseoir sur un banc de gazon.

« — Je puis bien vous confier cela, monsieur le chevalier ; tout capitaine de dragons que vous êtes, vous vous entendez un peu aux saintes amours, j'étais dans toute la floraison de ma vie ; je m'épanouissais au soleil, je peignais avec délices des saintes et des profanes. Et puis j'aimais à la folie. Hélas ! qui aimais-je ainsi ? La femme de mon maître. C'était une belle créature qu'il avait épousée près de la fontaine de Vaucluse, dans le pays de l'amour et de la beauté. La première fois que je la vis venir dans l'atelier, le pinceau me tomba des mains ; la seconde fois, mon cœur bondit violemment ; enfin, cet amour fatal me surprit tout d'un coup. Je n'étais guère alors qu'un peintre d'enseignes ; par elle, la grâce et l'harmonie me furent révélées comme par enchantement. Quelques semaines se passèrent sans que mon cœur osât parler même dans mes regards; sans une pantoufle violette, peut-être n'aurais-je jamais rien dit. Or donc, un matin, je peignais un petit Savoyard pour le musée du marquis de Hautbois, lorsqu'elle vint à l'atelier; elle était dans le plus simple et le plus aimable déshabillé blanc que j'aie jamais vu; sa magnifique chevelure d'ébène s'échappait du peigne en touffes rebelles; son corsage, à peine retenu, n'en était que plus attrayant. Elle traînait d'un pied paresseux de jolies pantoufles violettes trois fois trop grandes. Tout en peignant mon Savoyard, je la regardais du coin de l'œil, mais de toute mon âme. Elle vint se pencher au-dessus de moi : « Le joli Savoyard ! » dit-elle, après avoir jeté un coup d'œil distrait.

» J'étais dans le feu, mais non pas dans le feu des damnés. Son épaule touchait mon épaule, son souffle agitait mes cheveux. J'allais perdre la tête, quand la voix de mon maître se fit entendre. Éléonore s'envola comme un oiseau, mais sa pantoufle resta en chemin. Je me jetai comme un fou sur cette pantoufle qui fut un scapulaire d'amour, je la baisai avec l'ardeur d'une lèvre agitée et dévorante.

» J'étais si aveuglé par la passion, que je ne vis pas venir à moi la petite Jeannette, cette même Jeannette qui est à cette heure la femme de Grétry. L'enfant surprise de me voir baiser avec tant de feu la pantoufle de sa mère, s'enfuit à toutes jambes pour conter cela à son père; ainsi elle apprit mon amour à Éléonore.

» — C'est un enfant, dit-elle tout effrayée.

» — Il n'y a plus d'enfant, dit Gromdon en souriant pour cacher sa jalousie.

» Le déjeuner fut silencieux. Dans l'après-midi, la

petite Jeannette, sur la prière de sa mère, vint me demander la pantoufle violette. Je répondis que je n'avais pas vu de pantoufle. Le lendemain, craignant une visite domiciliaire, je pris la pantoufle en allant porter mon petit Savoyard à la galerie du marquis de Hautbois. J'allai au fond du jardin, où j'avais le privilège de rêver tout à mon aise; je cachai ma chère pantoufle dans le feuillage d'un bosquet touffu... Tenez, celui où nous sommes me l'a rappelé tout à l'heure.

» Pendant plus d'un mois, je retournai tous les soirs dans le bosquet; le marquis était aux eaux de Spa; je n'étais distrait, dans mes promenades amoureuses et solitaires, que par un vieux bonhomme de jardinier qui voulait me prouver un peu trop souvent que les roses qu'il cultivait valaient bien celles que je peignais. Bienheureux temps! les jours passaient comme des heures, les heures passaient comme des songes d'or! Bienheureux amour! mon cœur ne recherchait qu'un peu de silence, un peu d'ombre, une pantoufle violette! Qu'en dites-vous, mon cher poète des bergères? Némorin est un petit Fronsac auprès du Greuze d'autrefois. Cependant la pantoufle perdue inquiétait Éléonore; une fois, à l'atelier, pendant que Gromdon reconduisait un visiteur à la porte, elle me dit d'un ton presque sévère : « Mais ma pantoufle, Greuze, où est-elle donc ? — Dans le jardin du marquis, dis-je en tremblant : venez la chercher là. — Vous êtes fou, Greuze. » Et comme Gromdon fermait la porte, elle chanta d'une voix adorable : Entendez-vous la cornemuse?

» Quelques jours après, Gromdon partit pour le Puy, où il devait restaurer une sainte Marie-Madeleine. Il songea à m'emmener avec lui, mais le voyage coûtait quelques douzaines d'écus. — Plus que tu ne vaux, m'avait-il dit. La jalousie lui coûtait un peu moins, tout compte fait. Il partit donc seul; moi, je me promenai de plus belle dans mon paradis terrestre. Ève manquait toujours; mais j'avais déjà sa pantoufle.

» Éléonore descendait de notre première mère en ligne droite; elle était curieuse comme toutes les femmes; elle vint aussi à son tour vers l'arbre défendu.

» Un soir, un beau soir comme aujourd'hui, à peine un nuage par-ci par-là, un doux soleil couchant, des oiseaux qui chantaient, des abeilles qui s'enivraient dans le calice des muguets; je soupirais de joie et d'amour dans mon cher bosquet, quand j'entendis tout à coup la voix perçante de la petite Jeannette. Je regardai par un œil du feuillage, je vis dans l'allée des grenadiers madame Gromdon et sa fille; la fille bondissant comme un faon, la mère triste et pensive comme une femme qui se recueille dans son cœur. Ah! qu'elle était belle, dans cette lumière pâlie du soir! Que de grâce dans sa nonchalance! Que de douceur angélique dans sa figure rêveuse! Et quelle volupté dans son abandon!

» Elle venait de mon côté, mais comme une femme qui ne sait où elle va. Le jardinier, en passant près d'elle, lui dit que j'étais dans le bosquet, croyant sans doute qu'elle me cherchait. Elle avança toujours sans trop lui répondre. Le bonhomme s'était arrêté avec Jeannette; il lui cueillit quelques grenades d'un air paternel; Jeannette, ravie d'avoir des pommes rouges entr'ouvertes, laissa aller sa mère.

» Moi, j'étais toujours caché dans le bosquet, comme le serpent; chaque pas d'Éléonore me frappait au cœur. Elle venait sans détours, elle allait arriver; je saisis la pantoufle et la baisai avec un feu plus vif. Il y avait peut-être un peu de charlatanisme dans ce mouvement, car Éléonore pouvait déjà me voir et l'amour le plus noble n'est-il pas toujours un peu charlatan? Madame Gromdon me surprit les lèvres sur sa pantoufle; elle voulut rire et se moquer, mais touchée au cœur de ce culte silencieux et romanesque, elle sourit tristement. « Madame, dis-je en me jetant à ses pieds, voilà votre pantoufle. » Elle soupira. « Allons, mon pauvre enfant, murmura-t-elle, relevez-vous et n'en parlons plus. »

» Et, tout en parlant, elle ne put s'empêcher de glisser ses jolis doigts dans les blondes touffes de ma chevelure; j'avais à vingt ans la plus belle chevelure du monde. Je me relevai tout en lui baisant la main; elle sentit des larmes brûlantes y tomber avec le baiser; vous le dirai-je? entraînée par mon amour, elle pencha sa belle tête sur mon épaule : « — Greuze, dit-elle d'une voix étouffée, ne m'aimez plus, de grâce, car tout serait perdu. Je ne vous aime pas; non, non, je ne vous aime pas... entendez-vous. — Hélas! oui, madame, votre cœur est rebelle, je n'y puis rien. Mais pourquoi chercher à éteindre mon amour? C'est mon seul bien; cela ne fait de mal à personne, pas même à vous, madame. »

» Éléonore secoua la tête en soupirant. Nous gardâmes le silence durant quelques secondes. Nous écoutâmes le vent dans le feuillage, le bourdonnement de l'abeille, la note attendrie de la verdière, mais surtout les battements de notre cœur. Voyez-vous, mais je donnerais bien des jours encore pour des secondes de ce moment béni du ciel. Éléonore était toute palpitante; je la dominais par mon amour, mais j'osais à peine toucher ses cheveux de mes lèvres égarées. Elle releva enfin la tête, elle me regarda avec une douceur ineffable, elle voulut me parler, mais ma bouche étouffa sa parole. Je la pris dans mes bras. C'était trop et trop peu; ce fut tout. Elle voulut se détacher de mes bras, je la retins. « Pourquoi ne pas vous aimer ? » lui dis-je avec passion.

» A cet instant sa fille, qui venait à nous, jeta son petit cri perçant. Sa mère se tourna vers elle. « Pourquoi ne pas m'aimer ? dit-elle, pourquoi ? Voilà une réponse que Dieu m'envoie. »

» Et elle indiqua Jeannette du doigt.

» Elle sortit du bosquet pour aller vers sa fille. A peine dehors, le soleil, qui allait disparaître dans les nuages de pourpre, lui jeta sur le front un rayon magique dont je fus ébloui, une sainte auréole qui me rappela soudainement les vierges de Raphaël.

Le ciel était venu à notre secours; l'amour maternel triomphait. Jusque-là j'avais aimé avec des espérances coupables, j'avais senti que la bouche cherche encore sur la terre quand l'âme est déjà dans le ciel; mais depuis ce charmant tableau, ma bouche se ferma sans murmurer, mon âme s'éleva jusqu'à l'adoration. Éléonore ne fut plus une femme pour moi, ce fut l'image adorée que Dieu laisse entrevoir au poète, le divin modèle que le grand peintre d'en haut montre quelquefois au pauvre peintre d'ici-bas.

» J'ai souvent tenté de reproduire ce tableau, ce tableau qui est encore tout animé dans mon âme, mais j'ai toujours échoué, ma main tremblait, mon cœur troublait ma vue, je ne faisais rien qui vaille. Il n'y a qu'un poète qui parvienne à saisir dans son cœur toute la poésie de cette scène. »

Florian s'inclina et dit à Greuze :

— Votre histoire est une belle et noble histoire.

— Je vous l'abandonne, répondit Greuze.

— C'est un legs précieux qui restera dans mon cœur en attendant mieux. Mais, pour vous payer en petite monnaie, voilà tout à propos Agnès qui vient à la fontaine : ce serait une mauvaise idylle pour moi; pourquoi ne serait-ce pas un tableau pour vous? Voyons, Greuze, à l'œuvre! Agnès est jolie, le paysage est doux, la fontaine...

— Mais votre Agnès ne va pas à la fontaine, dit Greuze.

— Où diable va-t-elle ainsi? demanda Florian; la voilà qui laisse sa cruche sur la pelouse et qui prend le sentier du parc. Il y a quelque amourette là-dessous, je le devine. M. de Penthièvre a appelé au château un jeune sculpteur sur bois qui sera de vos amis, mais qui en attendant est fort tendre pour Agnès. Il est six heures; c'est le moment où il a coutume de se promener dans le parc; voilà pourquoi Agnès veut passer par là. Que Dieu la conduise!

— D'où vient donc cette gentille Agnès?

— C'est la fille du jardinier d'Anet.

— Sur ma foi, c'est la plus fraîche rose du parterre.

— L'an dernier, le duc s'est avisé de lui dire qu'elle était jolie; cette bonne grâce d'un grand seigneur austère a tourné la tête à cette petite fille. Si son père n'y veille pas d'un peu près, elle ira un peu loin.

— La voyez-vous là-bas qui revient toute pensive et toute surprise?

— Oui. Le diable de sculpteur a pris certainement quelque doux baiser pour son dessert.

— Il n'y a rien à dire, ils sont jeunes tous les deux; l'amour à dix-sept ans, c'est une bénédiction du ciel.

— Elle a repris sa cruche, elle vient avec une aimable indolence. Que ne puis-je la peindre ainsi!

— Il manquerait quelque chose au tableau.

— Quoi donc, s'il vous plaît?

— Le baiser pris dans le bois.

— La peinture a aussi ses ressources : je puis sans peine indiquer le baiser; je n'ai qu'à peindre à la main d'Agnès une cruche cassée.

— Par là, vous en direz trop; mais à l'œuvre donc; votre tableau sera la *Cruche cassée*.

— Et pendant que je peindrai ce tableau, vous écrirez l'histoire que je vous ai racontée; cette histoire aura pour titre la *Pantoufle violette*. Mais qu'ai-je dit ! Ceci n'est pas une histoire, c'est une confession. Gardez-vous bien de la profaner dans un livre.

Vous savez tous que Greuze fit la *Cruche cassée;* vous avez tous vu cette charmante figure, dessin lâché, touche libertine qui marie le sourire de la candeur au regard de la volupté.

Florian ne fit pas une nouvelle à sa façon de la *Pantoufle violette*. Il indiqua l'histoire en quelques pages retrouvées dans une vente d'autographes. (Catalogue Charavay.) Il disait souvent qu'aussitôt Greuze mort, il aurait un beau conte à conter; mais Florian mourut le premier.

II

LE PORTRAIT VOLÉ

Dès que Greuze eut gagné quelque argent, il voulut faire, comme tous les peintres bien inspirés le voyage d'Italie. Ce fut à peu près le voyage pittoresque de Grétry. Il ne s'inspira pas des chefs-d'œuvre des grands maîtres; il ne prit guère le temps d'étudier le génie de Raphaël : il admirait les Vierges adorables de ce roi des peintres, mais il admirait bien plus une belle Romaine qui était un chef-d'œuvre de Dieu. Il avait emporté en Italie des lettres de recommandation ; une de ces lettres lui fut bonne à quelque chose ; si ce ne fut pas pour la renommée, ce fut pour l'amour ; et tout peintre et tout poète qu'il était, il aimait mieux une douce parole venue du cœur qu'une froide couronne de laurier.

Donc, après les fêtes que Fragonard et ses autres amis de l'Académie lui firent à son arrivée, il s'en alla droit au palais du duc del Orr... Le duc l'accueillit avec beaucoup de grâce, en grand seigneur qui pressent un homme de génie. Greuze arrivait à propos. Le grand seigneur avait une fille adorable, qui jusque-là ne rêvait que peinture ; il fallait un maître à cette belle fille ; autant Greuze qu'un autre. En voyant pour la première fois Létitia, qui était bien le chef-d'œuvre de la nature, Greuze se demanda si la leçon ne serait pas pour lui-même. La leçon fut bonne pour tous les deux. Le lendemain, nouvelle leçon. « Le génie vient du cœur, » se dit Greuze. Déjà à diverses rencontres Greuze avait dit cela, mais jamais il n'avait parlé avec tant de vérité. Il aimait Létitia comme on aime l'ange dans la femme ; elle avait tant de candeur céleste et tant de beauté corporelle ! tant de grâce divine et humaine ! Il n'aimait pas seul : les deux âmes du maître et de l'écolière s'étaient épanouies en même temps comme deux roses, au même rayon du soleil. Ce n'était pas encore de l'amour, c'était ce sentiment ineffable qui s'élève du monde comme un encens vers Dieu. Greuze fut heureux de son amour, mais plus heureux encore de l'amour de Létitia.

Ce bonheur passa vite, comme tous les bonheurs ; ce ne fut qu'un regard, un sourire, une larme, rien de plus ; mais tout cela, n'est-ce pas le bonheur ? Greuze pressentit que cet amour ne devait être qu'une illusion :

il venait de naître follement ; comme tous les amours, il allait mourir sous le coup de la raison ; et, en effet, en ce temps-là un pauvre diable de peintre, fût-il un grand seigneur par le génie, devait perdre son temps à adorer la princesse Létitia.

Mais l'amour ne perd jamais son temps. Or, les rois n'épousant plus les bergères, Greuze pensa qu'il n'avait qu'un sage parti à prendre, celui de s'en aller du palais del Orr..., dérobant ainsi à Létitia son amour, ses regrets et ses larmes. Il confia tout à Fragonard, qui se moqua beaucoup de ses beaux sentiments. Fragonard avait été à d'autres écoles ; il avait peint le nez retroussé de mademoiselle Guimard, l'œil en coulisse de mademoiselle Dubois, la bouche en cœur de mademoiselle La Guerre. Les sentiments de Fragonard ne s'élevaient pas au delà de l'alcôve ; vous devinez toutes les épigrammes que Greuze eut à subir d'un pareil compagnon d'aventures. Il se réfugia dans la solitude, il voulut fuir l'image de Létitia ; mais cette image était partout souriante sous ses regards comme une enchanteresse. Prenait-il sa palette ou ses pinceaux, au premier trait, Létitia se dessinait comme par magie sur la toile ; se promenait-il dans le silence, le souvenir ramenait près de lui la jeune princesse. Souvent même, comme il errait aux alentours du palais, il voyait apparaître à quelque fenêtre lointaine la pensive figure de son adorée. Un jour qu'il prenait le croquis d'une tête de Vierge à Saint-Pierre de Rome, peut-être pour s'aveugler sur la charmante figure de Létitia, le duc del Orr... vint à lui :

— Comment, Greuze, vous ne revenez plus au palais ? Ma galerie est déserte, ma fille a mis ses pinceaux de côté en perdant son maître. Revenez donc, revenez donc. En votre absence, j'ai enrichi ma galerie de deux têtes du Titien ; mon vieil oncle en voudrait une copie par Létitia, venez donc la guider encore.

Le lendemain, Greuze retourna au palais, pâle et tremblant à la seule idée de revoir la jeune fille. Mais ce jour-là, il ne la revit pas. Depuis la veille, la belle Létitia était malade, malade de ne plus voir Greuze. Il commença seul la copie du Titien. Le lendemain, comme il rêvait devant l'œuvre du grand maître, la suivante de Létitia vint à lui d'un air mystérieux.

— Suivez-moi, lui dit-elle.

Greuze regarda cette fille avec surprise, comme s'il n'eût pas entendu.

— Suivez-moi, lui dit-elle encore.

Greuze obéit comme un enfant. Il arriva bientôt dans une chambre un peu assombrie par de grands rideaux de lampas ; du premier regard, il vit Létitia dans l'ombre, languissamment couchée sur un canapé. Quoique pâle comme une morte, elle rougit soudainement à l'arrivée de Greuze ; elle lui tendit la main en silence ; il tomba agenouillé pour baiser cette blanche main. La princesse rayonna ; elle souleva la tête, et répandit sur Greuze le plus doux regard tombé des plus beaux yeux.

— Monsieur Greuze, je vous aime. N'allez pas me condamner comme une extravagante ; je vous aime, mais...

Elle pencha la tête, et sembla attendre une réponse du peintre. Greuze ne savait que dire ; il se contenta de baiser une seconde fois la main de Létitia.

— Oui, monsieur Greuze, pourquoi ne pas vous le dire ? je vous aime ! Mais vous ?

Greuze gardait toujours le silence, perdu qu'il était dans l'ineffable ravissement.

Létitia augura mal de ce silence ; elle retira sa main et se mit à pleurer en détournant la tête.

Greuze sortit enfin du songe.

— Si je vous aime! s'écria-t-il. Ah! Létitia! Mais voyez, moi, je suis fou depuis que je vous ai vue.

— Vous m'aimez! dit-elle avec un éclat de joie.

Elle tomba dans ses bras tout éperdue; durant quelques secondes, il n'y eut plus là qu'un seul cœur, qu'un seul soupir, une seule âme. Greuze le premier chassa l'enchantement.

— Hélas! dit-il, nous ne sommes que des enfants, songez-y bien, Létitia. Vous m'aimez? mais vous êtes la fille du duc del Orr... Je vous adore, moi; mais je ne suis qu'un pauvre peintre sans gloire et sans fortune. L'amour se joue cruellement de moi.

— Vous ne savez pas ce que vous dites, murmura Létitia, qui était toujours sous le charme; je vous aime et je vous épouse, c'est tout simple.

— Y songez-vous? votre père...

— Mon père, mon père. Je sais bien qu'il rêve pour moi un vieux mari fort laid, son éternel Cazsa... ou, à défaut de celui-ci, cet imbécile de comte Palleri, que je n'ai jamais vu. Dieu merci! Je suis riche par l'héritage de ma mère : je vous donne mon bien, mon cœur, ma vie, enfin tout ce que j'ai, pour être toujours aimée. Nous allons partir pour la France; là, une chaumière sera pour nous un palais. Greuze deviendra un Titien, moi, je deviendrai sa femme, je serai là pour reposer son front, je serai là pour l'aimer, je serai là dans son cœur. Mais vous ne dites plus rien? Pourquoi donc cet air triste et pensif? Est-ce ainsi que vous m'aimez?

Greuze se laissa entraîner aux séductions; il oublia les titres de noblesse; il bâtit avec Létitia les plus beaux châteaux en Espagne; mais se reprenant bientôt :

— Hélas! dit-il, pourquoi ne suis-je pas un grand-duc?

— Quel enfant vous faites! dit Létitia; à quoi bon tous ces titres bruyants? En voulez-vous, des titres?

Et, disant cela, la belle Italienne se pencha comme une gracieuse fée vers son amant, lui prit sa blonde chevelure dans ses petites mains, et lui mit sur le front un baiser si doux qu'il eût éveillé Alain Chartier.

— Eh bien! lui dit-elle avec son charmant sourire, est-ce que ce titre-là n'en vaut pas un autre?

Le baiser de Létitia fut le plus doux que ressentit Greuze; ce fut une extase, une pure ivresse, une chaste volupté qui n'est guère faite pour les hommes.

Il fallut se quitter pourtant. Greuze s'en alla ravi, heureux, enchanté, promettant de revenir le lendemain.

— Demain, dit Létitia, demain tu ne partiras pas seul.

Hors du palais, le peintre sentit qu'il sortait de son Éden. Adieu l'ivresse, adieu le ravissement : Greuze redevint raisonnable; il n'osa s'abandonner à toute la poésie de son aventure.

— Non dit-il, non, je n'irai pas jeter la désolation chez ce noble et digne duc del Orr... Létitia est aveugle; mon devoir est de l'éclairer. Il repoussa au loin ses illusions et ses espérances : son amour seul lui resta.

Le lendemain, quand il revit Létitia, il était pâle et désolé : la victoire qu'il avait remportée sur son cœur lui avait coûté bien des larmes.

— Quoi! triste? lui dit Létitia en se jetant à son cou. Est-ce pour me faire peur?

— Oui, triste, Létitia, parce que je vous aime trop, parce que je renonce à vous, qui seriez ma joie la plus sainte et ma gloire la plus pure.

— Voyons! est-ce que vous avez perdu la tête? C'est bien mal de vous jouer ainsi de ma tendresse. Revenez donc à la raison : hier vous étiez charmant.

— Hier, j'étais fou, hier je n'écoutais que mon cœur; aujourd'hui...

— Est-ce que vous parlez sérieusement? s'écria Létitia presque en colère. Vous ne m'aimez donc pas? Si vous avez feint de m'aimer, c'était donc pour me déchirer le cœur? C'est de la barbarie! Allez, allez! poursuivit-elle en tombant dans un fauteuil; vous m'avez frappée mortellement, mais je veux souffrir seule; je ne veux plus vous revoir.

Et, d'une main agitée, elle indiqua la porte à Greuze. Comme la veille, Greuze n'eut pas la force de résister à tant d'amour.

Il se jeta aux pieds de Létitia, il but de ses lèvres les beaux yeux de l'Italienne, il lui jura mille fois d'obéir en esclave.

— Eh bien! dit-elle avec résolution, partons donc à l'instant. Ludia nous accompagne; mon père est à deux lieues de Rome, chez le comte Palleri; quand il reviendra, nous serons loin; descendons par le jardin, nous trouverons à la porte le carrosse qui nous attend; car j'ai pensé à tout, moi; je n'ai pas eu peur comme vous; je n'ai pas regretté le sacrifice un seul instant.

Elle avait entraîné Greuze jusqu'à la porte de sa chambre.

— Je n'oublie rien? dit-elle en se retournant.

Elle pâlit soudain; Greuze la vit chanceler.

— Létitia, qu'avez-vous? dit-il en lui prenant les mains.

— Voyez, répondit-elle plus pâle encore, voyez!

Elle regardait d'un œil égaré le portrait de son père appendu au milieu de sa chambre. Ce portrait était de Greuze; comme dans toutes les têtes de Greuze, il y avait dans celle-ci un si doux sentiment, qu'on se sentait attendri à la première vue.

Le duc semblait reprocher tristement à sa fille de l'abandonner ainsi. Ce doux regard qu'il donnait à sa Létitia à chaque heure du jour, ce regard qu'elle demandait après son réveil comme avant de s'endormir, avait pris tout d'un coup une expression douloureuse qu'elle n'avait pas jusque-là.

— Mon père ! dit-elle.

Et dans son cœur, qui battait avec violence, son père lutta avec son amour. Greuze n'osait plus rien dire.

— Je n'ai plus la force d'avancer, lui dit-elle, soutenez-moi et emmenez-moi.

— Je n'ai pas de force non plus ; arrêtons-nous là, Létitia ; un dernier baiser, toujours sous les yeux de votre père..., et adieu pour toujours...

Létitia ne répondait rien.

— S'il y a un sacrifice à faire, reprit Greuze, que ce soit pour votre père. D'ailleurs, songez-y bien, l'amour n'est beau qu'à son aurore. Cette aurore s'est levée sur nous ; n'allons pas plus loin.

Elle se mit à pleurer, elle tendit ses mains à Greuze et lui dit d'une voix étouffée :

— Je vous remercie.

Greuze partit, bien décidé à ne plus revenir au palais, en toute hâte. La femme de chambre, qui le conduisait, lui dit sur le perron :

— A revoir, monsieur Greuze ; vous êtes, ma foi, un bien triste amoureux.

— Cette fille a peut-être raison, dit Greuze en s'éloignant.

Cinq semaines après, il vit entrer le duc del Or... dans son atelier.

— Mon cher Greuze, ma fille veut à toute force son portrait peint par vous. Pouvez-vous venir demain ?

— J'irai, dit Greuze.

Le lendemain, le peintre trouva au palais del Or... le comte Palleri nonchalamment étendu à côté de Létitia.

A la vue de Greuze, elle rougit et soupira.

— Ma fille est mariée ; ai-je oublié de vous l'apprendre? dit le duc, qui conduisait Greuze.

Le peintre s'inclina le cœur brisé.

Il eut le courage de peindre Létitia. La jeune mariée se trouva deux fois seule avec lui : la première fois, il obtint d'elle une boucle de cheveux ; la seconde, il demanda un dernier baiser, mais on ne lui accorda qu'une larme. Le portrait fini, Greuze l'emporta à son atelier pour donner, disait-il, un dernier coup aux draperies et aux accessoires ; mais le lendemain, il quitta Rome comme un voleur, emportant avec lui ce chef-d'œuvre d'art et d'amour.

En arrivant en France, il se hâta de faire un pendant à ce portrait. Létitia n'avait pu chasser l'image d'Éléonore, la noble femme de Gromdon. Greuze avait toujours devant les yeux cette voluptueuse et chaste femme qu'il avait adorée à vingt ans.

Il peignit donc Éléonore de souvenir, ce portrait fut aussi ressemblant que l'autre. Plus tard, comme il montrait ces deux charmantes têtes au grand duc et à la grande duchesse de Russie, les illustres voyageurs lui en offrirent « vingt mille livres ». Ce qui était un prix impérial en ce temps-là.

— Vous me donneriez toutes les richesses de votre empire sans payer ces deux tableaux, dit-il en pâlissant.

Greuze ne put s'empêcher de reproduire souvent l'image de ses deux aimées. Sa figure de la volupté c'est madame Gromdon. Dans *l'embarras d'une couronne*, la jeune fille, c'est Létitia : elle est appuyée sur un autel consacré à l'amour, où des colombes se becquètent sur un lit de fleurs ; elle tient dans une de ses mains une couronne de roses et de myrtes qu'elle semble désirer et craindre de donner.

Huit ans après son retour en France, Greuze reçut une lettre de Létitia, dont madame de Valori a imprimé ce fragment :

« Oui, mon cher Greuze, votre ancienne élève est maintenant une bonne mère de famille; j'ai cinq enfants charmants que j'adore. Ma première fille serait digne d'offrir un modèle à vos heureux crayons ; elle est belle comme un ange; demandez-le au prince d'Est... Mon ménage est le plus heureux du monde ; mon mari me ferait presque croire que je suis toujours jeune et jolie, tant il continué de m'aimer. Comme je vous l'ai dit, ce bonheur, c'est votre ouvrage ; ce respect qui m'entoure, je vous le dois. Aussi, chaque jour de ma vie, je me rappelle, avec un sourire pour vous, que c'est votre générosité qui m'a empêchée de déchirer le cœur de mon père. Ce bon père vous aime toujours ; lorsque votre nom nous est revenu ici tout couvert de gloire, mon père a été enchanté, moi j'ai remercié le ciel, et j'ai eu un mouvement d'orgueil en songeant que j'étais peut-être pour quelque chose dans votre gloire.

» LÉTITIA. »

Greuze tout en larmes, après avoir lu cette lettre, alla revoir le portrait de sa chère princesse.

Elle était bien un peu oubliée, mais dès qu'il revit cette adorable figure, il s'écria :

— Comme j'ai bien fait de voler ce portrait : j'y ai mis mon âme dans son âme en peignant ses beaux yeux !

III

MADAME GREUZE

Pour son malheur, Greuze se maria ; un mariage bourgeois qui semblait promettre des jours paisibles, des joies sereines, enfin le bonheur du coin du feu. Ce bonheur dura bien six semaines ; madame Greuze n'était pas si bourgeoise qu'elle en avait l'air : elle aimait fort la comédie, le menuet et le petit souper. Elle commença par ruiner Greuze ; elle avait des caprices de grande dame ; elle jetait l'argent par la fenêtre pour se donner les airs d'une petite marquise. Enfin, Greuze devint tout simplement le jouet de cette femme. Il tenta de la ramener dans le bon chemin ; il fit pour cela deux dessins ingénieux qu'il appela les Barques du Bonheur et du Malheur. Voici l'allégorie : Dans la première barque, qui glisse légèrement au gré d'une brise amoureuse, sur un lac pur et calme, on voit deux futurs époux, allègres et souriants ; ils rament tour à tour pour atteindre une île semée de roses et de myrtes, où on entrevoit le Temple du Bonheur. Au milieu de la barque, deux enfants sourient sous les yeux ravis des époux, que ce spectacle repose. Pour atteindre l'île-fortunée, il faut éviter un précipice (vous devinez lequel ?) La traversée est périlleuse ; mais, grâce à l'accord des deux rameurs, le danger est bientôt vaincu. Une fois hors de péril, l'Amour apparaît au-dessus de la proue, anime les époux et sourit à leur bonheur. Dans la seconde barque, c'est une autre histoire ; n'y cherchez pas l'image du Bonheur, car le Bonheur est bien loin de là. Au lieu d'un ciel pur et d'un lac paisible ; c'est une tempête sur la mer ; c'est le même lac et le même ciel pourtant. Le vent siffle, les flots sont soulevés, l'éclair brille, et la foudre éclate sur le temple du Bonheur, dont on ne voit plus que les ruines. Les vagues en furie poussent la malheureuse barque vers le précipice ; le pauvre époux seul s'épuise en vains efforts pour éviter l'abîme ; ses mains affaiblies soulèvent à peine les rames ; le gouvernail est brisé : il n'y a plus de salut pour lui. L'épouse est assise nonchalamment sur un banc opposé ; elle penche la tête et sourit à quelque souvenir coupable qui lui cache le danger, ou plutôt qui la console du danger. Sous ses yeux, ses deux enfants en guenilles se disputent un morceau de pain noir : elle ne les voit pas ; son cœur est ailleurs, ou plutôt elle n'a pas de cœur. L'Amour, dont le flambeau est éteint, s'envole tristement loin de cette barque qui va s'engloutir.

Madame Greuze ne fut pas édifiée par ces deux dessins.

— Tu es bien innocent dans ton allégorie, dit-elle au peintre ; ton temple du bonheur est mal placé : s'il se trouvait au beau milieu d'une fête de madame Dubarry, à la bonne heure ; mais là, dans cette île déserte, ce n'est qu'un château en Espagne. Qu'entends-tu par le précipice ?

— J'entends que tu ne t'aviseras pas d'y jeter mon honneur.

Madame Greuze éclata de rire :

— En vérité, tu es un homme de l'âge d'or ! Au reste, monsieur, soyez paisible, ramez sans inquiétude, le gouvernail n'ira pas de travers.

Diderot, un franc ami de Greuze, était par contre-coup trop ami de madame Greuze. Je ne veux pas dire par là qu'il ait poussé l'amitié trop loin ; d'autres l'ont écrit pourtant. Écoutez Diderot lui-même, qui dit sans façon quelque part : « Greuze est amoureux de sa femme, il a raison ; je l'ai bien aimée, moi qui vous parle, quand j'étais jeune et qu'elle s'appelait mademoiselle Babut, dans sa petite boutique de librairie du quai des Augustins ; poupine, blanche et droite comme le lys, vermeille comme la rose. J'entrais avec cet air vif, ardent et fou, que j'avais alors : « Mademoiselle, les contes de La Fontaine ; un Pétrone, s'il vous plaît. — Monsieur, les voilà. Est-ce tout ce qu'il vous faut ? » (Je passe quatre lignes de Diderot, qu'il aurait bien dû passer lui-même). Quand je retournais sur le quai, elle souriait, et moi aussi. Quel joli sourire ! Et Diderot continue : « Greuze est donc amoureux de sa femme ; en la peignant tous les ans, il a l'air de dire non seulement : — Voyez comme elle est belle ; mais encore : Voyez ses appas. — Je les vois, monsieur Greuze. »

Quand il écrivait ceci, Diderot était brouillé avec Greuze. Aussi, il disait Monsieur Greuze ou *feu mon ami Greuze*. Dans tout cela, cherchez à vous convaincre si vous voulez.

Le pauvre Greuze ne fut pas aveugle, hélas ! Il lut Molière pour se consoler ; il finit par prendre son parti en brave : il se vengea à tort et à travers des coquineries de sa femme ; il devint un homme à bonnes fortunes. Il alla dans le beau monde avec tout l'attirail d'un petit maître ; les plus fines dentelles vinrent orner sa jabotière et ses manchettes. Il porta cavalièrement une épée magnifique ; il fut galant outre mesure, disait Grimm ; il eut de l'esprit à tout propos et hors de propos.

Il fut bientôt recherché partout ; c'était à qui verrait cette figure à la fois noble et naïve, où se combattaient l'esprit et le sentiment. La duchesse de Bourbon l'appela à ses fêtes : « Je n'ose pas vous protéger, lui dit-elle ; vous êtes un duc à votre façon, venez donc ici comme un duc. » Greuze n'oubliait pas pour cela d'aller étudier les passions du peuple. Parfois, au lieu d'aller faire le joli homme dans quelque hôtel célèbre où on disait M. de Greuze, il courait les petits théâtres, les boulevards et les guinguettes ; il poussait de temps en temps son pèlerinage d'artiste jusque dans les campagnes pour y casser des cruches.

Mais il disait souvent : « Tout cela ne vaut pas Éléonore ni Létitia. »

Et pourtant ces deux femmes tant aimées ne lui avaient donné que des rêves. Qu'est-ce donc que l'amour ?

Arsène Houssaye.

BERTHE DE LIVREUSE

Depuis près d'un an qu'elle était sortie du couvent, Berthe de Livreuse passait presque entièrement toutes ses journées dans la compagnie de mademoiselle Émerande de la Sellière, sa vénérable gouvernante.

D'une nature vive, enjouée, romanesque même, Berthe avait pensé qu'en rentrant à seize ans sous le toit paternel, elle aurait pu donner un libre cours à ses instincts trop longtemps réprimés. Elle s'était trompée; la digne demoiselle Émerande résumait dans sa personne, les soi-disant qualités de ses anciennes maîtresses; elle avait toute l'autorité et toute la raideur désirables pour continuer à arrêter l'essor d'une imagination trop ardente. Aussi, le ravissant château des Meloises où la jeune fille avait compté trouver des plaisirs enchanteurs n'avait été jusqu'à ce jour, pour elle, qu'une forme nouvelle prise par son couvent. Sa vie était restée à peu près la même, partagée entre l'étude et les devoirs de la religion; aucune société ne fréquentait les hôtes de ce domaine vraiment délicieux mais dont la solitude ne pouvait offrir à sa jeunesse aucune des compensations que réclamait impérieusement l'activité dévorante de son esprit.

Et de plus, Berthe avait rencontré, là, pour son cœur, une source de véritables chagrins : l'affection de son père qui lui avait paru toujours si tendre lorsqu'il la venait voir à la pension, s'était absolument modifiée, prenant, chaque jour, un caractère de plus en plus étrange. A mesure que le temps avançait, M. de Livreuse semblait, en effet, retirer à sa fille un peu de sa tendresse; en l'espace de quelques mois, il était passé de l'effusion de l'amour paternel à la tiédeur; puis après s'être montré froid et retenu, il paraissait maintenant travaillé par un sentiment indéfinissable qui certainement ne devait pas être de la haine, mais qui en avait tellement les apparences que Berthe ne croyait pas pouvoir lui donner un autre nom. Prévenances, caresses, ne faisaient qu'assombrir l'esprit devenu taciturne de M. de Livreuse qui, quelquefois même, pour se soustraire aux affectueuses paroles de sa fille, la repoussait avec une dureté et une violence inexplicables.

Le caractère de l'enfant devait nécessairement se ressentir de cette existence si bien faite pour l'attrister et d'autant plus pénible qu'elle ne comprenait absolument rien au mobile qui pouvait faire agir son père. Berthe perdit sa gaieté; souvent elle pleurait, dès qu'elle était seule, c'est-à-dire durant la nuit, alors que sa gouvernante la laissait libre de penser et d'agir. Mais puisqu'on ne lui confiait rien, elle ne voulut pas davantage faire connaître ses chagrins. Sa santé se ressentit bientôt des luttes intérieures que se livraient dans son cœur mille idées plus étranges les unes que les autres.

Mademoiselle Émerande de la Sellière devait nécessairement finir par s'apercevoir des préoccupations de Berthe. Tout d'abord elle n'y fit pas attention, ne songeant qu'à faire en conscience son métier de gouvernante. Pourtant elle était devenue plus tolérante et même lorsqu'elle fut convaincue que la jeune fille souffrait sérieusement, elle se sentit attirée vers elle par un sentiment tout autre que celui qui les avaient unies jusque-là. Son cœur depuis longtemps desséché par l'abandon des siens et les privations de toute affection sincère, avait ressenti comme une douce rosée qui le venait raviver. Sans manifester trop ouvertement à mademoiselle de Livreuse cet heureux changement dans son caractère, elle l'étudiait davantage dans sa conduite et cherchait à pénétrer le secret du mélange de sombre tristesse et de rares accès de folle gaieté qui se partageaient son esprit, n'attendant plus que le moment favorable pour agir. Mais ce moment n'arrivait pas ; Berthe, devenant chaque jour plus triste et plus dissimulée, ne laissait rien deviner des causes qui la rendaient rêveuse et la faisaient souffrir.

Mademoiselle Émerande commençait à perdre tout espoir de pénétrer les sentiments de la jeune fille et pourtant elle ne voulait pas communiquer à M. de Livreuse ni à d'autres, les craintes qu'elle concevait touchant la santé de Berthe. Il y avait là pour elle une double question : son amour-propre, d'abord, serait froissé si, elle qui passait tout le jour avec l'enfant, était obligée d'avouer son ignorance ; et puis, parce qu'elle redoutait d'apprendre quelque chose de terrible.

M. de Livreuse, lui, ne s'apercevait pas du changement opéré dans le caractère de Berthe ; d'abord parce que sa fille était restée en sa présence telle qu'elle était autrefois, car elle forçait sa nature pour dissimuler le chagrin que lui causait l'attitude toujours de plus en plus singulière de son père, et surtout parce qu'il était lui-même sous le coup de sentiments terribles qui, en présence de son enfant, lui enlevaient tout discernement et jusqu'à la raison.

Depuis deux mois, la vie était devenue intolérable pour tous, au château des Meloises. Les trois personnes qui l'habitaient semblaient s'observer mutuellement ; on se parlait à peine, et les deux domestiques qui autrefois se montraient prévenants pour leurs maîtres, s'étaient désintéressés de leurs chagrins et vivaient comme s'ils eussent été en dehors de l'habitation.

Cette situation ne pouvait se prolonger plus longtemps. Dans les derniers temps surtout où M. de Livreuse évitait de se trouver avec sa fille en dehors des repas, recherchait une solitude absolue et s'entourait de précautions pour que rien ne vienne à percer des sentiments qui le tourmentaient.

Depuis quelques jours, un homme venait chaque soir vers onze heures, alors que Berthe et mademoiselle Émerande étaient couchées. Une fois, la jeune fille l'avait entrevu par hasard, dans un moment où elle s'était levée pour fermer sa fenêtre qu'elle avait par mégarde laissée entr'ouverte. Cela l'avait vivement intriguée, d'autant que les domestiques auxquels elle en avait parlé lui affirmèrent qu'ils n'avaient aucune connaissance du fait et que bien certainement ni l'un ni l'autre ne s'étaient levés pour ouvrir après dix heures la porte du château. Ne pouvant, bien entendu, se renseigner auprès de son père, Berthe s'était promis de faire le guet non point par simple curiosité de jeune fille mais parce qu'évidemment cet homme devait être pour quelque chose dans les préoccupations qui assiégeaient M. de Livreuse. Pourtant, le lendemain et deux jours encore consécutivement, le même personnage revint, sans que Berthe osât s'en assurer par elle-même ; seulement elle remarqua que son père semblait de plus en plus accablé; alors elle n'y tint plus; lui soumettre ses appréhensions n'eût eu d'autre résultat que de le rendre plus défiant que jamais; le seul moyen était donc, dût-elle être découverte, d'essayer de surprendre le secret paternel.

Levée le matin avant M. de Livreuse, Berthe descendit au cabinet de son père, jeta autour d'elle les yeux de tous côtés comme pour découvrir un indice quelconque; tout était dans l'ordre le plus parfait sur le bureau comme sur le guéridon; les chaises, seules, indiquaient un certain désordre; une d'elles était renversée. Mais cela ne pouvait rien lui apprendre. Ce n'était donc que par la conversation que ces deux hommes auraient certainement encore entre eux, qu'elle serait à même de savoir quelque chose. Son parti fut pris aussitôt. Elle résolut de descendre le soir même lorsqu'ils seraient ensemble et d'écouter aux portes. Mais entendrait-elle à travers le bois et les étoffes qui les recouvraient? Berthe voulut s'en assurer. Pour cela comment faire? Mademoiselle Émerande qui l'appelait depuis quelques minutes et s'avançait à sa recherche, lui en offrit le moyen. La jeune fille en voyant arriver sa gouvernante à l'extrémité du corridor, s'avança au-devant d'elle assez tôt pour n'être pas vue sortant du bureau et lui dit :

— J'allais m'assurer si mon père était descendu.

— Mais vous savez bien, ma chère petite, que monsieur votre père ne quitte pas sa chambre avant dix heures; il se couche fort tard, surtout depuis qu'il travaille à son grand mémoire sur l'agriculture avec son notaire, qui lui-même s'occupe de ces matières dans lesquelles il passe pour être très expert.

Cette phrase jeta subitement Berthe dans une grande perplexité. Cet homme qui vient chaque soir serait-il donc le notaire de son père, et viendrait-il pour le motif indiqué par mademoiselle Émerande? Après un premier saisissement, elle reconnut bien vite que cela ne pouvait être; et par ce sentiment d'une finesse extrême qu'ont les enfants et surtout les jeunes filles, elle devina promptement que la bonne dame devait tenir ce propos de son père qui prenait, par là, ses mesures au cas où son enfant se serait aperçue de quelque chose et aurait consulté sa gouvernante.

Telle était d'ailleurs la vérité.

Berthe poursuivit donc son plan.

— Eh bien! il n'est pas descendu, dit-elle; profitons donc de son absence pour inspecter l'intérieur de son cabinet. Je nourris depuis quelques jours le projet de lui faire un petit cadeau pour l'anniversaire de sa naissance qui approche. Voyons ce qui lui manque, ou s'il y a un objet à remplacer. Venez, vous m'aiderez de vos bons conseils.

Mademoiselle Émerande, sans songer à quoi que ce soit, et très flattée, d'ailleurs, d'être prise pour guide en cette circonstance, accepta la proposition de la jeune fille.

Toutes deux entrèrent donc dans le bureau de M. de Livreuse dont elles se mirent à examiner les meubles et menus objets. Tout d'un coup, Berthe, feignant de croire qu'elle vient d'entendre un bruit, s'écria : « Attendez » et sortit brusquement de la pièce, refermant sur elle la porte avec précipitation.

— Mais ouvrez donc, mademoiselle, vous m'enfermez!

Pas de réponse.

— Ouvrez donc, que penserait M. votre père, s'il survenait aussitôt?

Même silence.

— Enfant désagréable, — murmura à voix basse la bonne vieille dame, — elle est sans doute partie comme une petite folle. Mademoiselle Berthe, mademoiselle Berthe !

Berthe avait entendu aussi distinctement ces dernières paroles que les premières dites d'un ton plus élevé. Cela lui suffit. Sa décision devint irrévocable. Elle viendrait le soir, quitte à être vue; elle préférait être grondée que de rester dans une aussi cruelle inquiétude.

Entendant toujours mademoiselle Émerande qui grommelait entre ses dents quelques mots de reproche à son égard, Berthe ouvrit la porte.

— Me voilà, j'étais allée jusqu'au bas de l'escalier, croyant avoir entendu marcher mon père; il n'en est rien. Nous pouvons continuer nos recherches, ajouta-t-elle pour n'éveiller aucun soupçon de la part de la vieille demoiselle, qui ne songeait pas d'ailleurs à la suspecter de mentir, car ce léger mensonge était peut-être le premier que l'enfant eût fait de sa vie.

Elles cherchèrent chacune de leur côté, Berthe songeant à tout autre chose, et sa gouvernante avec conviction, et finirent par décider que le cadeau à offrir à M. de Livreuse consisterait dans une corbeille à papier en fils dorés. Puis elles s'en allèrent, l'une sincèrement joyeuse de sa découverte, l'autre feignant de le paraître.

Pendant toute la journée, Berthe songea à la façon dont elle exécuterait son projet. Tout d'abord elle se demanda à nouveau et avec plus d'instance que jamais, quel pouvait bien être le mobile qui faisait agir son père. Était-ce sa fortune qui était en cause? L'aurait-il compromise par des combinaisons financières ou autres ? Serait-il joueur, et la ruine aurait-elle été la conséquence d'une mauvaise chance au jeu? Mais tout cela

n'expliquerait pas son attitude à l'égard de son enfant.
De son côté, pourtant, elle n'avait rien à se reprocher.
Son affection pour son père ne s'était jamais démentie,
elle lui en avait donné les preuves à chacune des rares
minutes passées avec lui. D'ailleurs, ce ton bourru que,
pendant un moment, elle avait même pris pour de la
haine ne se manifestait que sous une forme étrange. Il
lui semblait qu'en ces moments son père ne conservait
pas sa raison tout entière. — Serait-il fou? pensa-t-elle
un instant. — Mais non, je suis folle moi-même, cela n'expliquerait en aucune façon la présence de cet inconnu.
Allons, je me creuse inutilement la tête, je me fatigue,
je m'énerve, et j'ai besoin pour ce soir de toute ma présence d'esprit.

- Berthe arrêta subitement le cours de ses rêveries. Un
peu avant le dîner, elle fit une promenade à la ferme,
en compagnie de mademoiselle Émerande, porta des
joujoux au bébé du père Thibault. Les deux bons baisers que l'enfant appliqua contre ses joues lui firent
grand bien et amenèrent une heureuse diversion dans
ses préoccupations.

Le soir, mademoiselle de Livreuse dîna comme à l'ordinaire; il n'en fut pas de même de son père qui paraissait en proie à la plus vive inquiétude, et ne prononça
pas une seule parole durant tout le repas.

— Berthe, mon enfant, lui dit-il en se levant de table,
demain matin tu déjeuneras sans moi. Je vais partir pour
un court voyage, le soir sans doute je serai de retour.

— A quelle heure, pars-tu, bon petit père, que j'aie le
plaisir de te conduire jusqu'à la porte du jardin?

— Non, ma chérie, il fera nuit quand je partirai, je ne
veux pas que tu te lèves.

— Qu'est-ce que cela fait?

— Au besoin, je te le défends, ajouta sèchement M. de Livreuse, puis changeant subitement de ton :

— Embrasse-moi, dès maintenant, et comme tu m'aimes !

Berthe ne se méprit pas à la différence de ces deux intonations ; elle conçut même une crainte plus vive que jamais, acquérant la conviction qu'un malheur allait arriver. Elle se jeta dans les bras de son père qui lui prit vivement la tête entre ses deux mains, approcha convulsivement le front de son enfant contre ses lèvres et ne le retira pas assez tôt cependant pour que Berthe ne sentit une grosse larme couler contre ses tempes. Elle fit semblant de ne pas s'en apercevoir. Tout cela, d'ailleurs, ne dura pas une minute, et mademoiselle Émerande, occupée à préparer les lumières, ne comprit rien à cette scène muette qui était à la fois terrible et touchante.

Chacun se rendit ensuite à sa chambre. Berthe ne se sépara de sa gouvernante que pour l'heure ordinaire du coucher. Elle se mit, comme d'habitude, au lit, en sa présence. Mais sitôt qu'elle pensa que la bonne dame avait éteint sa lumière pour mieux se livrer au sommeil, elle se leva, s'habilla à la hâte et entr'ouvrit la persienne de sa chambre donnant sur le jardin. Puis collant son œil dans l'endroit le plus favorable pour mieux voir, elle prêta une attention soutenue pour ne pas manquer l'arrivée du soi-disant notaire.

Son attente ne fut pas longue. Un quart d'heure environ avant onze heures, alors que la maison tout entière paraissait ensevelie dans la nuit et le sommeil, M. de Livreuse descendit l'escalier du perron, s'engagea dans l'allée des tilleuls conduisant à la porte du parc, et Berthe put le voir bientôt après revenir accompagné de l'homme qu'elle avait déjà entrevu.

Quand la jeune fille les supposa entrés dans le cabinet de son père, impatiente de les surprendre dès les premiers mots dans leur conversation, elle descendit, après s'être assurée toutefois que mademoiselle Émerande et les deux domestiques étaient couchés. Résolue à tout événement, Berthe arriva jusqu'à la porte du cabinet contre laquelle elle appliqua l'oreille. Les deux personnes parlaient déjà à haute voix, il lui fut facile de ne pas perdre une seule de leurs paroles.

— Mais enfin, monsieur le comte, toute résistance de votre part est absolument inutile, je croyais vous l'avoir péremptoirement démontré, depuis près de trois mois que je me suis fait l'intermédiaire dans cette malheureuse affaire. Toutes les mesures sont prises par M. Barillon ; vous ne pouvez ni fuir, ni faire partir l'enfant. Il faut vous soumettre et rendre cette enfant à celui à qui la loi donne tous les droits. Je suis avec vous par le sentiment, mais cela malheureusement n'a aucune valeur en la circonstance ; la malheureuse mère, sans forces à son lit de mort, a tout révélé.

— Il n'aura jamais ma fille. Je vous dis qu'elle est à moi et que je la garderai.

— Sans doute, mademoiselle Berthe est bien votre fille, elle est bien de votre sang et M. Barillon ne l'a jamais revendiquée comme son enfant autrement que dans l'acte de naissance, par la bonne raison que, trompé dès les premier temps par vous et madame son épouse, il a cru la petite morte en nourrice. Mais aujourd'hui qu'il sait la vérité, aujourd'hui qu'il voit la fortune de sa femme passer tout entière sur la tête de cette enfant, il veut la retenir à lui, et il n'a absolument que ce moyen.

— Il ne l'aura pas ! il ne l'aura pas !

— Je vous le répète encore une fois, si vous ne prenez

pas l'engagement de m'accompagner avec votre fille demain à la première heure, c'est par la force légale qu'elle sera enlevée de votre domicile. Evitez à l'enfant ce martyre. Prétextez un mariage en vue, ou quoi que vous voudrez, mais venez avec moi, je vous en supplie, monsieur le comte, j'ai toute ma raison moi ; et vous, vous êtes fou de douleur ; écoutez un père de famille lui-même qui vous conseille sincèrement. Le château est bien gardé, vous êtes absolument impuissant.

— Jamais est mon dernier mot, vous dis-je, jamais, jamais, jamais.

Et M. de Livreuse marchait convulsivement dans la pièce, frappant les meubles de son poing convulsivement serré.

— Qu'il vienne donc ici lui-même me la prendre, dit-il avec un geste d'une violence extraordinaire... Sa fille ! ! ah ! ah ! ah! Cet enfant pour qui j'ai été à la fois un père et une mère, mon sang et ma vie, tout est en elle, monsieur, vous ne savez donc pas cela... Non ! non ! non ! plutôt la mort, entendez-vous ! la mort de tous les deux. Partez, partez vite! Vous avez mon dernier mot.

En ce moment, malgré l'état de leur esprit qui ne leur permettait guère de se préoccuper d'aucun fait extérieur, tous deux entendirent un bruit sourd contre la porte du cabinet.

— Quelqu'un est là, s'écrie M. de Livreuse. Sont-ils déjà venus les misérables ! Et s'armant d'un chenet il se précipite vers la porte qu'il pousse avec une force de géant devant la résistance qui lui est opposée. Puis il recule tout d'un coup, le visage plein d'épouvante, saisit une lumière, s'avance à nouveau vers la porte avec précipitation...

— C'est elle ! c'est bien elle !... ma fille ! elle a tout

entendu. La voilà morte! ils l'ont tuée! Ah! les misérables! Qu'ils viennent maintenant chercher son cadavre! Mais, non! il n'en a plus besoin désormais; le traître, le brigand, il est seul à hériter! Qu'il hérite donc. — Mais il ne jouira pas longtemps de son double crime! Allez, M. Merlin, dites-lui... laissez-moi! laissez-moi!

— Cher monsieur, que je vous prête secours, votre fille semble inanimée, sans doute, mais elle n'est point morte!

Et M. Merlin se mit en mesure d'aller réveiller les gens de la maison.

— Partez, vous dis-je, laissez-moi seul avec elle. Je suis son père, vous ne me contesterez pas ce titre, vous aussi?

Et la figure de M. de Livreuse prenait une expression farouche. Sa voix avait un éclat extraordinaire; son geste était terrible.

— Tenez, voici la clé, partez, partez, vous dis-je. Et ne revenez pas, avec qui que ce soit, ou je ne réponds plus de moi.

Ceci fut dit avec un ton de commandement si impérieux, que M. Merlin n'eut plus la force ni le courage d'insister. Il partit, se promettant d'essayer de retarder encore d'un jour les projets de M. Barillon.

Personne dans la maison n'avait entendu le bruit de cette scène violente, le cabinet de M. de Livreuse étant à une trop grande distance des chambres où sommeillaient mademoiselle de la Sellière et les domestiques.

Resté seul avec sa fille, le pauvre père la prit dans ses bras, et saisissant un flambeau de la main gauche restée libre, il monta précipitamment l'escalier avec son fardeau dont il ne sentait pas le poids. Parvenu à sa chambre, il y entra précipitamment, déposa sa fille sur son lit, chercha des sels, du vinaigre, de l'eau fraîche, et fit des efforts surhumains pour la rappeler à la vie. L'enfant n'avait pas repris sa respiration. Son grand œil bleu, resté ouvert, fixait avec une douceur infinie son père qui la regardait. Ses lèvres ordinairement si roses rappelaient la teinte violette d'une nébuleuse pâlie aux rayons ardents du soleil. Sa poitrine gonflée avait rejeté sa gorge en dehors de sa chemisette blanche non fermée, et son jeune corps au ton d'albâtre semblait, bien qu'immobile, avoir conservé sa souplesse.

— Berthe ! mon enfant, je ne veux pas que tu meures ! Sois tranquille, ils ne t'auront pas; ils ne t'auront pas ! Reviens à toi, s'écriait le pauvre père tout en tâchant de la rappeler à la vie par les remèdes qu'il avait sous la main.

Mais, au bout de quelque temps de soins inutiles, il allait songer enfin à appeler du secours et à faire venir un médecin, lorsqu'il vit le visage de sa fille se colorer subitement et d'un éclat extraordinaire.

Il se précipita immédiatement vers elle, et allait la couvrir de baisers, lorsqu'il reçut en pleine figure un gros caillot de sang que l'enfant rejetait dans un spasme nerveux qui fut le dernier signe de vie qu'elle donna, car tout aussitôt ses yeux se fermèrent, ses membres devinrent rigides, le froid envahit son corps tout entier.

Ce qui se passa alors dans la tête du pauvre père dut être horrible, si on en juge par le spectacle que présenta, le lendemain, la chambre de M. de Livreuse, aux regards épouvantés de mademoiselle Émerande de la Sellière qui en fut la première spectatrice.

En effet, vers huit heures du matin, ne voyant pas descendre sa jeune amie, la vieille gouvernante monta à sa chambre qu'elle trouva toute en désordre. Certains objets de toilette, la robe, le corset, les bottines, le peigne étaient là jetés à tort et à travers. Elle ne pouvait s'expliquer pourquoi Berthe ne les portait pas sur elle, comme de coutume. D'autre part, sa robe de chambre n'était pas là. Aurait-elle été malade où serait-elle descendue dans le jardin avant de s'habiller ? Mademoiselle Émerande descendit, chercha dans les appartements d'abord, dans le parc ensuite ; puis ne la trouvant pas, elle s'adressa aux domestiques qui déclarèrent ne pas l'avoir aperçue. Alors, fort inquiète, elle prit le parti après une heure de recherches, de prévenir M. de Livreuse, monta à sa chambre, frappa discrètement à la porte, attendit un mot de réponse ; frappa plus fort voyant qu'on ne répondait pas, puis avec insistance, mais toujours sans résultat. Elle prit alors le bouton de la porte, le tourna tout en parlant pour s'excuser, ouvrit devant elle et recula bientôt en poussant un cri d'horreur.

Aux côtés de Berthe de Livreuse noyée dans un flot de sang noirâtre, le corps du pauvre père gisait inanimé. Les deux cadavres étaient à terre étroitemement serrés l'un contre l'autre, leurs lèvres se touchaient, leurs mains avaient noué leurs doigts crispés.

Dans un suprême effort avant de mourir, M. de Livreuse après s'être ouvert les veines en plusieurs endroits, s'était jeté sur le corps de son enfant pour donner à sa bouche le dernier souffle de sa vie.

Aux cris poussés par la gouvernante et aux appels réitérés des sonnettes qu'elle agitait de plus en plus fiévreusement, les deux domestiques arrivèrent et mêlèrent leurs accents de désespoir à ceux de la vieille demoiselle, car ils avaient toute espèce de raison pour aimer leurs maîtres.

— Ne touchez à rien, s'écria tout à coup mademoiselle de la Sellière qui recouvrait peu à peu sa raison, il faut que la constatation de la police ait lieu avant toute chose. Grand Dieu! Que nous soyons purs de tout soupçon. Pierre, courez vite à la ville, prévenez le commissaire, le fermier Thibault, et demandez à qui vous rencontrerez de venir nous prêter secours.

Pierre partit et les deux femmes restèrent atterrées et comme sans mouvement sur leurs chaises, fixant un œil hébété sur les cadavres ensanglantés.

Sur le lit, près de la main droite de M. de Livreuse, mademoiselle Émerande aperçut un papier. Malgré l'horreur qu'elle avait à s'approcher du lit, elle eut le courage d'aller le prendre. C'étaient les dernières volontés de M. de Livreuse. La brave demoiselle lut ce qui suit :

« Ma bonne demoiselle Émerande,

» Que l'on fasse de mes biens ce que l'on voudra. Je recommande seulement à ceux qui croiront avoir le pouvoir d'en disposer, de songer à vous d'abord, à Pierre et à Georgette, au fermier Thibault ensuite ; vous êtes les seuls qui y ayez quelque droit. Mais ce que je veux absolument, c'est que mon cadavre et celui de ma fille bien-aimée ne soient jamais séparés par la mort, une même bière doit nous couvrir dans la terre jusqu'à ce qu'il plaise à Dieu de nous réunir au ciel. Malédiction au misérable qui ne satisferait pas à la dernière volonté d'un père.

» Un quart d'heure avant de mourir.

» Ceci écrit au château des Méloises, le 14 octobre 1884.

» GASTON, Comte DE LIVREUSE. »

Les constatations de police se firent régulièrement.

Les vœux du pauvre père furent exaucés.

M. Barillon resta muet devant le malheur qu'il avait causé.

Berthe et M. de Livreuse furent ensevelis côte à côte et descendus dans un caveau que l'on creusa sous la chapelle du château.

Mademoiselle de la Sellière fut instituée avec le fermier Thibault, gardienne de la propriété, et les deux domestiques restèrent en leur place, admis à bénéficier dans une certaine mesure, des revenus du domaine de Livreuse, jusqu'au jour où un héritier se sera présenté pour faire valoir ses droits en possession.

Aujourd'hui, personne encore n'a élevé la voix. Le vide se fait même tous les jours plus profond autour du château depuis longtemps abandonné des visiteurs.

Ceux qui l'habitent pourraient seuls dire ce qui s'y passe et pressentir ce qu'il adviendra.

Félix Jahyer.

EURÊKA

LA MUSE, LE POÈTE, EURÊKA (1).

LA MUSE.

Pour la première fois, sans que ta voix m'appelle,
A toi je me présente avec ma Sœur nouvelle ;
    Encourage ses premiers pas ;
La voyant à l'écart elle m'a semblé belle,
Bien que farouche encore elle n'est pas rebelle ;
    Ami, ne la repousse pas.

LE POÈTE.

O Muse, favorable au plus humble trouvère,
Quel poète oserait montrer un front sévère,
    A la Vierge, fille des dieux ?
Son air calme m'apprend que Minerve est sa mère ;
Dis-moi quel est le nom de la jeune étrangère,
    A l'œil tranquille et radieux ?

LA MUSE.

Son nom ? Devine-le, puisqu'elle a trouvé grâce.
Autrefois nous étions Neuf Sœurs sur le Parnasse ;

---

(1) La Muse de la Science.

C'est par les ordres d'Apollon
Qu'aujourd'hui dans le Chœur elle occupe une place,
Et déjà ton regard a pu suivre sa trace
Dans les sentiers de l'Hélicon.

EURÊKA.

Je sortis du Chaos aux premiers jours du monde ;
La lumière du ciel chassait la nuit profonde,
Quand l'homme s'empara de mon présent fatal
Et connut le secret et du bien et du mal.
Exilé de l'Éden comme un enfant sans père,
Pleurant au souvenir de son destin prospère,
Et les pieds déchirés aux ronces du chemin,
Je lui montrai sa route en étendant la main.

LE POÈTE.

Je vois ton aile blanche : Étais-tu donc cet ange,
Qui déserta le ciel pour la terre et sa fange ?
Pur et divin transfuge, étais-tu donc celui
Qui suivait l'exilé pour souffrir avec lui ?

EURÊKA.

Non, poète, mon œil ne connaît pas les larmes ;
Mais, dans son abandon, je lui fournis des armes :
« Prends la pierre, lui dis-je, et fais-en des marteaux ;
» Le feu qu'elle recèle assouplit les métaux ;
» Avec ces deux trésors que t'offre la nature,
» Sois le dominateur de toute créature ;
» Déserte ta caverne et bâtis ta maison,
» Demande à la brebis son lait et sa toison,
» Dompte les animaux, rends la moisson féconde,
» Recueille les tributs de la terre et de l'onde,
» Travaille. Désormais te voilà maître et fort,
» Ne te repose pas après le grand effort ;

» Roi des êtres vivants par ton intelligence,
» Sors vainqueur du combat livré pour l'existence,
» Contemple ton empire avec sérénité,
» Et d'un pas ferme et droit marche à la liberté. »

LA MUSE.

Les tentes d'Israël blanchissent à l'aurore
Autour des oasis aux abris protecteurs,
Le sable du désert étincelle et se dore,
On entend au lointain l'hymne grave et sonore
Des troupeaux mugissants et des chants des pasteurs.

LE POÈTE.

Dis-moi, Muse inconnue, inspirais-tu Moïse ;
Suivais-tu les Hébreux vers la Terre promise ;
As-tu guidé leur fuite au milieu des déserts ;
Marchais-tu devant eux dans les flots entr'ouverts ?

EURÉKA.

Aux sources de Nachor, en Mésopotamie,
Ainsi que Rébecca, toujours ma voix amie
Disait : « Arrête-toi, terrestre voyageur ;
» J'ai de l'eau pour calmer ta soif : Bois, mon seigneur. »
Il n'était pas au bout du rude apprentissage ;
Mais affranchi déjà du premier esclavage,
Son génie endormi dans un profond sommeil,
De l'ombre allait surgir comme un nouveau soleil.
« Regarde, dis-je alors au berger de Chaldée,
» Cette étoile qui brille au ciel de la Judée. »
Et, relevant son front courbé, silencieux,
Pensif, il observa l'astre pivot des cieux.
Bientôt il resplendit sur des cités vermeilles ;
Le monde oriental se couvrit de merveilles

17.

D'airain, de marbre et d'or, que les troupeaux humains
Sous mes lois élevaient de leurs robustes mains.
A quoi bon évoquer leur splendeur disparue ?
Sur les champs où fut Troie a passé la charrue.....
Quand l'homme à l'avenir marche à pas de géant,
Il faut rendre à l'oubli ce qui tombe au néant.

LE POÈTE.

O Vierge, parle encor ; mon âme est oppressée
Par tous ces souvenirs que tu veux oublier ;
Les dieux et les héros parlent à ma pensée.....
O combat immortel ! Vénus était blessée,
    Achille allait sans bouclier.

EURÊKA.

Tu peux me comparer à la mère d'Antée ;
En me pressant du pied s'élançait Prométhée,
Quand il franchit d'un bond les plaines de l'éther
Pour dérober la foudre aux mains de Jupiter.
Mais ma bouche ne peut s'ouvrir pour le mensonge,
Mon esprit ne saurait s'occuper d'un vain songe ;
Un cercle limité mesure tous mes pas ;
Tu prononces des mots que je ne comprends pas.
Il me faut autre chose, à moi, que des paroles,
Et ce que je te dis peut s'apprendre aux écoles.
J'interroge le monde en son immensité,
Je veux qu'il me réponde avec sincérité ;
Je suis la lampe d'or dans l'ombre suspendue,
Quand ma bouche a parlé, la cause est entendue.
Si tu veux récuser mes arrêts souverains,
Ma Sœur est accessible à des rêves humains.

LE POÈTE.

Venez porter secours à ma Muse alarmée !
Levez-vous tous; guerriers, prêtres, législateurs,

Philosophes, savants, poètes, et sculpteurs !
Courez au Parthénon; à moi, Minerve armée !
Levez-vous, empereurs, proconsuls, décemvirs,
Et toi, Rome immortelle, ouvre tes catacombes,
Fais jaillir les légions des grandes hécatombes,
Levez-vous tous, chrétiens, apôtres et martyrs !

LA MUSE.

De ces âges lointains, couverts d'un voile sombre
Par le reflet obscur de leur antiquité,
La Grèce lumineuse et Rome pleine d'ombre
Des siècles écoulés semblent braver le nombre
Et rappellent encor l'idéale beauté.

EURÊKA.

Oui, mon premier salut est pour la noble Grèce ;
Après Athènes, Rome, après Rome, Lutèce,
Arche de l'univers, symbolique Vaisseau.
C'est vers sa petite île aux rives verdoyantes,
Où la Seine sans bruit roule ses eaux dormantes,
Que le souffle du Temps a poussé mon berceau.

LE POÈTE.

Qui donc es-tu ? Réponds, ô jeune prophétesse ;
Parle : Es-tu Geneviève ou Jeanne vengeresse ?
De quel nom t'appeler, fleur de l'humanité ?

LA MUSE.

Archimède autrefois saluait sa venue :
Eurêka ! C'est le nom de la Muse inconnue;
Reconnais l'attribut de sa divinité.

EURÊKA.

Six mille ans ont passé sur les âges barbares ;
Déjà les mains de fer se montrent moins avares ;

Les siècles sont plus doux ; la vieille humanité
Dans l'air entend un cri lointain de liberté.
L'esprit devient plus fort, sa limite recule,
Et Colomb ne croit plus aux Colonnes d'Hercule ;
La boussole a fixé sa marche sur les eaux,
L'Europe va sourire à des peuples nouveaux;
Puis, la lettre mobile illuminant le monde,
Jetant aux quatre vents la semence féconde,
Affranchit la pensée et, d'un rapide essor,
Crie à l'homme : « En avant ! plus loin! plus haut encor !
» Rends la force docile et la matière active,
» La vapeur prisonnière et la foudre captive;
» Courage ! l'âge d'or est ouvert devant toi,
» Les mondes sont unis : salut ! te voilà Roi ! »

LE POÈTE.

Oui, Vierge, l'homme est roi. Poursuis donc tes con-
      Le cœur du poète est sans fiel,   [quêtes ;
Mais son âme est sublime, et malgré les tempêtes,
      Va haut comme un oiseau du ciel !
Efface l'Idéal, foule aux pieds la Croyance,
      Les Légendes du monde enfant,
Comme un manteau de pourpre arrache l'Espérance,
      Dans ton délire triomphant.
De ton monde nouveau je vois fuir les peuplades,
      Esclaves des envahisseurs,
Des antiques forêts crouler les colonnades
      Sous la hache des défricheurs.
Ils ont découronné le front de la nature
      Au sommet des monts calcinés,
Les arbres abattus n'ont plus de chevelure
      Et leurs pieds sont déracinés.

Assouvis maintenant tes fureurs assassines
    Sur ce cadavre pantelant,
Et comme un drapeau noir vomi par tes usines,
    Arbore un panache flottant !
Dans les sentiers ombreux prends les fleurs odorantes,
    Étouffe-les dans un séchoir,
Montre-moi les lions dans ton Jardin des Plantes
    Et les aigles sur un perchoir!...
J'admire en frissonnant la douceur implacable
    Qui fait mouvoir ton balancier;
Nul bras n'arrêtera l'étreinte inexorable
    De tes engrenages d'acier.
Sur tes lignes de fer roule, locomotive,
    Dévore l'espace et fends l'air,
Chimère à l'œil de flamme, ardente et fugitive,
    Passe comme un rapide éclair !
Ouvre la mer, vaisseau; ta poitrine de chêne
    Sourdement râle à plein poumon,
Le phare est allumé, Dieu, c'est le capitaine,
    Et ton âme, c'est le charbon !
Oui, Vierge, je connais le pouvoir inflexible
    De ta sombre divinité;
Triomphe, maintenant le néant est visible
    A l'œil de l'homme épouvanté.
Rassemble autour de toi les noires multitudes,
    Je ne reconnais pas tes lois,
Je suis né pour rêver au fond des solitudes
    Et pour vivre à l'ombre des bois.
La terre est ma nourrice et non pas ton esclave,
    Et malgré la loi du plus fort,
Elle saura briser la chaîne qui l'entrave
    Par un suprême et grand effort.
Du fardeau de mes jours sans alléger la peine,

Garde pour d'autres tes leçons ;
J'irai, laissant mon cœur, comme un agneau sa laine,
Aux ronces de tous les buissons.
Si je marche au désert il aura son mirage ;
Je veux adorer les faux dieux ;
Permets-moi d'achever mon terrestre voyage,
Et reçois mes derniers adieux :
Quand je verrais tomber le dernier des vieux chênes,
Et, comme un damné des enfers,
L'univers tout entier garrotté par tes chaînes,
Quand je verrais ma Muse aux fers,
Je dirais, en pleurant sur tes métamorphoses,
Déesse aux sinistres couleurs :
Maudit qui frappe ainsi toutes les belles choses,
Maudit qui fait couler les pleurs !

EURÊKA.

Ta douleur est brûlante et ta colère est sainte ;
Mais, poète, je dois rester sourde à ta plainte ;
Tu n'as pas réfléchi ; parle avec moins d'orgueil,
La nature à ta voix ne prendra point le deuil.
Ce n'est pas d'aujourd'hui que j'en suis fatiguée
Et que de tes pareils la cohorte est liguée.
Si j'ai posé le pied sur le vaste univers,
Pourquoi donc semble-t-il indigne de leurs vers ?
Sur quel droit fondent-ils cette incroyable audace
De vouloir au soleil une aussi large place ?
Que faut-il autre chose au poète vainqueur
Que la fièvre divine et le cri de son cœur ?
Ai-je troublé le monde et sa loi d'harmonie ?
La terre, ta nourrice, est-elle à l'agonie ?
M'a-t-on vu de sa marche interrompre le cours ?
Je ne peux rien détruire, elle enfante toujours.

Pendant que je combats les fléaux homicides,
Vous chantez les héros des guerres fratricides.
Des mortels avant moi quel était le destin ?
Les hommes ? des troupeaux ; les femmes ? du butin.
Mes soldats n'ont-ils pas tous les dangers des vôtres ?
Ne connaissez-vous pas mes martyrs, mes apôtres,
Comme Icare, éperdus, précipités des airs,
Engloutis par le sable au milieu des déserts,
Ensevelis glacés sous la neige du pôle ?
Tous, portant sans fléchir leur fardeau sur l'épaule,
Cherchent le but obscur avec la même ardeur ;
Tu leur dois le respect, tu leur dois ta grandeur.
C'est par eux qu'effaçant les haines séculaires
Lutèce a rassemblé cent peuples tributaires,
Soumis à l'orgueilleux pouvoir de sa beauté
Et fiers de recevoir son hospitalité.
Tu vois d'ici mon temple où leurs mains triomphantes
Consacraient à la Paix leurs bannières flottantes.
L'homme a bien mérité, c'en est assez pour moi,
Et je lui dis encor : C'est moi qui t'ai fait roi !
Je n'ai pas eu besoin de Dieu, cette hypothèse ;
Cherche-le, si tu veux, dans ma grande synthèse ;
Nul ne peut m'émouvoir : pour moi, l'humanité
Comme un fleuve à la mer marche à l'éternité.

LE POÈTE

Je te connais enfin, belle et froide statue,
Ton doigt rigide et blanc me montre un noir chemin ;
Cette vierge à tes pieds que je vois abattue,
C'est la Religion qui t'avait combattue ;
Elle consolait l'homme et lui tendait la main.

EURÊKA

Des temples de l'Erreur j'ouvre les tabernacles,

Je sais la découvrir en ses obscurs replis ;
C'est à l'éclat du jour que je rends mes oracles ;
Si je suis peu crédule à l'endroit des miracles,
C'est que les miens sont vrais lorsque j'en accomplis.

LE POÈTE.

Pourquoi n'as-tu rien dit sur la cause première,
Toi qui sors de la nuit pour te montrer au jour ?
Pourquoi n'as-tu rien dit de notre fin dernière,
Quand l'humble charbonnier voit au moins la lumière,
Comme un rayon qui luit à son foyer d'amour ?

EURÊKA.

Je cherche le secret de toute destinée ;
Je l'ignore aujourd'hui, je le saurai demain ;
Pour déchiffrer l'énigme à moitié devinée,
Je puis faire alliance avec ma Sœur aînée :
Poète, l'Homme et Dieu, c'est le problème humain.

LE POÈTE.

Ma tête est pleine d'ombre et de pensers moroses ;
La terre est un exil de misère et de deuil,
Et je veux emporter dans la nuit du cercueil
L'universel ennui des hommes et des choses.

LA MUSE.

Viens chanter les parfums, les accords et les roses ;
Ta Muse a plus d'amour qu'Eurêka n'a d'orgueil.

Paris, 1878.

CHARLES JOLIET.

LE BIJOU DES FIANÇAILLES

NOUVELLE

I

— Alors, monsieur, c'est convenu, vous allez vous remarier ?

— Pourquoi pas, Joséphine ?

— Oh ! à votre âge.

— Trente-neuf ans...

— Quarante-trois.

— Quarante-trois... quarante-trois, où vois-tu que j'ai quarante-trois ans ?... Je me suis marié en 1865, ma femme est morte au bout de dix-huit mois, il y a de cela...

— Vous êtes né en 1838, je ne connais que cela ; votre défunte et respectable mère me l'a assez répété de fois : « Mon gros Honoré est venu dix ans avant la Révolution, on eût dit qu'il la pressentait, tant, tout petit, il était pétulant. »

— Laisse là ces souvenirs rétrospectifs qui, en effet, ne me rajeunissent pas ; j'ai l'âge que j'ai et cela ne te regarde pas ; je sais que tu enrages parce que je vais reprendre, femme, cela m'est égal, car c'est ta faute. Si mon déjeuner, tous les jours, avait été prêt à l'heure, si tu m'avais arrangé une existence heureuse, exempte d'ennuis et de soucis, je serais resté veuf toute ma vie, mais tu me la fais exécrable la vie, un café pas chaud, un beefsteack trop cuit, des cheminées qui fument...

— Faites les ramoner.

— Tu m'embêtes ; si je me remarie c'est ta faute, si je suis malheureux en ménage, c'est à toi que je m'en prendrai. Allons, file et que surtout rien ne traîne, tu sais qu'elle nous rend visite aujourd'hui pour la première fois et qu'une femme voit clair.

— Faut-il mettre des tapis partout ?... A votre place monsieur, je ferais cirer la maison du haut en bas.

— Va te promener, on ne t'en demande pas tant, aie l'œil, voilà tout, et soigne le déjeuner. Oh! oui, surtout soigne le déjeuner. De la sauce de ton poisson dépend peut-être tout mon avenir.

— Ah! madame déjeune?

— Sans doute, ne t'ai-je pas dit de mettre trois couverts ?

— Trois ?...

— Madame Bazin ne se présenterait pas, je suppose, seule chez un veuf pour une première fois, dans la maison d'un garçon même, car j'ai été si peu marié. Elle viendra accompagnée de sa mère.

— Sa mère... elle a encore sa mère !

— Ah! çà, crois-tu que j'épouse une septuagénaire? Certainement qu'elle a encore sa mère, une brave et digne dame qui deviendra ma belle-mère.

— Une belle-mère... c'est du propre dans une maison.

— Joséphine, je vous prie de mesurer vos paroles ; depuis quelque temps vous paraissez trop oublier que votre rôle ici est d'obéir et de vous taire.

— Si monsieur le désire, je peux aussi lui rendre mon tablier, ce n'est pas parce que je suis depuis trente-cinq ans à son service que je suis obligée d'y souffrir toute ma vie.

— Votre vie, ah! çà, combien de temps croyez-vous donc vivre? Il me semble que vous devez bientôt avoir votre compte. Que le déjeuner ne soit pas prêt à l'heure et cuit à point, vous verrez si vous la finissez ici votre vie.

Joséphine haussa les épaules et s'en alla, traînant la jambe et dodelinant de la tête. Quant au brave homme, l'air contrarié, il se dirigea du côté du jardin et chercha querelle à ses plates-bandes.

Cela ne pouvait durer ainsi. Oh! ces vieilles bonnes, quel empire elles finissent par prendre dans la maison d'un célibataire! Oh! oui, que je me remarierai, grommelait-il entre ses dents, quand je devrais épouser la reine Pomaré; et, pensant à la réalité qui l'attendait et à l'image de la belle madame Bazin, son visage se rasséréna.

II

Onze heures sonnaient.

— Vite, vite, Joséphine, ces dames vont arriver.

Bastien-Honoré Grimaud descendait de sa chambre à coucher. Il était superbe, sans affectation cependant; veston court, souliers molière, pantalon collant, petit chapeau de jardin, cravate de soie claire, dont les bouts flottaient négligemment, vraie tenue d'un bon bourgeois de campagne qui a taillé ses rosiers toute la matinée et tient néanmoins à ne pas être surpris par une visite.

C'était dans une ravissante petite maison, un peu isolée, un peu perdue, mais solidement bâtie et confortable, située à Eaubonne, dans la délicieuse vallée de Montmorency, à deux kilomètres d'Enghien. Trente minutes de la gare du Nord de Paris à la gare d'Ermont, trente-cinq minutes de la gare de l'Ouest, deux lignes. Vingt minutes d'Ermont à Eaubonne, omnibus et voitures particulières, — le centre de Paris quoi... C'est ce que le brave Grimaud annonçait à ses amis qu'il invitait sans façon à déjeuner, mais qui, une fois débarqués, trouvaient généralement plus simple d'accepter à souper et à coucher.

« Diable, que c'est loin, s'écriaient invariablement les amis s'épongeant un front en sueur... »

« Mais non, c'est une idée, moi, je pars pour Paris dans la matinée, je fais toutes mes courses, et je reviens encore déjeuner à Eaubonne, répondait triomphalement Bastien-Honoré Grimaud. »

C'était un ancien négociant qui avait été vingt ans dans les affaires et y avait fait fortune, ce qui n'est pas défendu, même aux imbéciles, et notre bourgeois était loin de l'être. Il n'avait peut-être pas, comme Nobel, inventé la nitro-glycérine et la dynamite, ni comme Horrard, le fulminate de mercure ; mais il avait fabriqué d'excellentes huiles à des conditions avantageuses, et son siècle, reconnaissant et plein d'égards lui avait, sans regrets, octroyé quinze bonnes mille livres de rente.

Ce n'était pas de quoi rouler carrosse par le temps qui court, mais c'était peut-être assez pour vivre en bon propriétaire à Eaubonne, y dormir de grasses matinées, et s'y livrer en toute sécurité à l'éducation du bétail domestique et à la partie de piquet.

Malheureusement on se lasse de tout en ce monde, et l'ancien fabricant d'huiles avait fini par trouver la vie monotone. Alors il avait songé à se remarier, mais il avait eu peur. La défunte madame Grimaud ne lui avait laissé que des souvenirs mélancoliques ; pas commode tous les jours la jolie petite femme, dépensière, tracassière, avec cela la main leste.

Grimaud était un brave homme, il n'avait pas divorcé, ni réclamé près des tribunaux la séparation de corps, il avait tout simplement souffert silencieusement. Sa nature était riche à ce point qu'il eût même souffert toute son existence sans se plaindre, si une bronchite mal soignée, tombant après une sortie de bal, n'était survenue à point pour le débarrasser. La pauvre femme décédée, il n'avait pas regardé à l'argent, et veillait à belles funérailles. Mais rentré chez lui, il fermait sa porte à triple verrou et se jurait désormais de vivre seul.

Bien que jeune encore, il s'était tenu parole, avait fait bâtir à Eaubonne et vivait depuis déjà quelques années dans cette retraite ignorée.

Que n'y fût-il mort ? mais le démon le poursuivait, l'idée du mariage faisait des ravages dans le cœur de cet ancien fabricant si bien préparé cependant pour la vie douce et contemplative. Il avait rencontré madame Bazin, comme on l'appelait dans le quartier des Batignolles où elle habitait. Depuis cette époque, son isolement lui pesait et la campagne, même en pleine sève printanière, lui paraissait sans agrément, le soleil terne et sans chaleur.

La sonnette de la petite porte d'entrée donnant sur la route eut un léger tintement.

— Joséphine, Joséphine, cria-t-il, voici ces dames !

— Ce doit être le boucher.

— Mais non, Joséphine, puisqu'une voiture est à la porte, je vous dis que ce sont elles !

Joséphine, tout en maugréant, car la digne servante

maugréait toujours, se dirigea vers la porte et l'ouvrit.

C'étaient bien ces dames en effet, la vieille et la jeune, la vieille qu'on nommait madame Picard, toute petite, sautillante, le rire éclatant et sonore. Madame Bazin, vingt-huit ans au plus, grande, bien faite, la taille souple et élégante.

La porte n'était pas refermée que toutes les deux elles remplissaient la cour et que les bruits de leur jupes s'entendaient dans toute la maison. Puis, c'étaient des paroles entrecoupées, des exclamations, des interrogations ; elles n'étaient pas entrées que l'habitation du vieux garçon avait changé d'aspect et ne se reconnaissait plus.

Oh! les femmes... et dire qu'il s'en était passé pendant si longtemps.

Etourdi par ce tourbillon de paroles, ébloui par la beauté souriante de madame Bazin, qui, soit que le voyage eût ajouté à sa fraîcheur, soit qu'elle se fût parée pour le séduire ou que le désir de lui plaire lui eût fait subir une transformation, ne lui avait jamais paru aussi jolie et si attrayante, l'honnête propriétaire, un peu interloqué, précéda ses visiteuses et les introduisit au salon.

Il les aida à se débarrasser des vêtements apportés prudemment pour le soir, et en homme qui sait ce que c'est et qui a été en ménage, il les félicita de cette précaution. Madame Picard fit la remarque que M. Grimaud, était un homme pratique et, du premier coup, la belle madame Bazin montra son ravissement.

Sans doute on se connaissait, on s'était vu plusieurs fois, on avait même dîné de compagnie dans une maison tierce, chez des amis communs. Mais autre chose était de retrouver le même homme chez lui, dans sa propre maison, et en faisant lui-même les honneurs. Tel était l'avis de madame Bazin qui avait retardé toute réponse définitive avant le voyage à Eaubonne.

Cependant Grimaud était sur ses gardes et pour avoir vendu d'excellentes huiles qu'il fabriquait lui-même, il n'était pas plus sot qu'un autre et avait vu clair dans le jeu de la veuve. Il attendait l'ennemie de pied ferme et bien que mal secondé par Joséphine, la servante réfractaire et récalcitrante, il espérait néanmoins ne pas être au-dessous de sa réputation. Sur le pied de guerre depuis la veille, il avait lui-même présidé aux achats et dès le matin donné son coup d'œil à la cuisine. Ces dames présentes, il leur appartenait, mais plein de confiance dans son organisation, il n'éprouvait aucune inquiétude sur l'issue de la journée.

C'est donc triomphant et l'air satisfait qu'après avoir un instant laissé reposer ses invitées, il les conduisit du côté du jardin, leur détaillant les travaux considérables qu'il avait entrepris, leur faisant admirer ses magnifiques espaliers et ne leur faisant grâce ni d'un arbre fruitier ni d'un massif de fleurs.

— Mais où avez-vous appris tout cela, monsieur Grimaud, le jardinage n'était pas votre partie? s'écria madame Bazin enthousiasmée.

— Non certes, et je suis venu ici aussi incapable qu'on peut l'être quand on habite depuis vingt ans les bords du canal Saint-Martin, mais je m'y suis mis; qu'est-ce que vous voulez, je n'avais rien à faire.

— Il fallait vous remarier.

— Vous croyez qu'une femme m'aurait donné de l'ouvrage?

— Elle apporte toujours quelque chose en plus, dit la veuve, quand cela ne serait qu'un peu de soucis.

— Dites beaucoup de bonheur, madame.

Il allait bien, le digne fabricant, on n'aurait jamais cru cela de lui. La jolie veuve souriait en elle-même et madame Picard poussait des exclamations qui rendaient le digne homme plein de confusion. Néanmoins, comme on avait plusieurs fois parcouru les allées et que la bonne dame, continuant à s'extasier, se répétait avec une fatigante monotonie, Grimaud crut prudent de replier en bon ordre.

— Je crains, dit-il que ma cuisinière n'ait la malicieuse intention de nous faire un peu attendre, c'est un cordon bleu que Joséphine, mais pas commode.

— Nous la mettrons à la raison, dit madame Picard.

Madame Bazin se pinça les lèvres.

— De grâce, mère, tais-toi, lui glissa-t-elle rapidement à voix basse.

— Voulez-vous, dit Grimaud, profiter de quelques instants que nous avons encore à nous, pour donner un coup d'œil à ma maisonnette?

— Nous en brûlons d'envie, dit madame Picard.

— Ma mère... ma mère...

— Tu vas m'empêcher de parler à présent.

— Non, mais tu parles trop, beaucoup trop.

— Tu ne vois pas que c'est un charmant garçon, un honnête homme et un travailleur, c'est lui qui a créé tout ce qu'il y a ici.

— C'est possible, mais on peut devenir un excellent jardinier, et n'être toujours qu'un mari détestable.

— Ah! je le connais déjà comme si je l'avais créé et mis au monde, ton Grimaud; j'ai pratiqué autrefois un homme tout semblable, il m'a même fait un brin de cour; mais le voilà qui nous appelle.

Celui-ci était, en effet, à quelques pas en avant, très

anxieux, très inquiet pour le déjeuner et les deux dames le rejoignirent.

— Plus un mot malencontreux, n'est-ce pas maman, insista madame Bazin, je ne veux pas avoir l'air de me jeter à sa tête.

— Je ne l'entends pas non plus ainsi, répliqua madame Picard d'un ton un peu piqué, j'ai aussi ma dignité.

La maison avait trois étages, la visite fut longue, d'autant plus que le propriétaire n'épargna à ses visiteuses hôtes ni les mansardes, ni un recoin... Il les promena partout, de la cave au grenier, n'ayant garde de ne pas leur en faire valoir les heureuses dispositions.

— Oh! la jolie chambre! la vue superbe! s'écria madame Bazin, qui s'aperçut que, grâce à sa mère, elle était devenue un peu froide et qui fit un effort pour sourire.

Grimaud sourit lui aussi et crut pouvoir ajouter, se tournant vers la jolie veuve :

— Ce sera la vôtre.

— Ah! oui, si nous devenons madame Grimaud.

C'était encore madame Picard qui avait parlé.

— Monsieur Grimaud sait fort bien, ma mère, qu'il n'y a rien de décidé à ce sujet, dit madame Bazin embarrassée de nouveau, nous sommes venues aujourd'hui simplement sur son invitation répondre à une gracieuseté.

— Respirer l'air des champs, dit Grimaud.

— C'est cela même, dit la veuve satisfaite.

— Et déjeuner, ajouta madame Picard, déjeuner, je tiens surtout au déjeuner, moi, et comme elle allait devant, toujours furetant à droite et à gauche, elle revint soudain sur ses pas, criant : oh! ma fille, viens donc voir, c'est inappréciable dans une chambre à coucher, quel placard, tu pourras là accrocher toutes tes robes.

— Oh! ma mère!

— C'est juste en effet, dit la bonne dame, rien n'est décidé, je n'y pensais plus.

— Que va dire monsieur?

Et se tournant toute rougissante vers l'honnête propriétaire.

— Monsieur, vous excusez ma mère.

— Mon Dieu!... après tout, qu'est-ce que ça signifie toutes ces cachotteries, s'écria madame Picard s'emportant à la fin, si tu n'avais pas l'intention de répondre à la politesse de monsieur, nous ne serions pas ici, n'est-il pas vrai, monsieur Grimaud? On sait bien que tant que ce n'est pas signé, rien n'est fait, mais c'est en train; d'ailleurs la maison me plaît et à toi?

— La maison sans doute, mais cela ne suffit pas.

— Le mari ne vient qu'après; d'ailleurs il me plaît le mari. Monsieur Grimaud, ma fille s'arrangera comme elle le voudra, moi, vous m'allez et je vous prends pour gendre.

Madame Bazin savait par une longue expérience que lorsque sa mère était partie, rien ne pouvait l'arrêter. Aussi ne l'essaya-t-elle pas et d'ailleurs la chose avait été prise du bon côté. On riait, Grimaud tout le premier et c'est le visage épanoui, la gaieté sur les lèvres, qu'on descendit dans la salle à manger et qu'on se mit à table.

Le repas fut, en effet, des plus gais et des meilleurs, car Joséphine malgré son mauvais caractère avait tenu à se surpasser, et au dessert, l'ancien fabricant d'huiles, crut pouvoir entrer dans quelques détails de sa vie et parler comme s'il eût été déjà l'heureux époux de sa jolie invitée.

— Monsieur Grimaud, ce n'est pas chose faite, crut devoir dire celle-ci.

— Qui pourrait désormais faire obstacle à notre bonheur ?

— Mais... nous-mêmes...

— Vous, alors, car pour ce qui est de moi, j'épouse des deux mains.

— Oh ! le brave homme, s'écria madame Picard qui retourna pour la seconde fois à un petit verre de mercurey qu'elle déclarait délicieux.

— Et bien soit, mais moi je fais mes réserves, dit madame Bazin, tant que je n'aurai pas dit oui... d'ailleurs vous connaissez le proverbe : Souvent femme varie...

— Il a trop servi, il est démodé, dit Grimaud en riant, et j'y crois si peu pour vous que je vais dès demain commander mon habit de noce.

— Et moi les violons, dit madame Picard.

— Des violons, pourquoi faire ?... Nous ne danserons pas, dit la veuve avec mélancolie et peut-être avec une pointe de regret.

— Tant pis, s'écria la vieille, ce bal m'eût rajeunie et rappelé défunt Picard, en voilà un qui aimait la danse ; mais c'est égal, il faut l'avouer, il préférait encore lever le coude que la jambe.

— Ma mère...

III

On sortit de table, il était temps. Deux heures de l'après-midi. On ne se figurerait jamais que le temps passât si vite.

— Pressons-nous, dit Grimaud, Joséphine vient de me prévenir que la voiture nous attendait.

— La voiture... quelle voiture ?...

— Ne faut-il pas que nous gagnions de l'appétit pour le dîner ? J'ai commandé la carriole du père Bonnefoy, et nous allons pousser du côté de Saint-Prix. Vous verrez, la vallée est délicieuse, Eaubonne est enveloppé d'une nuée de petits pays qui donnent un avant-goût du paradis.

— J'adore cela, s'écria madame Picard, il me semble que j'y suis.

— Dans le paradis ?

— Pourquoi pas... j'ai fait mon purgatoire dans ce monde, monsieur, j'ai été mariée.

— Oh ! ma mère, soupira la belle madame Bazin, cela manque d'opportunité.

— Mais madame n'est pas opportuniste, fit observer Grimaud.

— Je vous demande pardon, répondit madame Picard, et si je parle ainsi, c'est que le pauvre homme est mort et que je n'ai plus soif.

— Ma mère, vous êtes incorrigible, dit la veuve, qui prit le parti de rire et qui ajouta, se tournant vers l'ancien fabricant : surtout, monsieur, ne nous faites pas rentrer trop tard, songez que vous avez charge d'âmes et que vous répondez de nous.

— Oh ! nous avons le temps de songer au retour.

— C'est que nous ne sommes même pas à Ermont.

— Ici ?... vous êtes à Paris.

— Oui, oui, nous la connaissons, dit madame Picard, les Batignolles et Eaubonne se touchent, moyennant qu'on emporte son bonnet de nuit, mais cela ne fait rien, en avant la carriole, nous nous confions à vous, mon gendre.

On partit et on ne revint que quatre heures après, joyeux, animés et enchantés les uns des autres.

Le pays était superbe, et du premier coup on avait dominé Saint-Prix, Bessancourt, Montlignon et Saint-Leu. Le soleil inondait la route, et, de la vallée, la côte émergeait dans un bain de lumière d'où pointaient le clocher de Saint-Prix et la maison de M. Double, le célèbre collectionneur.

Partout la campagne apparaissait fertile, riche, boisée et semée de propriétés tellement vastes et seigneuriales qu'on se fût cru à cinquante lieues de Paris. A Andilly et à Margency, ces dames s'extasièrent sur les vastes pépinières d'arbres fruitiers et forestiers, et à Soisy, on s'oublia un instant devant les grandes et belles grilles du château des Rodoconachi. On pressa un peu l'allure du cheval pour le retour, et on revint par Franconville, Sannois, Cernay et Ermont.

— Le beau pays, répétait la jeune veuve enthousiasmée, on voudrait toute sa vie habiter ici.

— Cela ne tient qu'à vous, belle dame.

Et l'ancien fabricant se frottait les mains, il était amoureux comme un jeune homme et n'eût pas donné sa journée pour une sous-préfecture. D'ailleurs le temps était magnifique, le soleil pas trop ardent, et une légère brise, courant dans le feuillage d'un vert tendre, amenait un peu de fraîcheur sur la route poussiéreuse. Grimaud se crut rajeuni de vingt ans, et à un moment, sa victime lui apparaissant sans défense, il s'empara de sa main par surprise et y glissa un baiser.

Que de richesses dans le cœur de cet honnête bourgeois dont un anarchiste néanmoins eût méconnu le caractère. Cependant si l'intention était bonne, le mouvement avait été prompt et la victime devenue méfiante, jeta sur le coupable un regard irrité.

La figure du brave homme se montra alors si déconfite qu'elle ne put retenir un éclat de rire, et crut ne pouvoir faire autrement, en signe de pardon, que d'accepter le bras que celui-ci lui offrait pour, de retour au jardin de l'habitation, en faire deux ou trois fois le tour.

— Vous avez ri, vous êtes désarmée lui dit-il.

— Oui, mais soyez plus raisonnable, monsieur Grimaud, répondit la veuve, notre âge exige une certaine retenue.

— Bah! Le vôtre me fait oublier le mien, et en fait d'années, je ne compte qu'avec celles que j'ai devant moi.

— Mon gendre, vous êtes un polisson.

Très en train la veuve Picard... On eût dit que le mercurey faisait toujours son effet sur son cerveau en ébullition ; il est vrai que depuis qu'il s'était évanoui, elle l'avait pas mal arrosé de quelques rafraîchissants et de plusieurs apéritifs.

Mais les amoureux, puisque amoureux il y avait, ne l'écoutaient plus, et tous les deux disparaissaient bel et bien sous l'ombrage touffu des magnolias en fleurs.

— Nous reviendrons, cria Grimaud.

— Je le pense bien, grommela la bonne femme, ils n'ont peut-être pas l'intention de me laisser ici pour reverdir. C'est égal, se dit-elle, ça va bien, et moi je suis enchantée, car nous pourrons ici nous installer tout à notre aise; c'est peut-être un peu loin de Paris, mais bast! on ne peut pas avoir à la fois la ville et la campagne.

Celle-ci se dirigeait alors du côté de la cuisine. Ce sont là certains coins qu'il est urgent de visiter. La figure de la cuisinière ne lui revenait qu'à demi, mais on verrait quand on y serait, et au besoin ou la remplacerait. Elle en était là de ses réflexions, quand se retournant, elle aperçut madame Bazin, très pâle, le visage bouleversé, qui revenait à elle d'un pas saccadé.

— Ah çà ! qu'est-ce qu'il se passe ? Qu'as-tu donc ? demanda madame Picard, très surprise et saisie d'une vive contrariété.

— Chut...

— Il a été inconvenant, cela ne m'étonnerait pas de sa part; vois-tu, les hommes... mais dans la vie, il faut savoir en passer ; le pays est agréable, la maison est bien.

— De grâce ! ma mère, tais-toi.

— Cependant, s'il s'est mal conduit ?

— Pas un mot, le voici.

Madame Picard écarquilla les yeux, mille idées lui traversèrent l'esprit, et, par un brusque revirement, cet homme estimable qu'elle était prête à aimer, qu'elle admirait dans sa propriété, dans son honnêteté et dans la familiarité de ses manières, lui apparut tout à coup comme un monstre.

Oh ! les hommes, tous les mêmes ; comme elle avait bien jugé celui-là !

Mais son étonnement grandit encore, quand elle vit sa fille se remettre de son émotion et lui parler comme si rien entre eux ne s'était passé. Qu'est-ce que cela voulait dire ? Quant à lui, calme, affectant une douce bonhomie, il ne paraissait nullement embarrassé et ne se montrait que plus empressé.

Madame Picard n'y comprenait plus rien ; est-ce que par hasard on se moquerait d'elle ? A cette pensée, elle devint rouge comme une pivoine et faillit éclater.

Mais l'œil de sa fille la contint.

— Explique-moi, au moins, lui glissa-t-elle à l'oreille et lui poussant le coude.

— Plus tard, mais veille.

— Veiller à quoi?

— A ses paroles.

— Comment, il faut que je veille à ses paroles, maintenant? Ah çà! qu'est-ce que tout cela signifie?

Elle étudia bien la physionomie de sa fille, ne perdant aucun de ses gestes, et remarqua en effet, que sous une apparence de tranquillité, celle-ci dissimulait une sourde irritation.

— Certainement, se dit la bonne femme, il y a quelque chose; attendons.

Joséphine annonça le dîner. On se dirigea du côté de la salle à manger, et on reprit ses places du matin. Mais ce fut en vain, le charme était rompu, et on ne retrouva pas la gaieté du déjeuner. Madame Picard se pinçait les lèvres pour ne pas lâcher quelque sottise. Comme elle se connaissait, la brave femme! Madame Bazin essayait les uns après les autres tous ses plus jolis sourires, mais aucun ne faisait feu, et, nés dans le vide, ils s'éteignaient dans la gêne. Grimaud haussait la voix, se démenait, faisait de vains efforts, ne comprenait rien à la température de glace qui avait tout d'un coup succédé. Il s'accusait, le brave homme; c'était sa faute, il manquait d'élan, d'amabilité; il ne savait plus recevoir. Oh! ses vingt ans qu'il avait cru un instant rattraper, comme ils étaient loin. Et plus il appelait à l'aide les ressources de son esprit et de sa verve, plus la conversation languissait, et plus la sympathie vive qui s'était nouée instantanément se détendait.

IV.

— Mais qu'avez-vous donc? mesdames, ne put-il s'empêcher de dire, nous ne sommes pas gais, ce soir comme ce matin?

— C'est vrai, dit madame Picard, on dirait que nous avons le vin triste.

— Le vin? mais vous ne buvez pas.

— Monsieur Grimaud, il me semble que votre pendule est arrêtée, dit la belle madame Bazin toute pâle et comme si elle avait dit une énormité, quelle heure avez-vous donc à votre montre?

— Oh! il est à peine huit heures.

— Elle va bien, votre montre?

— Depuis que je l'ai, elle n'a jamais varié.

— Et il y a longtemps?

— Ma foi, je crois que c'est la cinquième année.

— Cinq ans.

— Comme elle dit cela, pensa madame Picard.

En effet, la jeune veuve paraissait toute bouleversée.

— Mon mari, dit-elle, avait aussi une montre de famille à laquelle il tenait beaucoup, un véritable bijou; on assurait qu'elle avait dû appartenir au duc de Lauzun, le favori de mademoiselle de Montpensier.

— Diable! c'était une montre historique, dit Grimaud; moi, je me suis laissé dire que la mienne avait aussi sa valeur; il est certain d'ailleurs qu'elle remonte aux temps les plus reculés.

— A Vercingétorix? dit madame Picard.

— Non, mais à Louis XIV.

On essaya de rire un peu, mais ce fut du bout des lèvres; décidément la gaieté s'était envolée.

— Quand je l'ai perdue, continua la veuve qui suivait son idée, j'ai failli en faire une maladie ; je tenais beaucoup à ce bijou.

— Je le crois bien : Lauzun, mademoiselle de Montpensier, ce sont de grands noms, cela.

— Elle me rappelait surtout mon mari.

— C'est de toute justice, dit Grimaud qui s'inclina ; mais pour qu'elle disparût de chez vous, l'ingrat, chère madame, vous avait donc déshéritée?

— Non, cette montre lui avait été volée.

— Volée... Ah! par exemple! Eh bien, moi, on ne me volera pas la mienne, car, n'importe à quelle heure, que je revienne de Paris, ou que je m'aventure seulement dans le pays, je ne sors jamais sans un gracieux petit revolver ; les deux joujoux font d'ailleurs bon ménage ensemble, ils ne se sont jamais disputés.

Madame Bazin tressaillit.

— Un revolver!

— Vous en doutez?

Et Grimaud, mettant la main à sa poche, tira en effet, de son étui, un revolver microscopique, à six coups, qu'il déposa sur la table.

— Oh! enlevez cela, monsieur Grimaud, s'écria madame Picard, vous savez bien que les femmes n'aiment pas ces sortes de jouets.

Madame Bazin n'était plus pâle; elle était livide.

— C'est singulier, dit-elle, mon mari a été tué d'une balle de revolver dont le calibre devait être de la force de celui-ci.

— Votre mari est donc mort de mort violente? chère madame.

— Vous l'ignoriez?

— Absolument.

— Comment! chez madame Dufresnay, où nous nous sommes rencontrés, on ne vous a pas appris que mon mari a été la victime d'un horrible assassinat?

— En voici la première nouvelle. Il y a longtemps de cela, madame?

— Cinq ans.

— Vous m'effrayez, dit Grimaud interloqué, je m'étais toujours figuré ce digne M. Bazin s'éteignant tranquillement dans son lit. Avait-il quelques ennemis? s'est-il montré imprudent? Je pense que l'assassin a subi le châtiment qu'il méritait.

— Jamais, monsieur, répondit madame Bazin de plus en plus livide et les traits contractés, et je suis même résolue, je ne vous le dissimule pas, à rester veuve tant que le misérable n'aura pas payé sa dette à la justice.

— Diable! dit Grimaud qui ne dissimula pas un vif sentiment de contrariété, voici une détermination qui va singulièrement retarder l'époque de notre mariage.

— Peut-être, monsieur; mais, en tout cas, cela dépend de vous.

— De moi !... Me prendriez-vous par hasard pour un agent de police?

— Vous pouvez le devenir, ou tout au moins l'être dans la circonstance et m'aider dans mes recherches.

— Il est bien tard, madame, pour m'engager dans ces sortes d'expéditions, dit l'honnête propriétaire l'air assez peu satisfait; puis, enfin, voyons, de bonne foi, M. Bazin est mort, c'est un grand malheur auquel je ne refuse pas de compatir; mais il y a cinq ans de cela, et vous avez eu le temps de renouveler plusieurs fois votre deuil; tenez, ce matin, nous paraissions l'avoir tout à fait oublié, ce bon M. Bazin.

— Ce matin, j'avais tort, et je me suis déjà demandé ce que vous aviez dû penser de nous.

— Parle pour toi, dit madame Picard ; moi, je ne regrette pas d'avoir ri un peu, et je vous avouerai entre nous, monsieur Grimaud, que mon gendre ne valait pas la peine que je le pleurasse si longtemps.

— Ma mère, dit la veuve avec indignation.

— M'aurait-il pleuré cinq ans, moi sa belle-mère !

— Oh ! non, s'écria Grimaud, qui se mordit aussitôt les lèvres.

— Monsieur, mon mari était le plus honnête homme que j'ai jamais connu, et me remarierais-je une seconde fois, que je n'oublierai jamais ses mérites.

— Comment donc? mais nous les célébrerions ensemble, dit Grimaud essayant de rire un peu, et faisant de vains efforts pour ramener la gaieté sur le visage de la jeune veuve, de plus en plus froide et contrainte.

— Monsieur, dit-elle, cessons toute plaisanterie, je vous prie, et dites-nous l'heure exacte, car, ma mère et moi, nous tenons à ne pas rentrer au milieu de la nuit.

— Le pays est très sûr.

— Pour ceux qui comme vous sont armés.

— Seriez-vous peureuse?

— Oui, monsieur, je le suis, et j'ai le droit de l'être, car mon mari est mort pour s'être attardé. Il n'y avait point d'homme plus régulier dans sa vie. Un soir, il s'est laissé entraîner par quelques amis ; le souper s'étant prolongé dans la nuit, il est revenu seul à trois heures du matin, et, le lendemain, on l'a retrouvé assassiné sur le quai Jemmapes, près du canal Saint-Martin.

— Quai Jemmapes! s'écria Grimaud.

— Vous connaissez ce quartier? dit vivement la veuve.

— C'était le mien avant que j'habitasse ici.

— Il y a combien de temps?

— Mais je l'ai quitté tout à fait, il y a cinq ans environ.

— C'est assez singulier, fit-elle en tressaillant; mais dites-nous l'heure, je vous prie, monsieur.

Grimaud tira tranquillement sa montre de son gousset.

— Neuf heures moins vingt, fit-il.

— C'est l'heure de partir, dit madame Picard.

— Si c'est l'heure, je le crois bien, s'écria la veuve, se levant vivement, et ayant retenu un cri prêt à lui échapper à la vue de la montre que Grimaud avait tout doucement glissée dans son gilet; monsieur, nous allons, grâce à vous, manquer le train.

— N'ayez aucune crainte; j'entends d'ailleurs la voiture que j'ai commandée, et je vais vous demander la permission de vous accompagner.

— C'est absolument inutile, dit madame Bazin froidement, nous serions désolées de vous causer ce dérangement.

— Puis, permettez que j'appelle Joséphine; enfin, nous avons encore quelque chose à nous dire; nous n'avons pas beaucoup causé ce soir... notre mariage...

— Oh! notre mariage, fit la belle madame Bazin, s'enveloppant et franchissant le seuil de la porte, nous avons le temps...

— Cependant, ce matin...

— Ce matin, ce matin...; elle se pencha à son oreille, et, la voix contractée, il me faut le nom de l'assassin, fit-elle, et vous seul pouvez me le donner.

— Moi?...

19

— Vous, ou alors...

Elle n'acheva pas, elle était dans la voiture où madame Picard l'avait déjà devancée et criait au cocher :

— A la gare, pressez-vous, pressez-vous, nous allons manquer le train.

— Eh bien, si j'y comprends quelque chose, je veux bien que le diable m'emporte ! se dit le brave homme, regardant la voiture s'éloigner au galop sur la route, et rentrant piteusement chez lui. Ah çà ! par exemple, est-ce que j'étais sur le point d'épouser une folle ?

Une heure après, Grimaud abandonnant Joséphine à ses récriminations, se mit au lit et s'enveloppa chaudement dans ses couvertures.

— C'est égal, se dit-il, la tête sur l'oreiller, c'est dommage, cette femme-là avait quelque chose qui m'allait.

IV

Quel ne fut pas l'étonnement de notre ancien fabricant d'huiles, quand, vingt-quatre heures après la belle journée passée dans l'agréable sociétée de la jolie veuve, il reçut quatre lignes sèches du chef de la sûreté, le priant de passer à son bureau, pour affaire le concernant, quai des Orfèvres, le jour même, sur le coup de trois heures.

Le brave homme devint rêveur.

Que diable qu'est-ce que cela voulait dire ?... Le chef de la sûreté, la police à ses trousses, c'était bien cette fois à n'y rien comprendre. Ah ! çà, dans quel guêpier s'était-il fourré ?

C'est tout fiévreux que notre homme fit sa toilette pour paraître devant le magistrat. On a beau avoir derrière soi une vie honorable et exempte de toute peccadille, on n'en est pas moins inquiet et agité au seul mot de police. C'est plus fort que soi, on peut être somnanbule et avoir commis un crime inconsciemment, puis enfin il y a des ressemblances si singulières, des concours de circonstances si bizarres.

Aussi avant de s'éloigner, Grimaud crut-il nécessaire de faire à Joséphine plusieurs recommandations importantes.

— Si je ne reviens pas, commença-t-il avec mélancolie.

— Comment si vous ne revenez pas, qu'est-ce que vous me chantez-là ? Vous avez donc l'intention de coucher en ville à présent.

— Non, mais tout peut arriver.

— Je vous préviens, monsieur, que si vous vous mettez à mal vous conduire, je quitterai votre condition, je n'ai jamais servi que dans des maisons honnêtes et je ne commencerai pas aujourd'hui...

— Au contraire, il faut rester, garder la maison et s'il vient quelqu'un, tu diras que je suis en voyage.

— Où cela ?... à Sainte-Anne ?...

— Joséphine...

— Je vous disais bien que vous aviez tort de changer votre vie, c'est ce mariage qui vous trotte par la tête. Vous verrez où cela vous conduira.

— Enfin suffit, pas d'inquiétude et demain je t'écrirai.

— D'abord, je ne sais pas lire.

— Ah ! diable, alors je t'enverrai quelqu'un, au revoir Joséphine, adieu peut-être.

Joséphine n'avait pas l'âme tendre.

— Ma parole d'honneur, il devient fou, se dit-elle, et le poussant doucement dans la rue, elle referma la porte.

Le trajet fut triste et c'est sous le coup des plus effroyables pensées, d'une sorte de cauchemar, que Grimaud fit son apparition dans le cabinet du chef de la sûreté.

— Monsieur, lui dit brusquement celui-ci, il paraît que vous ne sortez qu'armé d'un revolver à six coups; cela prouve des idées belliqueuses chez un homme qui vit retiré et auquel on ne prête, dans son entourage que des mœurs simples et paisibles.

— Monsieur, je l'ai sur moi, répondit Grimaud avec douceur, vous pouvez l'examiner, il n'a jamais été chargé.

— C'est différent, mais vous avez aussi une montre?

— Oh! monsieur, elle n'est pas chargée non plus, dit Grimaud, qui perdait la tête.

— Savez-vous d'où elle vient cette montre?

— De Louis XIV, monsieur.

— Ce n'est pas de Louis XIV au moins que vous la tenez?

— Oh! non, monsieur, je sais assez mon histoire pour savoir que Louis XIV et nous, ne vivions pas dans le même temps, mais d'un de mes amis, horloger, qui habitait le faubourg Saint-Denis.

— Très bien, dit le chef de la sûreté qui écrivit l'adresse sous la dictée du brave homme; il demeure toujours là, votre ami?

— Je ne crois pas, monsieur, je l'ai d'ailleurs perdu de vue depuis plusieurs années et je m'imagine qu'il a fait de mauvaises affaires.

— En effet, je suppose qu'elles étaient assez mauvaises ses affaires, et son nom ne doit pas m'être inconnu. Périnet, n'est-ce pas?

— Oui, monsieur.

Le policier sonna un de ses agents, lui dit quelques mots à l'oreille et celui-ci revint presque aussitôt avec un dossier qu'il mit sous les yeux de son chef.

« Justin Périnet, cinquante-sept ans, horloger, faubourg Saint-Denis, banqueroute frauduleuse, disparition, arrêté en 1879 et condamné à la réclusion à dix ans, pour tentative de meurtre, vol et recel. »

Le magistrat tira du dossier une photographie, et la mettant sous les yeux de Grimaud.

— Est-ce cela?

— Oui, monsieur, mais la photographie n'est pas bonne, c'est cependant bien lui.

— C'est lui, ah! c'est lui, eh bien, monsieur Grimaud, je vous félicite, vous avez de jolies connaissances, ajouta le chef de la sûreté fixant un regard narquois à travers ses lunettes sur le pauvre homme décontenancé, heureusement que vous avez pris soin de me dire que c'est un de vos amis.

— Monsieur, je ne le vois plus.

— Je le crois bien, il est en centrale.

— Monsieur, est-ce que vous allez aussi m'y envoyer?

— Peut-être bien, car la montre que vous avez sur vous et que je vous prie de me remettre, est une montre volée qui a appartenu à M. Charles Bazin, assassiné dans la nuit du 5 septembre 1876, quai Jemmapes.

— Ah! mon Dieu! s'écria le pauvre Grimaud, je comprends tout à présent, je suis perdu.

— Pas du tout, c'est votre montre seule qui est perdue... pour vous, au moins, car autrement je ne doute pas un instant de votre bonne foi, et vous venez de rendre un service à la justice en la mettant sur la piste d'un crime dont malgré toutes ses recherches elle n'avait jamais pu découvrir l'auteur. Vous pouvez vous retirer, monsieur.

— Je ne demande pas mieux, monsieur, mais ma montre ?

— Je la garde.

— C'est que je vous dirai, monsieur le commissaire, je l'ai payée huit cents francs.

— Ce n'est pas mon affaire, vous pourrez d'ailleurs la réclamer à madame veuve Bazin à laquelle elle appartient véritablement et chez qui je vais la faire remettre.

Deux mois après, Justin Périnet, ancien horloger et habitant de Clairvaux, passait devant le jury de la cour d'assises de la Seine et convaincu du nouveau crime indiqué était condamné cette fois aux travaux forcés à perpétuité.

— J'aime mieux cela, dit l'assassin, je me faisais vieux en province, va pour la *Nouvelle*.

— Eh bien, dit Grimaud à la belle madame Bazin, vous ne vous doutiez pas si bien dire : La mort de ce pauvre M. Bazin est vengée, et j'ai fait à moi seul en une heure tout ce que la police en cinq ans n'a pas su mener à bien.

— Je me doutais de vos moyens, dit la jolie veuve, car j'avais reconnu ma montre.

— La vôtre... dites la mienne, car elle me représente huit cents francs.

— Et à moi, un souvenir de mon mari.

— Arrangeons-nous, dit Grimaud et admettons qu'elle soit à nous deux, mon notaire, d'ailleurs, me recommande le régime de la communauté.

— Nous nous marions donc ?

— Que voulez-vous faire de mieux ?

— Ma foi, vous avez raison, dit madame Picard, moi, d'abord, Eaubonne me plaît et je m'y installe.

— Si nous filions dans le Midi, soupira Grimaud ravi ; oh ! avec la montre.

— Monsieur Grimaud, vous êtes un ingrat, dit la veuve, ma mère est la meilleure des femmes.

— Oh ! elle ne serait pas seule, nous lui abandonnerions Joséphine.

EUGÈNE MORET.

LE PAPILLON

Dans le jardin, où les rayons d'un brûlant soleil d'août font vibrer l'atmosphère embrasée, le long des corbeilles, dont les fleurs pâmées languissent sans parfum, une petite fille, en robe de foulard rose, jambes et bras nus, ses cheveux blonds dénoués sous un chapeau de paille blanche, avec la fougue insouciante de ses douze ans, fait la chasse aux papillons.

Assis à l'ombre d'un rond-point de verdure, son grand-père, beau vieillard de quatre-vingts ans, ancien page de Louis XVIII, le menton appuyé sur la pomme d'argent de sa canne, la bouche souriante et les yeux demi-clos, surveille l'enfant dans sa course capricieuse.

Avec la grâce prudente et légère d'un jeune chat, la petite fille, suivant sur la pointe du pied une étroite allée qui serpente entre deux bordures de rosiers, s'apprête, avec son filet en gaze verte, à capturer un beau sphynx, aux ailes rouges semées d'yeux de velours noir. Elle fait un pas et s'arrête, le bras tendu, retenant son souffle, ses fines dents blanches mordant sa lèvre. Un pas de plus... L'insecte, posé sur une rose, butine inconscient du danger qui le menace... Un pas encore... Déjà le filet s'abaisse. Mais un frémissement de l'air, une ombre soudaine, ont averti le papillon. Il se lève, et, d'un vol incertain, s'enfuit.

L'enfant s'élance alors, avec des cris, et la poursuite commence, furieuse, sans souci des obstacles, à travers les pelouses, au milieu des corbeilles. Le papillon, étincelant dans l'air, comme un joyau vivant, descend, monte, s'efforçant d'échapper à son ennemie. Un grand espace libre s'offre à lui, au-dessus du bassin orné de rocailles, d'où jaillit un jet d'eau qui chante. Il se croit sauvé, et cherche à se poser sur la fleur d'un nymphéa. Mais l'eau, qui retombe en poussière irisée, alourdit ses ailes, et mouillé, piteux, il s'abat parmi les feuilles glauques et gluantes. Palpitant d'une angoisse affreuse, il tâche de se soutenir et se traîne à demi submergé.

La petite fille a assisté à ce rapide désastre. Elle a poussé un cri désespéré.

— Grand-père, vite! Viens m'aider! Le papillon se noie!

Et sans attendre le secours du bonhomme, qui se hâte de ses vieilles jambes, elle s'élance sur les rocailles à fleur d'eau, se penche, et tend au papillon en détresse le manche en roseau du filet. L'insecte y aborde, secoue ses ailes, et, en un instant séché par le soleil, retrouve son éclat resplendissant.

Alors, profitant de son engourdissement, celle qui vient de le sauver le saisit par la tête, et, avec un cri de triomphe, saute sur le gazon.

— Imprudente! lui crie l'aïeul, arrivant tout essoufflé... T'aventurer au milieu de ce bassin, te pencher, au risque d'une chute... quand tu as si chaud!

— Oh! grand-père, pour rien au monde je n'aurais voulu laisser mourir ce pauvre petit dans cette vilaine eau...

Alors, regardant son captif avec des yeux mouillés de tendresse, elle prend une longue épingle, lui en traverse le corps d'un coup sec, et fixant à son chapeau le beau sphynx, tout pantelant de l'horrible torture :

— Comme ça, dit-elle, à la bonne heure !

Et elle repart en courant.

Le vieux page sourit avec mélancolie, et, hochant sa tête blanche, il murmure en regardant la petite fille :

— Généreuse et implacable, tendre et féroce à la fois... Allons ! Déjà femme !

Georges Ohnet.

CLAIR DE LUNE VÉNITIEN

PERSONNAGES :

GEMMA, 18 ans.
STELLO, 20 ans.
L'HOMME SOMBRE, 45 ans.

La scène représente une place à Venise. — A gauche, en façade, un palais avec pan coupé à droite rejoignant un canal. — Sur le canal, un pont. — Une grille court autour des murs du palais. Porte d'entrée à gauche. — Sur le pan coupé, un balcon de marbre sculpté. — Effet de lune mi-voilée laissant dans l'ombre la partie gauche de la scène et éclairant la partie droite avec le balcon. — Sortie à gauche par la place et à droite au fond par le pont.

SCÈNE PREMIÈRE.

Un homme déjà âgé, pâle, vêtu de noir, arrive par la gauche, une dague au côté, examine avec soin les abords du palais, puis tire une clef et entre par la grille qu'il referme. A peine est-il entré qu'une jeune fille paraît au balcon.

GEMMA.

Du balcon je m'empare enfin ! mais que de peine
Pour sortir de la chambre affreuse où l'on m'enchaîne !
Quand je la dis affreuse, il faut s'entendre. Elle est
Pavée en mosaïque, et j'aime le reflet

Que prend sous le soleil son plafond peint à fresque.
Mais la liberté manque à tout ce pittoresque.
On m'enferme. Et pour mieux m'isoler d'alentour,
La chambre a sa lumière en dedans, — sur la cour.
Pourvu que maintenant personne ne me trouble !
— Qui le pourrait ? Le tour de la serrure est double
Sur la vieille qui dort. Et j'ai gardé la clé.
Que son sommeil demeure ou se soit envolé,
Même tranquillité pour l'instant. Quant au maître,
On pourrait voir plutôt le soleil reparaître
Avant l'aube que lui, quand les salles de jeu
Le tiennent dans leur griffe. — Et de son propre aveu,
Il est allé jouer. — Donc regardons la place
Et respirons ! — Ce n'est pas gai ! — le vent me glace.
Personne ! oh ! si c'est là ce réel tant rêvé,
Mieux valait mon désir que ce que j'ai trouvé !

SCÈNE II.

GEMMA, STELLO.

STELLO, *arrivant par la gauche et cherchant son chemin, sur la tête une toque avec une plume, un manteau autour du corps.*

Bien. Voici le palais Nerante. Cette route
Au pont du Rialto doit mener. Si l'on doute
De mon habileté pour bien me diriger,
Qu'on vienne voir ! le brin de plume qui léger
Voltige à mon chapeau, voilà qui j'ai pour guide ;
Sa forme au vent est la raison qui me décide.
Elle en vaut bien une autre. Et j'arrive encor mieux
Que les calculateurs et les mystérieux.
Allons !

(*Il sort à droite par le pont.*)

GEMMA.

Ai-je bien vu? quelqu'un de forme humaine !
Un vivant ! après tout, qui sait? l'on se promène
Parfois la nuit, n'étant qu'une ombre. — Dans ce cas
L'ombre avait le pas vif et les traits délicats.
Où pouvait-il aller ? où va tout être libre,
Où bon lui semble. Et moi, quand ma jeunesse vibre,
Je la dois étouffer ! Je me disais tantôt :
Voir par-dessus le mur est tout ce qu'il me faut.
Je vois et je me dis : c'est plus navrant encore ;
Sentir là l'existence et n'y pouvoir éclore !

STELLO, *repassant le pont rentre en scène.*

Tiens ! le fantôme ! il est élégamment drapé.

STELLO, *à lui-même.*

Décidément la plume au chapeau m'a trompé.
Et beaucoup ! Léger comme une femme, mon guide
A complété l'image en devenant perfide.
Où je le supposais, le Rialto n'est pas.
Comment traverser l'eau ! Revenons sur nos pas.
Le diable soit, si du bon chemin je me doute !

GEMMA.

C'est un pauvre jeune homme ayant perdu sa route.
Aidons-le !

STELLO.

J'ai grand peur d'errer jusqu'au matin.
Et dire que je suis en souliers de satin !

GEMMA, *le voyant arrêté sur le bord du pont.*

Eh ! Seigneur cavalier.

STELLO, *sans se déranger.*

Cavalier, ce n'est guère !
Seigneur, non plus. Je suis peintre, c'est moins vulgaire

(*Se levant tout à coup en apercevant Gemma.*)
Ah ! je suis peintre et fou ; car juste est la fierté
De l'artiste partout, — hors devant la beauté.

GEMMA.

Vraiment je suis donc belle ?

STELLO, *avec feu*.

Enfant folle et candide,
Mais vous m'apparaissez comme un rêve splendide !
Et permettez !   (*Il ôte sa toque.*)
Il faut que je fasse d'abord
Mes excuses à qui fut blâmé bien à tort.
Plume, j'ai blasphémé ton plus divin mystère.
Tu me menais au ciel en m'égarant sur terre.
Gloire à toi !   (*Il remet sa toque.*)

GEMMA.

Vous riez. Soit ! mais savez-vous bien
Où vous êtes ?

STELLO.

Ma foi, cela, je n'en sais rien.

GEMMA.

Si l'homme redoutable absent d'ici pour l'heure
Rentrait et vous trouvait rôdant sous sa demeure,
De sa dague, sur place, il pourrait vous clouer.

STELLO.

Pour me chasser ! voilà, vous devez l'avouer,
Qui serait illogique. Et puis...

GEMMA.

Quoi ?

STELLO.

Je soupçonne

Que s'il garde quelqu'un, c'est vous cette personne,
Qu'il ne doit pas aimer quand vous prenez le frais,
Et que, si vous voilà, vous le croyez moins près.

GEMMA, *craintive.*

Dieu le veuille!

STELLO.

A quel titre est-il donc votre maître?
Comme époux?

GEMMA.

Non.

STELLO, *gaîment.*

Alors c'est un tuteur, ce traître.

GEMMA.

Je ne sais, j'ai passé mon enfance au couvent
Et je viens d'en sortir pour être, plus qu'avant,
Isolée et laissée en dehors de la vie,
Si bien qu'un passereau libre me fait envie.

STELLO.

Mais pourquoi vous tient-il ainsi dans ce palais?

GEMMA.

Il prétend que le monde est fait de cœurs trop laids.
Moi j'ai peur. Je ne peux ouvrir une croisée.
Sa prunelle me glace, étant sur moi posée.
Oh! dites-moi, jeune homme à l'air loyal; parlez.
Le cloître et la prison m'ont fait des jours voilés.
Est-ce vrai que le monde est méchant et infâme?
Vous si charmant à voir, vous a-t-il flétri l'âme?

STELLO.

S'il me l'avait flétrie, elle refleurirait
Au jour mystérieux de ton naïf attrait!

Sans doute j'ai payé ma dette à la folie.
Mais mon cœur, qui devant tout bourbier se replie,
A, sans prendre jamais une larme à quelqu'un,
Jeté sa fantaisie et gardé son parfum.

GEMMA.

Enfin, que pensez-vous du monde?

STELLO.

       Il faut y vivre.
Il détruit ce qu'il peut, tue autant qu'il enivre.
Nul ne sait s'il vaudra mieux jamais qu'à présent.
Mais les pleureurs ont beau dire, c'est amusant.

GEMMA, *avec impatience.*

C'est amusant! mais rien n'est-il qui vous élève?
D'un désir inconnu je porte au cœur le glaive.
Qui m'ôtera ce glaive ensanglanté du cœur?

STELLO.

Ni l'insensible ciel ni le monde moqueur.
L'amour seul blesse et seul guérit. O jeune fille,
Je suis trop jeune et toi trop belle, et la nuit brille
Trop suave. Entends-moi.

  (*Il ôte son manteau qu'il jette sur son bras et apparaît en costume de Léandre, tout brodé de paillettes.*)

GEMMA.

      Dieu! les brillants habits!

STELLO.

Plus grands sont de mon cœur les changements subits.
Si j'ôte le manteau sombre de mon épaule,
C'est que mon cœur aussi s'échappe d'une geôle
Pour renaître à l'azur.

GEMMA.

Et vous étiez dehors
Ainsi vêtu, sans but?

STELLO.

Si ce n'est que je sors
Du bal masqué. J'avais endossé ce costume
Pour aller intriguer, comme c'est la coutume.
Mais le dégoût me prit de la banalité,
Et j'ai trouvé meilleur, par cette nuit d'été,
D'aller conter mon rêve à la lune. Une opale
M'est tombée, avec toi, de sa couronne pâle.
Et vois ! cœur sérieux, sous l'habit de gala,
Perle des nuits, je veux ton âme; donne-la.

GEMMA.

Elle est à toi déjà. Je sens à ta parole
Qu'un nid dormait en moi dont un oiseau s'envole ;
Si c'est preuve d'amour, je ne sais; mais je sais
Que je souffrirai tout pour toi, sans dire assez,
Tant souffrir serait doux. Est-ce là comme on aime?
Dis-moi !

STELLO.

N'en doute pas ; ce serait un blasphème.
Viens ! nous pouvons partir ; n'importe où nous irons,
L'amour aura nos cœurs comme le ciel nos fronts.

GEMMA.

Les portes du palais sont fortes et bien closes.
Contre leur fer que peut l'amour avec ses roses?
Mais je saurai mourir sans faiblesse, emportant
L'espoir qu'on se revoit lorsque l'on s'aime tant.
Et tiens ! si nous restons séparés par la vie,
Pour qu'à te souvenir un gage te convie,

Pour que tu saches bien, malgré l'ombre entre nous,
Que quelqu'un d'éploré pour toi prie à genoux,
Prends ce mouchoir ; Gemma l'a brodé.
(*Elle le jette.*)

STELLO, *l'ayant ramassé.*

L'on te nomme
Gemma ? Moi j'ai nom Stello. Dieu sait comme
Gemma la pierrerie et Stello l'astre, unis,
En vous scintilleraient, terre et cieux infinis !
En attendant, je mets sur mon cœur ta dentelle ;
Et pour la vie humaine et la vie immortelle,
Je te donne mon âme entière avec ceci :
(*Il envoie un baiser.*)
Moins qu'un souffle de vent et plus qu'un monde aussi.

(*Stello met son manteau comme pour partir. A ce moment l'homme sombre sort du palais et tire sa dague du fourreau.*)

SCÈNE III.

GEMMA.

Oh ! ne me quitte pas ! je pleure.

STELLO.

Que ces larmes
Retombent sur le dur geôlier de tant de charmes !
(*L'homme sombre, resté dans l'ombre, écoute.*)

GEMMA.

Ne le maudissons pas ! il semble tant souffrir.

STELLO.

Trop juste est ce tourment dont il ne peut guérir.
Car sans doute, en secret, il t'aime, s'il t'opprime.

GEMMA.

Moi! presque son enfant! oh! ce serait un crime.
Mon cœur repousse cette idée!

STELLO.

Alors pourquoi
Veut-il de ce tombeau fermer les murs sur toi?
Il faut que je t'enlève à cet homme, sur l'heure!
Qu'inventer? Si quelqu'un, m'ouvrant cette demeure,
Me disait : C'est au prix de ton sang, devant Dieu
J'accepterais.

L'HOMME SOMBRE, *à part, remettant sa dague au fourreau.*

Eh bien, soit!
(*Il rentre dans le palais, en laissant la grille à demi ouverte.*)

GEMMA, *répondant à Stello.*

Ne fais pas de vœu
Pareil!

STELLO.

Enfant!
(*Apercevant la grille ouverte.*)
Mais quoi! je n'y puis croire! suis-je
bien éveillé?

GEMMA.

Stello, d'où te vient ce vertige?

STELLO.

La grille s'est ouverte!

GEMMA.

Et personne n'est là?
Prends garde!

STELLO, *allant vers la grille et regardant.*

Rien à craindre! ou le bon Dieu souffla

Sur la grille — ou qui sait? on l'avait mal fermée.
Un escalier désert sur la nuit parfumée
S'ouvre. Sans plus creuser le sort toujours obscur,
Descends, que nous fassions libre notre amour pur.

GEMMA.

Mon bonheur est de fuir avec toi, mais je n'ose
Briser ainsi tout mon passé même morose.

STELLO.

Que crains-tu ?

GEMMA.

      Nul danger. Tous je les braverai.
Mais, loin de tous les yeux, ce départ ignoré,
J'ai peur que ce soit mal.

STELLO.

          C'est mal, si tu redoutes
Que Stello déloyal mente quand tu l'écoutes ;
Mais si tu crois que j'ai, dans l'âme, la chaleur
Et la rosée, assez pour les pieds d'une fleur,
Si tu crois qu'abritant ta chaste confiance,
J'irai, de par l'amour, droit dans la conscience,
Alors tu peux venir, c'est bien.

GEMMA.

          Je viendrai donc,
Pliée à ton désir, comme à la brise un jonc,
Me confiant à toi comme à Dieu.

(Elle disparaît du balcon.)

SCÈNE IV.

STELLO, *allant vers la grille.*

                     Douce amie,
Qu'un ange sur tes pas veille en l'ombre endormie !
Il peut, sans rien voiler de ses blancheurs, mener
Ton cœur vers l'autre cœur qui veut s'en couronner ;
Car, parmi les clartés que reflète son aile,
Au foyer le plus pur de l'essence éternelle,
Il n'est rien, pour porter la marque du Seigneur,
Comme une pureté d'amour et de bonheur.

SCÈNE V.

GEMMA, *paraissant à la grille.*

Sans rien que ma mantille, auprès de toi j'arrive ;
Autrement je risquais de donner le qui-vive.

(*L'homme sombre sort du palais, se dirige vers la gauche et de là, couvert par l'ombre, observe les amants éclairés par la lune.*)

STELLO, *prenant les mains de Gemma.*

Viens toi seule ! que tout ce qui t'enchaîne à lui,
En ce palais demeure avec tes jours d'ennui !

[L'HOMME SOMBRE, *à part.*

Soyez heureux ! Croyez à la douce fortune !
Tant que vous serez là, beaux, sous le clair de lune,
Brisé, je souffrirai sans agir contre vous.
Mais n'entrez pas dans l'ombre où je veille jaloux !

(*Il disparaît à gauche.*)

SCÈNE VI.

STELLO, *examinant un collier au cou de Gemma.*
Qu'est-ce que ce collier?

GEMMA.
Mes diamants.

STELLO, *d'un ton sérieux.*
Superbe!
Mais de ces diamants trop pesante est la gerbe
Pour notre honneur. Il faut t'en priver ou rester.

GEMMA.
Mon Stello, je ne sais ce qui peut t'irriter.
Tu veux que je m'en prive. Eh! crois-tu que j'y tienne!
(*Elle arrache son collier et le jette en dedans de la grille.*)

STELLO.
O noble enfant! Pourquoi faut-il qu'il m'en souvienne?
Je suis pauvre, et ce luxe en lequel tu vivais,
Absent, t'attristera dans la route où je vais.

GEMMA.
Tu seras près de moi.

STELLO.
Dans une chambre nue
Où tu ne trouveras, fêtant ta bienvenue,
Que quelques chevalets avec quelques tableaux.

GEMMA.
Mais ces tableaux vaudront les plus riches joyaux;
Car le ciel n'aurait pas eu cette vilenie
De mettre ces rayons sur ton front sans génie.

STELLO.

Tu crois que tout est beau, tout est grand, qu'il suffit
D'apparaître, le front dans un rayon subit,
Pour avoir, quand la foule en plein néant s'égare,
Le don mystérieux dont tout siècle est avare.
Détrompe-toi : Laissons ce rêve de bonheur.

GEMMA.

Je sais que trop souvent l'espoir est suborneur.
Mais des griffes du sort l'amour est hors atteinte.
Si le tien s'est glacé, si ta flamme est éteinte,
Laisse-moi m'en aller, pour mourir dans la nuit,
Fidèle à l'idéal qui vers moi t'a conduit.

STELLO.

Je t'ai dit le péril, je le devais ; mais puisque
Il est selon ton cœur d'en affronter le risque,
Puisque l'amour te fait un héroïsme tel
Qu'il t'élève au-dessus du mal accidentel,
Ne crois pas que mon cœur, plus que le tien, faiblisse.

GEMMA.

Et moi, ne me crois pas buvant au seul calice
Des rêves, ignorant le réel à subir.
Je tiens à te prouver que je puis réfléchir,
Qu'aimant le raisonnable et voulant le possible,
Je n'ai pas comme but l'éther inaccessible.
Où fuyons-nous ? As-tu quelque plan ?

STELLO.

       Le hasard
D'abord...

GEMMA.

  Et puis ?

STELLO.

  Je sais un logis à l'écart

Où, mariée avec un matelot, demeure
Ma sœur de lait, la plus laide, mais la meilleure
Des femmes. Essayons d'en trouver le chemin.
Le refuge sera des plus sûrs pour demain.
Là nous aviserons. Sais-tu comment s'appelle
Cet endroit ?

GEMMA.

San Luco.

STELLO.

L'occasion est belle.

(*Montrant la gauche.*)
Notre refuge est à deux pas.

(*Lui mettant son manteau sur les épaules.*)
Prends ce manteau
Contre le vent nocturne et pour l'incognito.
Partons ! Mais avant tout, sur ma lèvre altérée
D'amour, de ton baiser mets l'empreinte sacrée.

(*Il s'agenouille devant elle, le visage tourné vers la droite, tandis qu'elle fait face à la gauche.*)

GEMMA, *se reculant comme si elle apercevait quelqu'un dans la rue et poussant un cri de terreur.*

Ah !

STELLO.

Quoi donc ?

GEMMA, *montrant la gauche.*

Là, dans l'ombre !

STELLO.

Eh bien ?

GEMMA, *violemment.*

Eh bien ! Fuis-moi.

Tu voulais mon baiser. Qu'il te donne l'effroi !
(*Indiquant la gauche.*)
Cette rue est gardée. Il reste une ressource,
Une seule.
(*Indiquant le pont*).
Par là précipite ta course,
Et, n'importe comment, passe l'eau, mais va-t'en !

STELLO.

Et toi ?

GEMMA.

Moi, je n'ai rien à craindre. En arrêtant
Ici le meurtrier prêt à frapper, peut-être
Pourrai-je te donner le temps de disparaître.

STELLO.

Et tout sera fini, n'est-ce pas ? Et ces murs,
Qu'on doublera de fer comme étant trop peu sûrs,
Repèseront sur toi plus que jamais.

GEMMA.

Oublie
Tout ce que nous rêvions ; car tout était folie.
Nous nous serions cachés dans Venise ! En quels lieux,
Aurions-nous pu, chétifs, nous dérober aux yeux
Des espions, chasser de nous toutes les faces
Du guet-apens ? M'avoir à toi, quoi que tu fasses,
C'est ta mort. Et je veux que tu vives !

STELLO, *calme.*

Je veux
Que ma main longuement caresse tes cheveux,
Que mon œil à loisir détaille ton visage.

GEMMA.

Tu crois que je m'alarme à tort d'un faux présage.
La mort plane invisible. O toi que j'aime, adieu !

STELLO.

Pour toi tu ne crains pas, m'as-tu dit ?

GEMMA.

Pars ! Au lieu
De braver le destin. — S'il le faut, je t'en prie
Pour moi-même.

STELLO.

Tu mens. Ta belle âme pétrie
De bravoure, s'élance au-devant du danger
Dont tu me voudrais loin. Moi, j'ai droit d'exiger
Le partage. Je suis sans armes. Si la haine
Cherche à m'assassiner, elle le peut sans peine
Que près de toi du moins douce me soit la mort!
Oh ! laisse ta présence illuminer mon sort !
Moi, te quitter ! Ne pas me donner cette joie
D'être ton bouclier, et de servir de proie,
A ta place !

SCÈNE VII.

L'HOMME SOMBRE, *paraissant et lui mettant la pointe de sa dague sur la poitrine.*

Es-tu prêt ? Vas-tu réaliser
Ces grands mots ?

GEMMA.

Grâce !

STELLO, *attirant doucement Gemma et l'embrassant.*

Non ! Qu'il frappe ! Du baiser,
Par ma lèvre cueilli sur cette lèvre aimée,
Mon âme, en s'envolant, restera parfumée.

L'HOMME SOMBRE.

Meurs donc !

(*Écartant tout à coup son poignard.*)

Je ne peux pas ! — A moi seul la douleur !
Je suis le cœur usé ; vous êtes l'âme en fleur.
Votre amour fut mon rêve, et mon rêve doit vivre !
Ma présence lui fait ombre...

(*Se frappant lui-même.*)

Je le délivre !

(*Il chancelle. Stello et Gemma le soutiennent en l'appuyant contre la grille du palais.*)

(*A Gemma :*)

Mon palais et mes biens te sont légués, Gemma !

(*Il tombe à terre.*)

STELLO, *s'agenouillant et lui mettant la main sur le cœur.*

Mort !

GEMMA, *s'agenouillant de l'autre côté.*

Prions pour qu'en paix il repose ! Il aima !

ARMAND RENAUD.

LA RECLUSE DU PONT-DU-CHASTEL

I

La petite ville du Pont-du-Château, autrefois *Pont-du-Chastel*, bien connue des touristes qui ont visité l'Auvergne et admiré son château pittoresque qui domine le cours de l'Allier, ne ressemble guère à ce qu'elle était à la fin du dix-septième siècle. Le beau pont de pierre, en particulier, n'existait pas encore. La route de Clermont à Thiers, dont il forme le prolongement, était en ce temps-là brusquement coupée par la berge de l'Allier, et il fallait remonter à droite pour trouver, à une petite distance, un pont en bois sur lequel on passait d'une rive à l'autre.

Du côté de la ville, les piliers du pont avaient pour assises les rochers qui forment la base de la colline sur laquelle la riante petite ville de la Limagne s'étage en amphithéâtre, et les villageoises, qui s'aventuraient sur ses traverses vermoulues, ne manquaient pas de faire le signe de la croix en passant devant une chapelle dédiée à saint Nicolas, patron des mariniers, qui s'élevait sur le bord de la rivière, à l'endroit même du pont, et qu'on nommait la *chapelle de la Recluse*.

Que signifiait cette appellation, et quelle était cette recluse qui avait choisi pour asile ce modeste oratoire ouvert à tous les vents et exposé aux terribles inondations de l'Allier, qui, à cette époque où l'Auvergne était couverte de bois, déployait une nappe d'eau beaucoup plus large et plus profonde que de nos jours ? Des documents découverts dans les archives d'une des anciennes familles du pays, nous ont permis de reconstituer les incidents du drame dont cette chapelle fut le théâtre. Nous allons en retracer le récit, sans rien y ajouter, en souhaitant qu'il puisse intéresser le lecteur.

II

De tout temps, la population de l'ancien Pont-du-Chastel s'est divisée en deux catégories : les cultivateurs, établis dans la partie haute de la ville, et les mariniers, employés à la pêche ou au service des bateaux, et habitant les quartiers bas et le versant escarpé de la colline qui borde l'Allier.

A cette époque, ni les uns ni les autres n'étaient fortunés, car les terres appartenaient au seigneur et à quelques familles bourgeoises qui les faisaient cultiver pour une modique redevance. Quant aux mariniers, ils auraient pu trouver une ressource précieuse en jetant leurs filets dans une rivière aussi poissonneuse que l'était l'Allier ; mais la pêche, elle aussi, rentrait dans la propriété seigneuriale, et une *pélière* ou écluse établie non loin du pont, à la hauteur des moulins qui existaient alors, arrêtait le poisson, et notamment les saumons renommés de cette rivière dont les plus remarquables allaient faire l'ornement de la table du château.

Le préposé en chef de la pélière seigneuriale se nommait Anthoine Dancher. C'était un rude travailleur, élevé pour ainsi dire comme un canard sur les bords de la rivière, pêcheur hardi, allant dans sa jeunesse jusqu'à plonger dans les *caves* ou souterrains formés sous le lit de l'Allier par l'amoncellement des rochers. Toujours prêt à se dévouer pour ses concitoyens, il avait sauvé vingt personnes dans les inondations si fréquentes à cette époque, et qui transformaient l'Allier en un fleuve dévastateur. Mais l'adversité ne l'avait pas épargné, et il avait perdu, au bout d'un an de mariage, sa jeune femme qu'il adorait, le jour même où elle mettait au monde une jeune fille qu'il appelait Claudine, comme sa mère, et pour laquelle il travaillait avec une infatigable persévérance, afin d'assurer son avenir.

Claudine tenait de sa mère une constitution délicate, une nature fine et impressionnable, un caractère affectueux et sensible. Cette fille de marinier avait la distinction naturelle et le charme un peu maladif qui aurait fait la fortune d'une marquise. Elle était blonde, d'un blond clair et doux, de taille moyenne. Les émotions qu'elle éprouvait se traduisaient vivement sur sa physionomie expressive, et la moindre contrariété amenait les larmes à ses yeux, comme la moindre joie le sourire sur ses lèvres. Inutile d'ajouter qu'elle adorait son père, qui le lui rendait bien, et n'avait jamais voulu se remarier dans la crainte d'introduire dans son foyer une femme qui aurait probablement causé plus d'un chagrin à sa chère petite Claudine.

III

A l'époque où commence ce récit, la fille du *père Anthoine* — c'est ainsi qu'on nommait familièrement le préposé en chef de la pélière — venait d'atteindre dix-sept ans. Elle était jolie à ravir. L'air pur de la Limagne l'avait fortifiée, sans lui enlever son cachet de distinction. Aussi la remarquait-on lorsque, le dimanche, entourée de ses compagnes, elle montait la côte qui conduisait à l'église collégiale de Sainte-Martine pour faire ses prières, et bien des mères souhaitaient une épouse pareille à leur fils. Mais on savait que Claudine était fiancée à Thomas Pommier, appartenant à une des meilleures familles du quartier bas, c'est-à-dire de la population marinière. Sans être riche, ce jeune homme s'était créé, par sa bonne conduite et son caractère laborieux, une situation exceptionnelle parmi les ouvriers de la batellerie de l'Allier, et on le désignait déjà comme appelé à remplacer plus tard, dans son emploi à la pélière, le père Anthoine, qui ne manquait jamais de réclamer ses services au grand moment du passage des saumons.

Thomas, dont la maison était voisine de celle du père Anthoine, n'avait pu voir Claudine sans l'aimer. Ils avaient joué ensemble tout enfants, sur le bord de la rivière, foulant de leurs petits pieds nus le sable fin, et, édifiant, avec des cailloux multicolores, des constructions que la vague faisait écrouler. Un jour qu'un coup de vent avait emporté dans l'Allier le léger fichu de Claudine, Thomas, qui avait à peine sept ans, s'était précipité dans l'eau, et, au risque de tomber dans quelque trou de rocher, était parvenu à rapporter le mince tissu à Claudine, qui l'avait embrassé pour la peine.

Cette amitié enfantine avait changé de nom avec l'âge, et était devenue de l'amour, amour profond, ardent, immense du côté de Thomas, qui aurait traversé l'Allier à la nage pour apercevoir les cheveux blonds de la jeune fille s'échappant en frisottant de sa gentille coiffe auvergnate ; amour sincère, sentimental et tendre du côté de Claudine qui ne manquait jamais, à son lever, de courir vers le petit jardin de la maisonnette formant terrasse sur l'Allier, où elle était sûre de trouver un bouquet de fleurs des champs que son amoureux venait y déposer de bonne heure, en grimpant à travers les rochers.

Les deux familles, afin de cimenter cette affection, s'étaient hâtés de fiancer les deux amoureux, et Claudine approchant de ses dix-huit ans, ils s'étaient mis d'accord pour fixer le mariage au commencement de septembre. La nouvelle de cette prochaine noce avait jeté un grand émoi dans toute la partie féminine de la population des bords de l'Allier, car Claudine comptait beaucoup d'amies, et chacune d'elles tenait à préparer ses plus beaux atours pour faire honneur à la mariée et se faire honneur à elle-même.

IV

En sa qualité d'employé dans la perception des droits de la châtellenie le père Anthoine ne pouvait se dispenser d'aller communiquer le mariage de sa fille au seigneur marquis du Pont-du-Chastel et à la marquise. Il s'y rendit avec Claudine qui avait revêtu ses habits de fête ; mais la délicate beauté de la jeune fille n'avait pas besoin du relief du costume pour faire sensation. Elle fut fort admirée, et, — faveur exceptionnelle, — le marquis invita le père Anthoine à venir, le jour de la noce, danser sur la terrasse du château. La marquise adressa à la jeune fille quelques paroles bienveillantes. Le père Anthoine rentra à sa maisonnette fort ému et bien heureux de l'accueil qui leur avait été fait ; l'excellent père, qui n'avait d'autre rêve que le bonheur de sa chère Claudine, entrevoyait l'avenir avec confiance.

Parmi les membres de la famille du marquis du Pont-du-Chastel, qui avaient assisté à la visite du préposé en chef de la pélière, et avaient été frappés du charme de Claudine et de sa grâce naturelle, se trouvait le neveu du marquis, le vicomte Henri de Beaufort, qui, se destinant à la marine, était venu passer les vacances près de son oncle. Le vicomte avait vingt-deux ans. Il était fort séduisant. Sans être fat, il avait bonne opinion de sa personne. La beauté de Claudine l'avait vivement impressionné. Sans avoir le projet bien arrêté de la séduire, il éprouva le désir de la revoir et de lui faire la cour, pourvu qu'elle ne se montrât pas trop farouche.

En effet, dès le lendemain, sous prétexte de faire une partie de pêche, il vint réclamer les services du père Anthoine. Mais au lieu de se présenter à la pélière, il vint à la maison du chef marinier, où il était plus sûr de rencontrer la jeune fille. Claudine n'était pas seule. Thomas, son fiancé, l'ayant aperçue dressant, contre le mur de la terrasse, un long filet pour le faire sécher, avait grimpé le long des rochers, pour l'aider dans cette besogne fatigante, et ils causaient tendrement comme deux amoureux, lorsque l'arrivée de l'élégant vicomte vint leur causer une vive surprise, surprise peu agréable pour Thomas du moins, et dont il se serait bien passé.

Lorsque Claudine sut que le neveu du châtelain désirait parler à son père, elle lui apprit que le préposé se trouvait près de la pélière ; mais elle s'empressa d'ajouter que Thomas Pommier, son fiancé, qu'elle lui présenta, allait conduire monsieur le vicomte près de son père. Henri de Beaufort, tout en dissimulant son dépit de ne pouvoir causer avec la jeune fille, la remercia de son obligeance et suivit le jeune homme en se disant qu'il serait plus heureux une autre fois.

Il trouva effectivement diverses occasions de revoir Claudine et d'échanger quelques mots avec elle. Il se garda bien de l'effrayer par des déclarations d'amour. Il se montra au contraire fort respectueux, disant qu'il éprouvait pour elle une grande sympathie, et qu'il serait heureux de lui être utile, à elle et à son père. Le voyant si réservé et presque timide, la jeune fille d'abord mise en défiance se rassura. Néanmoins elle se garda bien de parler de ses rencontres à son fiancé dans la crainte d'exciter sa jalousie.

Cependant les occasions où le vicomte put causer quelques instants avec Claudine se multiplièrent. Presque chaque soir, à la nuit tombante, il traversait le pont et la jeune fille se rendait souvent, vers la même heure, à la chapelle de Saint-Nicolas, pour y faire sa prière du soir. C'est ainsi qu'ils se rencontraient comme par hasard et sans s'être donné rendez-vous. Le vicomte avait presque toujours à la main une fleur qu'il prétendait avoir cueillie dans les champs. Il l'offrait à la jeune fille qui n'osait la refuser. En la quittant, il lui serrait la main en lui disant au revoir.

V

On pense bien que ce manège, tout innocent qu'il fût du côté de la jeune fille, n'échappa pas longtemps à l'œil inquiet du fiancé. Thomas, un peu plus âgé que la jeune fille, et par conséquent déjà raisonnable, ne s'alarma pas trop tout d'abord. Il se dit qu'il n'y avait peut-être là qu'un enfantillage de jeune fille, qu'un petit sentiment de coquetterie d'une paysanne flattée d'être remarquée par un vicomte. Néanmoins, la jalousie commença à troubler son sommeil, et il se mit à épier Claudine pendant des heures entières.

Un soir que, dissimulé derrière les poutres supportant le tablier du pont, il surveillait les abords de la chapelle près de laquelle Henri de Beaufort rencontrait souvent la jeune fille, il vit le vicomte très ému serrer la main de la jeune fille, et il l'entendit lui dire :

— Il faut absolument que je vous parle, demain soir, à la même heure !

— Mais de quoi s'agit-il donc ? répliqua Claudine toute tremblante.

— Je vous le dirai demain ; au revoir, répondit le vicomte.

Le lendemain, en effet, à l'heure dite, Henri de Beaufort arrivait, et dissimulé sous l'auvent de la chapelle, il attendit Claudine qui se montra quelques instants après.

On suppose bien que Thomas était à son poste, les yeux ardemment fixés sur le groupe dont il ne perdait pas un seul mouvement. Le vicomte prit la main de la jeune fille, et lui annonça avec une émotion qui n'était pas jouée, qu'il venait de recevoir l'ordre de rejoindre le port d'embarquement d'où il devait partir pour son premier voyage. Il avoua à la jeune fille qu'il l'aimait, et qu'il garderait éternellement son souvenir.

Vivement secouée par la brusque nouvelle de cette séparation, troublée par l'aveu qu'elle n'eût certainement pas écouté dans un autre moment, en proie à une sorte de crise nerveuse qui paralysait la réflexion, Claudine, qui semblait prête à défaillir, inclina sa tête vers celle du jeune homme, qui lui mit un baiser ardent sur les lèvres.

Mais au même instant, Thomas, qui s'était rapproché peu à peu et avait été témoin de l'émotion de Claudine, en voyant la jeune fille tomber dans les bras du jeune homme, ne douta plus de sa trahison, et avec une force doublée par la colère, il s'élança par derrière sur le vicomte de Beaufort, le saisit par le cou, et l'enlevant au-dessus de sa tête il courut jusqu'au milieu du pont et le précipita dans la rivière en s'y jetant avec lui.

Claudine poussa un cri terrible et fit un mouvement comme pour s'élancer de son côté vers l'Allier; mais la force lui manqua, elle tomba évanouie sur les marches de la chapelle.

Cependant le cri poussé par la jeune fille avait été entendu. Des voisins accoururent. On releva Claudine et on la transporta, toujours inanimée, chez son père dont on comprend le désespoir. Le lendemain, on retrouvait à une petite distance du pont, deux cadavres échoués sur le bord de l'eau. C'était celui du vicomte de Beaufort et celui de Thomas, dont la main n'avait pas lâché prise, et qui avait préféré périr plutôt que de laisser échapper sa vengeance.

VI

Pendant un mois Claudine fut entre la vie et la mort. Le délire ne la quittait pas. Le désespoir de son malheureux père était navrant. Enfin la fièvre se calma ; mais la jeune fille était méconnaissable. Ses cheveux étaient devenus tout blancs.

Dès qu'elle put se tenir debout, elle se fit confectionner une sorte d'habit de religieuse, et sa première visite fut pour la chapelle placée près du pont. Elle y pria longtemps et y revint chaque jour. On peut dire qu'elle ne la quittait pas. Chaque matin elle y apportait des fleurs et y entretenait une petite lampe toujours allumée. Les personnes qui la rencontraient n'osaient pas lui adresser la parole, tant elle paraissait étrangère aux choses de ce monde. On la saluait silencieusement, et quand on parlait d'elle, on l'appelait *la Recluse*.

La malheureuse jeune fille vécut ainsi deux ans, complètement absorbée par sa douleur, et passant ses nuits et ses jours dans la prière et les larmes. On la voyait quelquefois assise sur quelque rocher, près de sa maison, et plongée dans une longue contemplation, ne détachant pas ses regards du point où son fiancé s'était précipité dans la rivière. Vainement son père s'efforçait de l'arracher à ses pensées de deuil et de tristesse mortelle. Elle semblait ne pas l'entendre, et retombait dans son accablante méditation.

Le 3 septembre 1686, elle passa toute la journée dans la chapelle, et y revint encore le soir. C'était le jour anniversaire de celui où, deux ans auparavant, son mariage devait avoir lieu. Elle avait paré la modeste chapelle avec un éclat exceptionnel, et y avait allumé plusieurs cierges.

Agenouillée devant l'autel, la pauvre Claudine priait avec ferveur, et son visage pâli par les souffrances et par les jeûnes semblait avoir repris, ce soir-là, une sorte de reflet idéal de son ancienne beauté. Au dehors, le vent soufflait avec force, et l'Allier, grossi par de longues pluies, roulait ses vagues avec fracas.

Soudain, un bruit sourd et lointain se fit entendre. On eût dit un tonnerre effroyable se rapprochant de minute en minute. La rivière, soulevée comme par une puissance souterraine, se gonfla d'une façon effrayante, et des vagues énormes lancées avec une force irrésistible s'abattirent sur le pont de bois, qui fut disloqué et brisé. La secousse renversa la jeune fille priant dans la chapelle, et qui comprit que sa dernière heure était venue. En effet, une nouvelle trombe, plus terrible que la première, vint heurter l'oratoire, dont les décombres furent engloutis avec la *Recluse* dans les eaux furieuses.

Quelques jours après, on voyait un vieillard, courbé par la souffrance plus que par l'âge, contemplant d'un œil égaré les épaves que l'inondation avait laissées sur son passage. Les mariniers se découvraient respectueusement en passant près de lui ; mais il ne les voyait pas.

C'était le père Anthoine. Il était fou !

Félix Ribeyre.

LE NID D'HIRONDELLES

Hier, il faisait froid. Hélas! nous aurons des giboulées et de la neige, jusqu'au jour où les violettes — celles qui ne viennent pas des jardins de Nice et de Monaco — écloront sous les rayons du soleil d'avril.

Je feuilletais les *Méditations* et je m'attendrissais sur ces pages délicieuses, écrin merveilleux qui renferme toutes les richesses : le cœur, l'âme, les larmes et les illusions du poëte.

Dans la rue, sous ma fenêtre, une voix de femme chanta ce refrain :

> Enfants, vos mains seraient cruelles
> Et vous auriez un mauvais cœur,
> Si vous brisiez des hirondelles
> Le nid qui nous porte bonheur.

Quelques sous, enveloppés dans des morceaux de papier tombèrent aux pieds de la pauvre chanteuse. J'imitai mes charitables voisins et mon aumône descendit dans la rue.

Je revins à mon cher poète, mais au bout d'un instant je fermai le livre et me mis à songer. Le refrain de la romance — était-ce une romance ou une ballade ? — m'avait frappé comme un souvenir et je pensai aux hirondelles, ces charmants oiseaux qui, pleins de confiance, bâtissent familièrement leur nid sous le toit de nos maisons.

« Ce sont les oiseaux des beaux jours, me disais-je ; les hirondelles s'en vont lorsque tombent les premières feuilles, elle reviennent avec la verdure et les fleurs nouvelles. En 1871, lorsqu'elles accouraient vers Paris pour retrouver les anciens nids, quel effroi, quelle douleur les ont saisies ! En tournant, dans leur vol rapide, elles ont vu les flammes immenses qui dévoraient les monuments, abris de leur jeunesse. Affreuse déception ! Éperdues, affolées, elles se sont éloignées à tire-d'aile de la malheureuse cité. Les incendies se sont éteints, elles n'ont pas osé revenir. En cette douloureuse année, Paris n'a pas eu d'hirondelles. Les deux étés qui suivirent, quelques-unes se sont montrées ; elles ont vu, comme autrefois, les corneilles et les ramiers dans les marronniers des Tuileries et du Luxembourg, et entendu chanter les merles dans nos jardins ; bien sûr elles ont dit à leurs sœurs :

« Paris, la belle ville où nous sommes nées, a déjà en partie reconstruit ses monuments, on n'entend plus parler des méchants qui ont voulu la détruire et nous pouvons sans crainte y retourner maintenant. »

Et vous êtes revenues, chères hirondelles.

Regardant le feu, et, par la fenêtre, le ciel gris et l'horizon brumeux, ma pensée, toujours avec les hirondelles, franchissait des espaces de temps et de lieu. J'étais déjà loin de Paris ; remontant le cours de ma vie, je me retrouvais à Meuvy, près de ma mère, aux jours heureux et ensoleillés de mes douze ans.

Le refrain que je venais d'entendre dans la rue m'avait transporté sur les ailes du souvenir ou... d'une hirondelle.

II

Meuvy ! Qui connaît ce petit coin ignoré, perdu au milieu de la France industrielle, vivante ? Vraiment, il faut y être né, y avoir aimé, pour se permettre d'en parler.

Pourtant, ne vous en déplaise, il y a à Meuvy, comme partout, du soleil et des arbres verts au printemps et même une rivière pendant toute l'année; seulement, l'été, après quinze jours sans pluie, on pourrait la dessécher avec une éponge. Les habitants ne veulent pas se distinguer autrement que par leur ressemblance avec tous ceux des autres pays du monde. Il y en a de laids, beaucoup; d'agréables, peu; de charmants... je n'ose donner mon avis. Ce sont des paysans, de vrais, ayant les qualités et surtout les défauts particuliers à l'espèce. Ils aiment l'argent, plus encore les carrés de terre, et ont de la vanité à en revendre aux gens des villes. Ils ne sont ni bons, ni méchants, ni bêtes; mais ils sont égoïstes... Comme je l'ai déjà dit, ils tiennent à ressembler aux autres hommes.

Physiquement, les femmes de mon village sont différentes de leurs maris parce que la nature de leur a pas accordé la faveur de porter de la barbe au menton; au moral, elles sont taillées sur le même patron: Les deux moitiés font un.

Quand j'étais enfant, il y a de cela plus de vingt ans, — ceci ne dit pas mon âge, — je m'arrêtais souvent, avant d'entrer à l'école, devant la belle maison de M. Blériot. Là, pendant un quart d'heure, quelquefois plus longtemps, debout ou assis sur une grosse pierre blanche, je prenais un plaisir infini à voir les hirondelles occupées à construire leurs petites maisons de terre contre un chevron, tout en haut, sous la gouttière, ou dans les angles supérieurs des lucarnes des greniers. Je les voyais descendre dans la rue, emplir de terre humide leurs petits gosiers et revenir bien vite à leur maçonnerie. On est très serviable dans ce petit monde des oiseaux, et bien souvent, les hirondelles qui avaient achevé leur maisonnette, venaient donner un coup de bec au nid des voisines. J'ai vu aussi, plus d'une fois, des moineaux audacieux s'emparer d'une habitation à peine achevée. Alors, il y avait guerre. L'usurpateur avait beau battre des ailes, rouler ses yeux hardis et ouvrir son gros bec noir, les hirondelles parvenaient toujours à le chasser du domaine envahi.

Ces petits combats entre moineaux et hirondelles ne me servaient pas d'enseignement; j'étais encore trop peu civilisé pour pouvoir établir une comparaison entre les hommes et les oiseaux; mais je possédais déjà le sentiment de la justice, et quand je voyais les moineaux vaincus, forcés de battre en retraite, je trouvais que c'était bien.

Elle était vraiment belle, la maison de M. Blériot. Je ne dirai qu'un mot du jardin ; il était très grand, planté de beaux arbres et entouré de murs. On entrait dans la maison par un superbe perron de pierre qui avait huit marches ; au-dessus du rez-de-chaussée, il y avait un premier étage avec de grandes fenêtres et plus haut des greniers avec des fenêtres aussi. Je trouvais cela magnifique. Je n'avais pas vu encore les rues de la Paix et de Rivoli.

M. Blériot passait pour être deux fois millionnaire; mais j'ai découvert plus tard que les gens de mon pays ne savent plus compter au-dessus de deux cent mille francs.

Dans tous les cas, ce n'était point la générosité de M. Blériot, ni le bien qu'il faisait autour de lui qui pouvaient justifier le chiffre de sa fortune : c'était l'homme le plus dur, le plus insensible et le plus avare qu'il y eût au monde.

Bourgeois de fraîche date, sans parchemins, ni quartiers, il l'était tout comme un autre ; et la preuve, c'est qu'il mettait des souliers, portait des habits de drap et qu'aux jours de la moisson, il se promenait dans les champs les mains derrière le dos.

Il avait eu un grand bonheur en entrant dans la vie : celui de naître d'un père ayant quatre frères tous résolus à mourir célibataires. Cinq hommes, dix bras avaient travaillé, s'étaient usés pour lui amasser une fortune et faire sortir un bourgeois d'une souche de paysan.

M. Blériot avait un fils unique; il était au lycée et promettait de faire un bachelier. M. Blériot attendait avec impatience ce grand jour où un diplôme de l'Université entourerait son nom d'un nouvel éclat.

Madame Blériot était une petite femme grosse et grasse, sentimentale sans raison, sans méchanceté, incapable de manifester la moindre volonté, tout à fait insignifiante.

Elle s'accordait d'autant mieux avec son mari, que celui-ci ne lui adressait pas la parole deux fois dans une semaine. Elle se consolait de l'indifférence de son souverain en élevant des lapins, en faisant couver des dindons et des pintades.

III

Un jour M. Blériot eut l'idée de faire blanchir la façade de sa maison et, tout de suite, il fit venir les maçons.

« Vous jetterez bas tout cela, » dit-il.

Il indiquait les nids d'hirondelles.

« Je finirai peut-être, ajouta-t-il, par me débarrasser de ces vilaines bêtes. »

On était heureusement à la fin d'août ; les dernières couvées avaient pris leur volée, les nids étaient déserts. Les hirondelles qui revenaient encore au nid le soir, dormirent comme le plus grand nombre, sur les branches du noyer voisin.

En sortant de l'école, le tantôt, je vis les badigeonneurs sur de longues échelles et au bas de la muraille, les débris de la villa des hirondelles. Le vent emportait les plumes et le duvet des nids et les dispersait au loin. De grosses larmes me vinrent aux yeux. Ces petites cabanes de terre étaient une de mes joies ; on venait de me l'enlever... Mais dans l'air, volant très haut, je vis une multitude d'hirondelles : elles paraissaient si heureuses d'être toutes ensemble, que je me sentis consolé.

Toutefois, pendant plusieurs jours, je gardai un secret ressentiment contre M. Blériot.

L'année suivante, les hirondelles reparurent à la même époque. En ne retrouvant plus les nids, bâtis avec tant de soins et de peine les années précédentes sur la maison de M. Blériot, elles ne furent pas contentes et je m'aperçus qu'elles en construisaient d'autres près des granges des chaumières plus hospitalières que la belle maison bourgeoise.

Cependant, un matin, sous le toit de M. Blériot, je vis deux hirondelles occupées à bâtir. Je les trouvai bien hardies, celles-là. Probablement, elles ne savaient rien. Peut-être venaient-elles à Meuvy pour la première fois. Enfin, elles étaient fort imprudentes et j'aurais voulu pouvoir leur dire : « Prenez garde, vous feriez mieux d'aller placer votre nid ailleurs. »

M. Blériot, qui avait pourtant de bons yeux, ne les vit point travailler ; c'est plus tard qu'il découvrit le nid, lorsque les petits se dénoncèrent en piaillant : tuit, tuit, tuit... Cela le mit dans une grande colère. Alors il alla sous son hangar et y prit une longue perche.

— Que vas-tu faire ? lui demanda sa femme.

— Tu le verras tout à l'heure.

Madame Blériot avait deviné. Elle se mit à trembler, car elle croyait à l'influence des hirondelles dans la prospérité et le bonheur des familles.

— Oh ! je t'en supplie, dit-elle, ne touche pas au nid d'hirondelles !

En ce moment une bonne vieille femme du pays passait devant la maison.

— La dame a raison, monsieur Blériot, lui dit-elle, c'est une méchante chose que vous allez faire et vous ne tarderez pas à vous en repentir.

M. Blériot se tourna vers la femme et répliqua avec aigreur :

— Passe ton chemin, vieille folle, et fais-moi grâce de ton radotage et de tes sots discours.

— Monsieur Blériot, prenez garde, les hirondelles portent bonheur.

— Sornettes que tout cela, fit-il en ricanant, le nid va descendre.

— Mon ami, s'écria madame Blériot, tu vas attirer le malheur sur nous !

Il haussa les épaules.

— Mais ils ne t'ont fait aucun mal, ces pauvres petits oiseaux qui chantent si gaiement.

— Je n'aime pas que l'oiseau chante, fit-il durement, cela m'empêche de dormir.

Et avec sa perche, il donna un coup si violent dans le nid d'hirondelles, qu'il le brisa en morceaux et tua les cinq petits et aussi la mère, qui était en ce moment avec sa chère couvée.

En voyant les six cadavres au bas du perron, madame Blériot poussa un cri de douleur et s'en alla pleurer dans un coin de la maison.

Lui se disait :

— J'ai bien fait, et s'il en revient d'autres, elles auront le sort de celles-ci.

IV

Peu de temps après, Gustave Blériot, ayant subi ses examens, revenait chez son père. Il était bachelier ès lettres.

M. Blériot se gonfla. A la façon dont il portait la tête, on devinait les bouffées d'orgueil qui montaient à son front.

— Voilà un fils qui me fait honneur, pensait-il ; il sera certainement quelque chose un jour et on parlera des Blériot dans le département.

Il le voyait déjà conseiller général, préfet, député, ministre...

On était au mois d'août. Un soir M. Blériot vint s'asseoir devant sa maison pour prendre le frais. En face de lui, sur une des branches du noyer, il aperçut une hirondelle qui le regardait tristement. Elle paraissait, en effet, bien malheureuse, la pauvre bête. Elle avait la tête baissée, les ailes pendantes et son petit corps grelottait. Ses yeux noirs, fixés sur M. Blériot, brillaient comme des diamants. Ce n'était qu'un oiseau chétif et souffreteux; n'importe, sous son regard M. Blériot tressaillit et éprouva un malaise subit. Son trouble augmenta encore quand il crut entendre une voix qui disait tout près de lui :

« Les hirondelles portent bonheur ! »

Le lendemain et tous les jours pendant une semaine, il revit l'hirondelle grelottant à la même place. A toutes les heures, malgré lui, poussé par une force mystérieuse, il venait constater la présence de l'oiseau sur la branche de l'arbre. C'était pour lui un reproche sans cesse renouvelé, une souffrance de tous les instants, car cette pauvre hirondelle si désolée, pleurait la mort de sa chère compagne et de ses petites hirondelles tuées par M. Blériot.

Bientôt, il eut des insomnies cruelles et des cauchemars effrayants.

Des hirondelles, qui lui paraissaient plus grandes que des aigles s'approchaient de lui et le frappaient à grands coups de leurs becs pointus. Puis, en volant autour de lui, elles poussaient des plaintes et des cris qui déchiraient ses oreilles. M. Blériot se réveillait en sursaut couvert d'une sueur glacée. Les hirondelles monstrueuses disparaissaient, mais il en restait toujours une devant ses yeux, celle qui grelottait sur la branche du noyer.

A la fin, ne pouvant plus supporter tant de tourments, il pensa qu'il se délivrerait de ses horribles visions en tuant l'hirondelle.

Il prit son fusil et plein d'irritation il sortit de sa maison. Il mit l'hirondelle en joue et lâcha la détente. Le coup ne partit pas. Trois fois de suite il recommença. La capsule seule éclatait, et l'oiseau immobile continuait à le regarder. Il comprit que la poudre se trouvait trop éloignée de la capsule et qu'elle ne pouvait être atteinte par le feu; alors il en prit une pincée et remplit la lumière du fusil, puis il remit une capsule choisie avec soin.

A ce moment, Gustave Blériot revenait d'une promenade qu'il avait faite en compagnie de sa mère.

Par un faux mouvement de M. Blériot, le chien s'abattit sur la capsule, une forte détonation se fit entendre et Gustave tomba baigné dans son sang. Le pauvre jeune homme avait reçu, à bout portant, toute la charge en pleine poitrine. Il rendit le dernier soupir entre les bras de sa mère.

Effrayée par le coup de feu, l'hirondelle avait fui à tire-d'aile.

M. Blériot était frappé dans ce qu'il avait de plus cher au monde : son orgueil. Sous ce coup terrible, il se sentit écrasé. Après lui, qu'allait devenir cette fortune dont il était si fier? Des collatéraux qui le détestaient et qu'il méprisait viendraient un jour avides, cupides et railleurs, s'en disputer les parcelles. Oh! il était bien puni de son égoïsme!

— Le jour où tu as tué les hirondelles, tu as appelé le malheur sur notre maison, lui dit sa femme. Les hirondelles portent bonheur!

Un feu sombre s'alluma dans ses yeux, mais ce ne fut qu'un éclair. Il resta silencieux et courba la tête.

« Les hirondelles portent bonheur ! »

Depuis quelque temps, ces paroles résonnaient sans cesse à ses oreilles.

Il y a toujours un moment où chez l'homme le plus froid et le plus sceptique la conscience se réveille.

A partir du jour où il enferma dans la tombe avec son fils son espoir et tous ses rêves, on ne le vit presque plus. Des rides profondes se creusèrent sur ses joues et son front ; ses cheveux blanchirent et sa taille se courba sous la pesanteur d'un fardeau invisible, il n'avait jamais beaucoup parlé, il se renferma dans un mutisme absolu.

Pourquoi était-il ainsi ? Pourquoi madame Blériot avait-elle l'air de cacher son mari ? On le sut un jour.

Voici comment la chose se découvrit :

Un fermier, ayant un compte de fermage à régler, se présenta chez M. Blériot en l'absence de sa femme. Il plaça devant son maître le papier sur lequel il avait fait ses additions et le pria de les examiner.

M. Blériot le regarda en riant d'une façon étrange. Puis, prenant une plume, il écrivit en grosses lettres sur le papier :

« Les hirondelles portent bonheur. »

M. Blériot était fou !

ÉMILE RICHEBOURG.

A LA RECHERCHE D'UNE MINE

On sait à combien de gens a fait tourner la tête la recherche des mines métalliques, surtout celles d'or et d'argent, non seulement en Californie, mais partout. A ce sujet, il me souvient d'une histoire assez plaisante à laquelle j'ai été mêlé, et que je demande la permission de raconter ici.

En 1856, j'habitais Marseille. J'étais attaché, comme ingénieur, à l'administration des Mines. Les affaires industrielles allaient en ce temps-là assez grand train, mieux qu'aujourd'hui; les actionnaires n'étaient pas encore tout à fait désabusés.

Un avoué de mes amis, M. R..., reçut un jour la visite de son fumiste, un Piémontais. Tous les émigrants piémontais sont fumistes à Marseille, comme à Paris. Notre homme tenait à la main un magnifique échantillon de galène ou sulfure de plomb cristallisé.

« — Qu'est cela ? dit l'avoué.

— Oh ! rien, une pierre de mon pays.

— Tiens, ces pierres-là courent les rues dans votre pays. Laissez-la-moi.

— Prenez-la, nous en avons ainsi des montagnes.

— Je la garde. »

M. R... me remit l'échantillon pour l'analyser. Il ne renfermait pas moins de soixante-douze pour cent de plomb et de six millièmes d'argent, les plus hauts titres dans les deux cas.

A quelques jours de la, le fumiste revient.

« — Bonjour, monsieur.
— Bonjour, Andrea. Eh bien ! quand partons-nous ?
— Pour quoi faire ?
— Pour aller voir votre mine ?
— Dès demain, si monsieur veut.
— C'est entendu. »

Le lendemain soir, un mauvais bateau à vapeur, qui ne faisait guère qu'un cabotage de marchandises entre Marseille et Nice, emportait vers l'ancien comptoir de Massilie, redevenu depuis ville française, trois passagers.

Le capitaine n'en avait jamais autant reçu à son bord.

Les trois passagers, on le devine, c'étaient l'avoué, désertant momentanément son étude pour aller courir les montagnes, Andrea, emmené comme éclaireur, et moi, comme ingénieur-conseil.

Le début du voyage fut loin d'être gai. Nous essuyâmes un de ces coups de vent habituels dans ces parages où le mistral règne en maître, auquel se mêla une pluie battante, qui nous tint vingt-quatre heures sous le pont, dans notre étroite et unique cabine.

Arrivés enfin à Nice, nous prîmes la diligence du col de Tende.

La pluie qui nous avait assaillis en mer, s'était changée en neige sur ces hauteurs, et en neige si épaisse, que malgré la saison avancée (on était à la fin de mai), nous dûmes passer le col en traîneau.

J'ai rarement assisté à de plus périlleuses descentes,

et j'entends encore une pauvre dame, dont le sort m'avait fait le compagnon, recommander son âme à Dieu. Devant ces précipices vertigineux, où par un faux pas ou un manque d'attention des traîneurs, nous pouvions être lancés sans retour, je n'étais pas moi-même très rassuré. Andrea et M. R... suivaient dans le traîneau de derrière.

A Cuneo, terme de notre seconde étape, nous frétâmes un véhicule pour Demonte, une petite ville au pied des monts, comme son nom, bien que décapité, l'indique (1).

Dans la plaine, le paysage était redevenu verdoyant ; c'était la fin de ces belles campagnes qui, continuant la Lombardie dans le Piémont, se déroulent entre Turin et les Alpes, plantées de chanvre, de maïs, de mûriers, de belles vignes. La route s'étendait devant nous plane comme un ruban, et la calèche louée à Demonte nous emportait au grand galop. La pluie de la veille avait baigné les premières feuilles, les oiseaux chantaient dans les branches.

Tout portait à l'épanchement.

Mon compagnon me dit :

« — J'ai un vieux père qui a fait sur mer les guerres de la République et de l'Empire comme corsaire, il est encore vert et vigoureux, et voudrait une occupation. Je l'enverrai finir ici ses jours comme surveillant de notre usine ; car nous fondrons aussi le minerai. Ici le ciel est pur, le pays superbe ; décidément cette affaire me plaît. »

Pendant cette conversation, Andrea, coutumier des beautés de son pays, dormait.

(1) Le mot complet est dans le dialecte local *Pè de monte*, d'où l'on a fait aussi *Piemonte*, Piémont.

Nous arrivâmes bientôt à Demonte.

Le fumiste nous conduisit à l'auberge chez des parents.

On nous servit à souper des truites pêchées à notre intention dans la Stura, rivière aux eaux vives, descendue des glaciers et qui arrose tout le pays.

Le lendemain, munis de provisions, et accompagnés de guides nombreux, nous prîmes le chemin de la montagne. Nous gravîmes un coteau, puis un autre. Le terrain était formé de roches vertes, serpentineuses, et de schistes satinés, de couleur sombre, qui s'élevaient à de grandes hauteurs et donnaient au paysage un aspect sévère, grandiose.

Nous rencontrions des bûcherons, des pâtres, mais de moins en moins nombreux, à mesure que nous montions. A la fin nous ne vîmes plus personne. Le silence, l'isolement donna à réfléchir à l'avoué. « Si ces montagnards allaient nous jouer un mauvais parti, si Andrea ne nous avait conduits ici que pour nous assassiner. J'ai tout mon argent sur moi. » Mais Andrea pensait bien à autre chose, il était avec des pays et traitait des questions de clocher. « Et Beppo, est-il toujours au régiment? et la belle Angiolina, s'est-elle enfin mariée? Et Micaela, tourmente-t-elle toujours son pauvre mari? »

Cependant nous étions arrivés à la limite où commencent les neiges alpines. Nous regardâmes Andrea.

« — Plus haut, encore, messieurs, du courage ! »

Nous enfoncions dans la neige jusqu'à mi-jambe, une vapeur épaisse nous voilait le soleil, et finit par nous cacher les uns aux autres.

On n'y voyait plus à deux pas.

« — Je crois que le moment est venu, me dit mon compagnon qui ne s'était jamais trouvé à pareille aventure.

— N'ayez crainte, peureux, on en voit bien d'autres en voyage.

— Et le filon comment le verrez-vous ?

— C'est mon affaire. »

Et l'ascension difficile, pénible, continua encore pendant une heure. Devant nous se dressait le mont Viso avec sa calotte de glace, puis des pies et des pics amoncelés les uns sur les autres, moutonnants, et dont je ne demandais même pas les noms.

« — Eh bien, Andrea, et cette mine ?

— Monsieur, je cherche... je ne sais pas... la neige... Et le bonhomme balbutiait.. »

Tout à coup ce fut comme un voile qu'on m'arrachait des yeux.

« — Affreux gredin, tu nous a trompés, la mine n'existe que dans ton cerveau; » et je levai sur lui ma canne de mineur armée du marteau d'acier.

M. R..., plus calme, para le coup, pendant qu'Andrea marmottait entre ses dents qu'il saurait bien me retrouver.

Nous descendîmes en deux bandes cette fois. M. R..., moi et l'un des guides ; Andrea, auquel nous n'adressâmes plus la parole, et ses amis. Le soir, bien tard, nous arrivâmes exténués à Demonte.

La vapeur d'eau pénétrante qui nous avait enveloppés sur les hauteurs, la neige qui nous avait renvoyé la lumière et la chaleur à la face, avaient produit un singulier effet : nous avions la figure, le cou, les mains rouges comme la peau d'un homard, tout cela pour ne pas nous être munis de voiles de couleur bleue ou verte. Il faut aussi avoir soin de munir ses yeux de lunettes bleues.

Pendant huit jours ce coup de soleil ne nous quitta point et nous perdîmes la peau comme un serpent au printemps. M. R... manda le barbier qui ne fit que rendre le mal plus cuisant. Il avait du reste d'autres soucis. Avant de souffler sa chandelle, il regarda sous les lits pour voir si Andrea ne s'y était pas blotti; puis, me faisant signe, il me montra une paire de pistolets qu'il cacha sous son oreiller. « Il faut en route prendre ses précautions, ». me dit-il. L'avoué voyageait encore comme au bon vieux temps.

Le jour suivant, comme nous quittions Demonte, un ami d'Andrea vint respectueusement nous remettre de sa part un vieux parchemin que nous dépliâmes. Il y était dit en dialecte du seizième siècle :

« A partir de la pierre qui se trouve à l'angle du champ d'Agostino, comptez devant vous quarante pas. Là vous trouverez une dalle que vous soulèverez ; elle donne accès dans un puits, au fond duquel vous trouverez un trésor. »

« C'est avec ce papier que monsieur l'ingénieur découvrira la mine, » dit le porteur, en s'adressant à moi.

Nous haussâmes les épaules et partîmes seuls. Nous laissions Andrea au pays. Il pouvait à ses frais revenir à Marseille et y pratiquer encore la fumisterie, ou, si tel était son bon plaisir, poursuivre à ses dépens la recherche du trésor en question.

Nous allâmes à Turin nous consoler un moment de notre déconvenue. Je ne pus faire usage des lettres de recommandation dont je m'étais muni en partant. Toute la peau de mon visage s'en allait en lanières. Mon compagnon offrait le même aspect, et nous n'osâmes nous présenter en cet état aux notables Piémontais auxquels nous étions adressés. A l'hôtel, on nous regardait comme de vrais *Peaux-Rouges*, et nous mangions à part pour ne pas inquiéter la table d'hôte. A la chambre des députés, on nous laissa cependant entrer librement comme *forestieri* (étrangers). J'entendis là le comte de Cavour traiter avec cette lucidité qui lui était particulière une question de cadastre. Nous étions derrière les députés, et quelques-uns tenaient déplié devant eux le *Journal des Débats*. La langue française, admise à l'égal de l'italienne, était employée à la tribune par quelques orateurs savoisiens. Il se dégageait, de cette assemblée de législateurs d'un petit État en voie de réformes, comme un parfum de libéralisme qui laissa sur nous une durable impression. Nous emportâmes également les meilleurs souvenirs de Turin, la patriotique capitale. Partout nous entrions librement, et visitâmes le palais pour ainsi dire sous les yeux du roi.

Nous retournâmes de Turin à Gênes et gagnâmes Nice par le fameux chemin de la Corniche. La route est taillée dans des montagnes de marbre, au bord de la mer. Souvent elle empiète sur les eaux, et quand on traverse les *marines* le long de la côte, la voiture passe sous les mâts inclinés des bateaux pêcheurs amarrés à la plage.

A Nice, déjà veuve de ses Anglais, force nous fut de nous munir d'ombrelles pour nous garantir des ardeurs du soleil devenu tout à coup tropical. Les douaniers français, vigilants et incorruptibles, nous firent payer à la frontière l'entrée de nos parasols aussi cher que si la marchandise eût été neuve et vierge, sans doute pour protéger l'industrie nationale. Les pistolets que M. R... avait laissés dans une des poches de la diligence, faillirent lui jouer un mauvais tour. Le brigadier des douanes les dénicha en furetant. Il voulait s'en emparer comme d'un objet de contrebande, ou du moins nous faire payer les droits *parce qu'ils n'avaient pas servi*. Le débat fut vif et finit à notre honneur, mais il était dit que jusqu'au bout nous aurions fait une expédition malheureuse.

Nous traversâmes enfin les campagnes de Cannes, parfumées par les roses.

R... rentra seul à Marseille, pendant que je m'arrêtais dans l'Esterel, où m'appelait la visite de mines moins imaginaires que celles de Demonte.

Mon ami ne tarda pas à recevoir une lettre d'Andrea qui lui disait qu'il reviendrait l'été, quand la neige aurait débarrassé les montagnes et qu'il pourrait lui montrer les filons.

La vérité est qu'on n'a jamais revu le fumiste à Marseille. Un jour que je parlais à R... de cette déconfiture dont il avait eu à supporter tous les frais : « Laissons cela, me dit-il ; j'ai su que le drôle avait ramassé cet échantillon sur nos quais, dans un chargement de minerais de Sardaigne. Il a menti impudemment en me disant que l'échantillon était de son pays, mais il a préféré aller jusqu'au bout, et nous entraîner là-bas plutôt que se déclarer pris au piège. Après tout, peut-être avait-il besoin d'aller revoir sa famille et de rentrer au pays sans bourse délier. Quant à moi, c'est la première et la dernière fois que je me mêle d'affaires de mines, et je déclare qu'on ne m'y reprendra plus. Je préfère grossoyer des actes. »

L'exploitation des mines métalliques n'a pas seulement pour but de fournir un appât à la cupidité humaine ; elle donne lieu à une double industrie, souterraine et métallurgique, et fournit de plus au commerce des éléments d'opérations aussi variés que nombreux.

Le négoce des minerais et des métaux se fait aujourd'hui sur de nombreux marchés. Aux États-Unis, on peut citer New-York et d'autres places pour le fer ; Boston, Pittsburg, pour le cuivre ; Galena, Chicago, pour le plomb, le zinc; San-Francisco, pour l'or, l'argent et le mercure. Au Mexique, c'est Mazatlan, San-Blas, Acapulco, la Vera-Cruz, et au Pérou, Callao, pour l'argent; au Chili, Huasco, Copiapo et Coquimbo, pour l'argent et le cuivre; au Brésil, Rio-Janeiro et Bahia, pour l'or.

En Angleterre, c'est Swansea et Liverpool qui sont les grands entrepôts du cuivre; Glasgow et les ports du pays de Galles, ceux de la fonte et du fer; Sheffield, celui du fer et de l'acier; Penzance, celui de l'étain; Londres, celui de tous les métaux.

En France, on nomme Paris, Marseille, le Havre, Nantes, et diverses places de l'intérieur, comme Lyon, Saint-Dizier, Saint-Étienne, mais ces derniers pour le fer, la fonte et l'acier seulement. Nous ne citerons pas les lieux directs de production tels que le Creusot, Alais, etc. En Espagne, c'est Carthagène, Almeria, Adra, pour le plomb; Almaden, pour le mercure; Santander, pour le zinc.

En Hollande, Rotterdam, Amsterdam, pour l'étain; dans les villes hanséatiques, Hambourg; en Prusse, Cologne, Berlin, Stettin, Breslau, surtout pour le fer, le cuivre, le zinc, le plomb.

La Suède est citée pour ses marchés du fer. Dans la Russie d'Europe et en Sibérie, il y a aussi divers marchés pour le cuivre et le fer, sans compter Nijni-Novgorod, où se tient chaque année une foire célèbre, dans laquelle les métaux bruts entrent pour une grande part.

Comme on le voit, les plus grandes places de commerce sont presque partout les plus grands marchés de minerais et de métaux. Cela ne doit point nous étonner, car il est facile de s'expliquer le rôle des métaux précieux et la fonction des métaux communs dans le développement de la richesse publique.

La valeur des métaux importés entre toujours pour une somme assez considérable dans ce qu'on nomme la balance du commerce des États. A part le fer, où notre production suffit à notre consommation, on peut dire que la production métallique de la France est insignifiante. Il en résulte que le chiffre des métaux importés chez nous est fort élevé, et qu'on peut estimer à 150 ou 200 millions de francs la somme annuelle que nous payons à l'étranger pour le seul achat des métaux communs. Il est vrai que nous rendons d'autre part à l'étranger, et avec usure, ce qu'il nous prête de ce côté. On ne peut pas tout avoir, ni tout produire.

Le rôle des métaux précieux est non moins important que celui des métaux communs. Si ceux-ci interviennent dans la plupart des actes matériels de la vie, en nous fournissant presque tous les outils, tous les instruments, tous les appareils dont nous avons besoin, ceux-là nous procurent les moyens d'acheter ces outils. Il faut même prendre les choses de plus haut. L'or et l'argent ont véritablement donné naissance au commerce, en fournissant seuls la monnaie métallique, la base mathématique des valeurs. Quand on ne produit pas chez soi ces métaux, de première nécessité comme les autres, il faut à toute force les acheter ailleurs. « Point d'argent, point de Suisse, » comme dit Petit-Jean dans les *Plaideurs*.

Les Chinois, qui ne produisent chez eux qu'une petite quantité d'or et d'argent, exigent toujours qu'on les paye en lingots d'argent, à défaut de piastres mexicaines ou espagnoles.

Ils ont moins de confiance dans l'or, dont la couleur jaune est pour eux moins virginale que celle du blanc d'argent, et craignent d'être trompés même sur des pièces métalliques sonnantes et ayant cours, comme disent les parfaits notaires.

A Madagascar, j'ai vu pareillement l'argent des Européens seul admis. Le pays ne fait encore qu'un assez faible commerce ; il est du reste peu avancé en civilisation. Ce ne sont pas des lingots qu'on y porte, ce sont des pièces de cinq francs à l'effigie de tous nos derniers souverains ; puis des dollars américains, des piastres mexicaines, enfin de *pesos* ou *colonates* (piastres à colonnes) espagnoles, fort prisées là-bas, et qui devenues rares, même en Espagne, feraient la joie de nos numismates et de nos changeurs.

Pour arriver aux fractions de cinq francs, les Malgaches coupent la pièce en menus morceaux, et dépassent même la limite centésimale. On enferme l'argent menu dans un étui à bambou décoré par les artistes du lieu. Quand on paye avec cette monnaie, le vendeur, armé d'une balance dont les poids ont été officiellement poinçonnés, pèse les morceaux d'argent, puis, comme s'il avait conscience de la méthode des doubles pesées de Borda, enseignée dans les traités de mécanique et de physique, il alterne la charge des plateaux, remettant ici les poids, là l'argent. En tout deux pesées, faites avec le plus grand calme. Mais on n'est pas pressé dans ce pays. Cependant le besoin d'une monnaie courante s'y fait vivement sentir dans toutes les transactions commerciales.

En 1865, je rencontrai à Paris un agent d'affaires qui, frappé de ces faits, avait eu l'idée de fournir Madagascar de menue monnaie, et l'eût peut-être fait sans la mort violente de Radama II, qui fut assassiné en mai 1863, avec tous ses favoris ou *menamasses*, dans une révolution de palais.

22.

Voici comment mon financier me raconta son projet :

« Je connais les opérations de monnaie. En 183... j'ai gagné deux cent mille francs avec le pacha d'Égypte dans une affaire de ce genre. Avec Radama II, je gagne cinq millions comptant. Suivez-moi bien.

» Le pays n'a pas de monnaie de cuivre. Vos morceaux d'argent coupés sont fort bons pour amuser les touristes, mais ne conviennent pas au commerce. Or l'île va se coloniser par suite du traité conclu entre la France et Madagascar. J'ai mon idée. La contrée renferme, dit-on, quatre millions d'habitants au moins. Je compte cinq francs de menue monnaie par habitant. Cela n'est certes pas trop. Total : vingt millions. Radama me concède le droit de battre à son effigie ces vingt millions de mitraille. Je lui envoie mes sous de cuivre garantis sur facture, alliage français, bon poids. D'un côté, la figure du jeune roi avec la légende en malgache : *Radama II, manjaka ny Madagascar*; de l'autre, l'aigle madécasse tenant le globe étoilé dans ses serres, et le millésime, année lunaire ou solaire à leur choix, les deux s'ils le veulent.

» Maintenant calculons. Vingt millions de sous de cuivre me coûteront au plus dix millions, valeur du métal, refonte et monnayage compris. Mettez cinq millions pour le transport, les pots-de-vin aux autorités du pays, etc. ; reste cinq millions de bénéfice net. Soyez sans crainte, je connais ce genre d'affaires. En 183..., vous dis-je, j'ai gagné de la sorte deux cent mille francs avec le pacha d'Égypte. »

Le mal fut que le pauvre Radama n'attendit pas notre homme. La révolution de palais qui emporta si fatalement le jeune prince déchira du même coup et le traité de commerce et d'amitié signé avec la France, et la charte royale qui concédait à notre compatriote, M. Lambert, une partie du pays. Depuis lors mon financier attend toujours l'occasion de reprendre son ingénieuse combinaison monétaire.

Louis Simonin.

AQUARELLES

LE THÉ

Quatre heures. C'est l'heure du thé chez le révérend Percy Higginson, ministre du Seigneur près la colonie anglaise qui habite Saint-Enogat. La salle à manger, séparée du salon par des portières en imitation de vieille tapisserie, est lambrissée de panneaux couleur bois et donne sur la mer. Elle est éclairée par une de ces larges fenêtres qui font saillie sur la façade et qu'on nomme des *bow-windows*. En face de la fenêtre, un dressoir garni de faïences de Wegdwood. Au milieu, une table carrée, sur laquelle la femme de chambre vient d'apporter le plum-cake domestique et les sandwichs. Mistress Higginson, petite, entre deux âges, avec des cheveux d'un blond de chanvre, un commencement d'embonpoint et de couperose, se penche au-dessus de la bouilloire à esprit-de-vin, où l'eau achève de bouillir avec un sourd gémissement. Elle échaude soigneusement la théière et y jette, avec méthode, selon les prescriptions classiques, une cuillerée de thé pour chaque tasse, et une cuillerée pour la théière. Puis elle y verse l'eau bouillante. L'arome délicatement parfumé du *Si-a-*

fayoune se répand dans la pièce, et le révérend Percy Higginson sort du *study* où il préparait son sermon pour le dimanche suivant. — Le révérend est grand, svelte, confortablement et sévèrement vêtu de noir ; son menton rasé de frais repose avec sérénité sur le petit col blanc qui dépasse d'un doigt le gilet haut boutonné. Il a le teint clair, des yeux bleus souriants et une aimable bouche en cerise. Il s'assied silencieusement, et ses narines dilatées aspirent avec une sensualité pieuse la fine odeur du thé que sa femme vient de verser dans sa tasse. Annie, Alek et Willy, ses trois derniers enfants, encore tout échauffés d'une partie de *lawn-tennis*, entrent brusquement, têtes nues, jambes nues, les joues rouges, les vêtements en désordre, et se jettent comme des loups affamés sur le plum-cake dont ils engloutissent de larges tranches. — Dans l'embrasure du bow-window, miss Gwendoline Higginson, la fille aînée, est assise avec un volume de Tennyson sur les genoux. D'une main elle tourne lentement la page, de l'autre elle tient sa tasse, dont elle sirote le contenu à petits coups. Sur le fond vert-turquoise de la mer, son buste un peu maigre, emprisonné dans un jersey, et son joli profil se découpent nettement : peu de poitrine, le cou long, le menton carré, la bouche entr'ouverte, la joue ronde et fleurie, l'œil bleu esthétiquement rêveur, le front bombé, et les cheveux châtains modestement tordus en colimaçon sur la nuque. Elle lit un vers, avale une gorgée de thé, coule une œillade du côté de la mer, et se demande si elle ne verra pas tout à l'heure apparaître le long de la plage, comme Lancelot apparut à Elaine, le jeune gradué d'Oxford avec lequel elle a flirté au dernier bal du consul de Dinard. — Cependant le révérend Percy Higginson a fini son thé. Il replace doucement sa tasse sur la sou-

coupe, se lève et de sa voix onctueuse dit à sa femme :
— Mary, *my dear*, j'ai commencé le sermon de dimanche ; je parlerai sur ce texte de l'apôtre Paul : « Ceux qui vivent selon la chair ne peuvent plaire à Christ. »

LE PUNCH

Trois chasseurs de grives, jeunes encore, barbus, bien râblés, guêtrés jusqu'au genou, étroitement boutonnés dans leur veste de velours côtelé, sont venus s'abriter contre la pluie qui tombe depuis une heure, dans la maisonnette située en plein bois et servant de rendez-vous de chasse. L'averse est une vraie pluie d'équinoxe et d'arrière-saison ; elle tombe sans se presser, en gouttes menues et denses, sur les alisiers rougissants, sur les charmes aux feuilles déjà jaunies et sur les grands hêtres chargés de faînes. Par la porte ouverte, on la voit ruisseler à travers les feuillées, les ronces et les herbes dont chaque brin remue et semble grelotter. Le bois tout entier est rempli d'un bruit sourd d'eau murmurante ; on croirait entendre la rumeur d'un déversoir de moulin quand l'écluse est ouverte. Les branches font gouttières, et platsh ! platsh ! des rigoles descendent avec de blancs éclaboussements dans les flaques du chemin détrempé. — Les chasseurs moroses et désœuvrés allument leur pipe et tournent mélancoliquement dans l'unique pièce de la maisonnette. L'un d'eux tire sa montre : — Quatre heures... nous en avons pour jusqu'au soir ! — L'autre, furetant le long des murs, découvre un vieux bol d'étain tout bossué par un long usage, et une idée lumineuse lui traverse le cerveau : — Si on fabriquait un punch ? — En un instant les trois gourdes de rhum se vident dans le bol préalablement lavé à l'eau de pluie. — En suivant à la piste une procession de fourmis rousses qui montent perpendiculairement vers l'armoire de sapin, le plus sagace des trois trouve un sac à moitié plein de sucre, oublié sur un des rayons. Le sucre porté en triomphe va rejoindre le rhum dans le bol posé sur la table rustique ; on frotte une allumette et le liquide se couvre de petites flammes bleues, dont la lueur dansante éclaire fantastiquement les parois obscures de la maisonnette. — Nargue de la pluie ! on remplit les verres et les trois chasseurs, brusquement réveillés, secouent l'ennui qui les envahissait et se mettent à trinquer joyeusement. Après une lampée ou deux du breuvage tonique et capiteux, les cervelles s'échauffent et la causerie s'anime. Les souvenirs de jeunesse et de bon temps viennent comme un essaim d'abeilles bourdonner autour du bol de punch. Tous trois successivement évoquent les impressions du temps jadis : les projets tombés à vau l'eau, les rêves évanouis, les amis disparus... Et la mélancolie, qu'on croyait dissipée, revient traîtreusement mêler sa note plaintive aux conversations du trio. Leurs yeux un moment allumés redeviennent rêveurs. L'idée de la jeunesse qui s'éloigne se mêle dans leur pensée à la sensation de l'automne qui imprègne la forêt de sa brume mouillée. — Cependant le ciel s'est éclairci : au fond de la perspective fuyante des arbres de l'avenue, on aperçoit une lueur d'argent qui glisse entre deux nuées. Un oblique rayon de soleil diamante les feuilles humides où le vent secoue des larmes. Dans l'encadrement de la porte ouverte, on voit pendre les gros bouquets rouges d'un sorbier, et tout au loin, on entend le fin gazouillis d'un rouge-gorge. — Autour du bol de punch vide, les trois amis restent silencieux à regarder les feuilles jaunes qui s'éparpillent lentement, lentement, et plaquent des taches de rouille sur le gazon, dont l'averse a lavé les touffes encore vertes.

LE CAFÉ

Le bonheur des vieux garçons est composé d'une quantité de joies minuscules et ténues comme ces filaments imperceptibles que l'araignée tire de sa propre substance, et dont elle fabrique un fil à peine gros comme un cheveu. Parmi ces petits plaisirs domestiques, l'un des plus savoureux pour M. Evonyme Dordelu, professeur de rhétorique en retraite, est la dégustation de son café après le déjeuner de midi. Il le prend dans sa bibliothèque, située au rez-de-chaussée et donnant de plain-pied sur le jardin. Il a torréfié lui-même le savant mélange de Bourbon, Moka et Martinique, — peu de Martinique, beaucoup de Bourbon, — et il prépare lui-même l'infusion dans sa cafetière russe, dont un rayon de soleil filtré à travers les rideaux fait briller le cuivre poli et ventru. Quand le filet de fumée blanche sortant du bec de la cafetière annonce que l'eau est arrivée à l'ébullition, il retourne prestement l'appareil; puis il écoute avec satisfaction l'infusion s'écouler goutte à goutte dans le récipient inférieur. — La chute des gouttes sonores est terminée, plus de bruit. Il verse doucement la liqueur brûlante et parfumée dans sa tasse de porcelaine à petites fleurs bleues, et y laisse couler un morceau de sucre, — un seul; — c'est assez pour édulcorer le breuvage sans l'affadir. Une réveillante et délicieuse odeur se répand dans la bibliothèque. Évonyme Dordelu, renversé dans son fauteuil, tient d'une main sa tasse et de l'autre un exemplaire d'Horace, relié en veau plein, et il lit une ode, tout en humant son café. Par la porte-fenêtre largement ouverte, et où les feuilles de vigne de la treille mettent un encadrement vert, on aperçoit les allées rectilignes du jardin, le cadran solaire au milieu, la charmille au fond, et aux quatre angles des carrés, les hautes et opulentes floraisons des roses trémières où le rouge brun alterne avec le blanc-crème et le jaune-soufre. Un bourdonnement d'insectes dans les plates-bandes semble marquer la cadence des strophes latines, et de temps en temps, l'entre-bâillement d'une porte de communication laisse passer la figure éveillée et encore jeunette de Claudine, la gouvernante aimable et accorte du vieil universitaire. Chaussée de souliers de feutre, elle va et vient sans bruit dans la bibliothèque, égayant les sombres murs tapissés de bouquins, avec le sourire de ses yeux bleus et de ses lèvres retroussées. Encore qu'il ait passé l'âge où l'on conte fleurette, Évonyme Dordelu aime à avoir sous les yeux un minois jeune et avenant, et quand Claudine effleure son fauteuil, il ne résiste pas à la tentation de pincer la chair ferme et blanche du bras nu de la chambrière en l'appelant doctement et galamment : « Formosa puella ! » A quoi Claudine réplique par un coup sec appliqué sur la main de son maître, une moue ironique des lèvres et un hochement de menton réprobateur. Puis elle s'esquive, tandis que le vieux garçon avale une gorgée de café pour s'éclaircir la voix, et se récite à lui-même en dodelinant de la tête :

> Huc vina, et unguenta, et nimium breves
> Flores amœnæ ferre jube rosæ,
> Dum res, et ætas, et sororum
> Fila trium patiuntur atra.

LE CHOCOLAT

Au-dessous d'une tonnelle de jasmin, dont les brindilles étoilées de blanc frôlent ses cheveux, la *señora* est assise devant la *Fonda del Infante*, à l'entrée de l'unique rue montante de Hernani. La señora a vingt-deux ou vingt-trois ans et elle est fort jolie : abondants cheveux noirs dont un haut peigne de corail mord les torsades sous la mantille, fixée près de l'oreille par une rouge fleur d'œillet à demi épanouie ; grands yeux noirs expressifs, tranchant sur un teint aussi blanc que les corolles des jasmins, grande bouche très rouge montrant dans un sourire des dents éblouissantes. Au corsage de sa robe couleur maïs est attaché aussi un œillet, et sa main gantée de la mitaine noire déplie et replie alternativement l'éventail de soie à lames d'ébène. Sur la petite table verte, à côté du livre d'heures, la servante vient de poser une tasse de chocolat parfumé à la cannelle, des biscuits, la carafe d'eau fraîche et l'*azucarilla* qui ressemble à une blanche écume cristallisée. De l'autre côté de la table, debout, une main passée dans sa ceinture, se tient un ecclésiastique de haute stature et de bonne mine. Sous son chapeau tuyauté comme celui de Basile, on voit ses yeux luisants surmontés de gros sourcils tracés comme au charbon, son teint olivâtre, son nez aux narines dilatées, sa bouche aimable aux lèvres épaisses. Avec un rire sonore et des gestes de mime, il raconte à la señora la dernière course de taureaux de Saint-Sébastien, et celle-ci rit à son tour en apprenant que l'un des banderilleros a failli être éventré. Derrière eux, on aperçoit la rue montante avec ses noires façades décorées d'écussons sculptés en relief, ses balcons verts ou bruns, ses *miradors* à treillis, ses toits en saillie découpant leurs moulures sur une mince bande de ciel bleu ; puis tout au fond, le portail très orné de l'église dorée de soleil. Dans la cour de la *Fonda*, un tambourin et deux galoubets jouent un air de danse basque; et deux servantes en cheveux, la taille enveloppée d'un fichu rouge, glissent et se balancent en mesure, les bras étendus, faisant claquer leurs doigts comme des castagnettes, et baissant leurs yeux noirs vers la pointe de leurs pieds agiles. Tout à coup les cloches de l'église sonnent les vêpres, le curé salue la señora et remonte la rue posément, majestueusement. Sa haute carrure se détache en noir sur le fond ensoleillé ; la jeune femme se retournant, le suit du regard, et lui envoie encore de loin une œillade aimable avec un petit hochement de tête. Puis elle pose délicatement l'*azucarilla* dans son verre, y verse de l'eau, et boit avec une voluptueuse lenteur des gorgées de cette boisson fraîche et discrètement parfumée.

ANDRÉ THEURIET.

UNE HISTOIRE VRAIE

Le vrai peut quelquefois n'être pas vraisemblable.

I

Vincente Lefort, née à la campagne de parents pauvres, avait néanmoins fréquenté l'école de son village durant deux ans et y avait fait preuve d'intelligence mêlée de paresse. C'était une forte et belle fille, bien cambrée sur ses hanches, l'œil hardi et fier, et qui, par une sorte d'anomalie, avait les mains et les pieds d'une remarquable petitesse, malgré qu'elle eût, tout enfant, couru longtemps par les chemins boueux, chaussée de gros sabots. Elle avait successivement gardé les dindons, sarclé les champs de pois, butté les pommes de terre et trait les vaches. Il faut bien le dire : elle avait fait tout cela avec une insouciance manifeste, sans goût, sans intérêt à rien, et comme rêveuse devant une vague vision qui lui venait de lectures prohibées à l'école, que lui avait secrètement fournies une amie plus âgée. Aussi, bientôt, et comme instinctivement fatiguée, dégoûtée de l'existence monotone de son village, elle était venue à la ville voisine et s'était placée comme domestique chez un honorable négociant.

Verdun est une ville de garnison. Là, elle ne tarda pas à être remarquée par un lieutenant d'artillerie qui en devint éperdument amoureux. Vincente n'avait pas la dot réglementaire, tant s'en faut; et partageant l'amour de l'officier, elle ne dut que trop vite en connaître les fâcheuses conséquences. Un temps, elle cacha sa grossesse; mais sa position... intéressante, dévoilée, elle fut mise à la porte par son patron.

Vincente accoucha chez une sage-femme, et l'enfant, du sexe féminin, fut reconnu par le lieutenant Paul Combe, qui se déclara en être le père.

D'une nature honnête et loyale, l'officier cessa dès lors tout à fait ses habitudes de café; il prit pension dans un modeste cabaret et consacra tout ce qu'il avait d'argent à l'entretien de la mère et de l'enfant. Ses maigres appointements ne suffisaient pas, et de dette en dette, avec arrêt sur son traitement, il se vit changé de régiment tout d'abord. Cette disgrâce et ce déplacement ne firent que l'appauvrir; et toujours de plus en plus épris de sa maîtresse, il sollicita un congé, emprunta quelques napoléons à un camarade, et fut se marier secrètement.

De retour et la nouvelle connue, Paul Combe fut accueilli froidement par tout le corps d'officiers, et son colonel le mit aux arrêts.

— Vous ferez ce que vous voudrez, avait-il écrit au général. Je suis légalement marié : j'aime ma femme et j'en ai une fille que j'adore; après quoi mon sort est entre vos mains.

Noté comme bon officier, Paul Combe fut enfin laissé tranquille; mais sa gêne ne pouvait cesser et, d'ailleurs son avenir était brisé. Il ne devait plus être porté sur le tableau d'avancement; si bien qu'il se résolut à solliciter une autre position, relativement sédentaire : celle de simple garde d'un parc d'artillerie.

Cette faveur fut accordée à Paul Combe. D'autre part, sa femme, modeste et simple, à la vue des autres femmes d'officiers, avait pris le goût de la toilette, et pour satisfaire ce goût, elle dut avoir recours aux expédients ordinaires, à des emprunts cachés, puis à la galanterie, hélas!

Paul ignora-t-il, comme bien des maris, l'inconduite de sa femme? La nécessité le rendit-il tacitement complice? Quoi qu'il en soit, il se réfugia dans l'éducation de sa fille Nathalie, et s'occupa peu de Vincente, à qui les avances ou plutôt les générosités des amants de celle-ci ne suffisaient plus. De son côté, la belle Nathalie, qui grandissait, qui allait avoir treize ans, coquette aussi d'instinct autant que sa mère l'était devenue pour le vice, ne rêvait que toilettes à la mode, et sollicitait sans fin ce pauvre père, faible, et qui n'en pouvait mais. Un jour, pressé par le besoin, harcelé par les deux femmes, il perdit tout à fait la tête et se mit à vendre pièce par pièce ce qu'il pouvait du parc d'artillerie.

Ces détournements ne tardèrent pas à être connus, dénoncés.

Un inspecteur vint examiner l'état des choses. Paul Combe s'était enfui. Il fut découvert dans un bois, au moment où il allait se pendre. On ne lui laissa pas cette satisfaction. Conduit en prison, il fut jugé et condamné aux fers. Il ne survécut que quelques mois à sa douleur et à sa honte.

Veuve, Vincente n'eut d'autre souci que de se consoler

dans les bras de ses amants, qu'elle n'avait plus à cacher, même à sa fille; car la petite, d'un naturel précoce, devinait, comprenait sa mère et aspirait à prendre sa part de ses plaisirs et de ses bénéfices.

Hélas! ces plaisirs et ces bénéfices ne devaient pas durer; atteinte, comme d'un coup de foudre, par une de ces maladies qui ne pardonnent pas, Vincente expira bientôt au milieu des plus atroces souffrances.

Nathalie se trouva seule du jour au lendemain, assez mal entourée, cependant ayant le sentiment de sa valeur physique et résistant à toutes les séductions douteusement improductives... Des jeunes, elle se défiait, des vieux elle se méfiait. Si les jeunes sont parfois très ardents, les vieux ont souvent des goûts malpropres. Nathalie avait pu comparer, en regardant à travers la serrure les... réceptions de sa mère. Du reste, elle n'hésita pas longtemps. Sa raison était déjà mûre. Elle fit argent du mobilier domestique et partit *incognito*, allant aux hasards de Paris.

Paris est la cité des merveilles... de la civilisation, entendons-nous dire tous les jours. Elle passe pour être une ville aux immenses ressources, ce qui est faux. Elle n'est avant toutes choses que le réceptacle de tous les vices, le refuge de toutes les hontes, la sentine de toutes les abominations. C'est la ville de l'hypocrisie et du mensonge par excellence. D'apparence avenante aujourd'hui, demain elle affichera le plus sordide égoïsme, et c'est encore là peut-être son moins mauvais côté.

Nathalie avait à peine quatorze ans accomplis : elle paraissait en avoir au moins seize, tant sa taille était svelte, droite, élégante. Son front, large, s'inondait de flots de cheveux blonds cendrés, ondulés, très épais. Ses yeux, grands et bien fendus, avaient une limpidité pleine de transparence. Les ailes du nez étaient minces, et les coins de ses lèvres roses laissaient deviner la finesse et l'ironie. L'ensemble de sa figure présentait cet ovale qu'on admire dans les beaux types de l'antiquité.

Sortant de la gare et ne sachant où se diriger, mais déjà attentive et sur ses gardes, Nathalie alla droit à un hôtel voisin. L'hôtesse l'accueillit avec cette façon mielleusement empressée et servile qui est le propre des commerçants de Paris, dans toute l'échelle mercantile, du haut en bas, pour ainsi dire. Au bout de quelques jours, Nathalie se sentit très embarrassée. La maîtresse de l'hôtel où elle était descendue, la regardait, la questionnait même parfois d'une façon des plus déplaisantes. C'était une femme entre les deux âges, qui flairait son monde. Elle soupçonna bien vite la pénurie de Nathalie et, avant de la mettre à la porte, tout en gardant sa malle, au besoin, elle la présenta sous divers prétextes à certains clients de l'hôtel. Nathalie devina le piège ignoble et odieux de son hôtesse et elle se dit : Je crèverai de faim, mais je ferai moi-même mon choix.

Donc, un matin, elle sortit de bonne heure, regardant devant elle, ahurie, effarée, incertaine, indécise, au milieu de ce va-et-vient du Paris besogneux et matinal. En passant rue de la Harpe, elle avisa sur le pas d'une boutique de blanchisseuse une grosse femme, l'air avenant. Nathalie réfléchit un moment, puis s'avança résolument.

— Madame, dit-elle, êtes-vous la patronne de l'établissement ?

— Parfaitement, pour vous servir, mademoiselle.

C'est le cas en effet, pensa Nathalie, et regardant froidement la personne :

— Madame, j'ai fait mon apprentissage de blanchisseuse en province; j'arrive à Paris; pouvez-vous me prendre à l'essai?

— Tout de même : précisément j'attends une ouvrière qui est en retard ; tant pis pour elle ; venez.

Nathalie entra, ôta son chapeau, tira ses gants, prit un tablier que la patronne lui présenta et s'arma d'un fer.

— Ici nous avons, dit madame Picot, une clientèle spéciale : les Étudiants. Ça a peu de linge, en général, mais c'est très exigeant.

— Je ferai de mon mieux, et vous m'aiderez d'abord de vos conseils pour être au goût de vos clients.

— Tiens ! mais elle est gentille, cette petite, elle arrivera.

Pronostic.

Madame Picot, la maîtresse de céans, mit aussitôt Nathalie à l'œuvre. Agile et pleine de goût, celle-ci surpassa dès le premier jour les plus habiles ouvrières de l'établissement. Bien plus : des félicitations arrivèrent bientôt à la patronne et Nathalie fut dès lors attachée à la maison, avec promesse d'une augmentation raisonnable.

Or, Nathalie qui n'avait guère, avons-nous dit, que quatorze ans, s'en donnait seize pour plus d'assurance. Seize ans ! C'est presque déjà la maturité à Paris, comme vingt-cinq ans c'est presque la vieillesse, comme, passé trente ans, on ne compte plus. Balzac a bien tenté de nous révéler la femme de quarante ans. Il a échoué.

Paris aime les primeurs quelles qu'elles soient, et de ce fait il advient qu'il ne goûte jamais rien de bon, rien à point. Ce qui existe au matériel est au moral la même chose. Le libertinage des deux sexes commence si jeune, en classe, en apprentissage, que de douze à quinze ans on chercherait vainement quelque chose de vraiment pur. Il y a bien des... rosières *extra muros ;* soit, et que la foi de M. le maire les sauve...

Au bout de quelques jours, Nathalie vit passer et repasser devant le rideau, habilement entr'ouvert, une demi-douzaine de flâneurs de vingt à trente ans, étudiants plus ou moins vétérans. C'était là évidemment des admirateurs de fantaisie et d'une sentimentalité suspecte. La patronne les voyait bien, d'autant mieux qu'elle en connaissait quelques-uns pour les avoir *blanchis*. Que dire, d'ailleurs? Ces jeunes gens passaient et repassaient; ce qui est naturel, quand on demeure dans le quartier.

Cependant, dans l'après-midi, un des plus osés entra crânement, parla à madame Picot de linge à prendre chez lui, et en appuyant sur ces mots : *chez lui*, il regardait fixement Nathalie, qui travaillait à la même table que sa maîtresse; et laissant tomber négligemment entre elles un petit papier, il s'esquiva.

La patronne, Parisienne et habile, avait vu le manège; et comme Nathalie n'avait pas l'air d'être piquée de curiosité, elle se baissa, ramassa le billet et, sans le lire, elle dit à Nathalie : — c'est sûrement à vous que s'adresse ce « poulet »; faites-en ce que vous voudrez.

Nathalie, dans un premier mouvement inexpliqué, prit le billet, le froissa, mais elle le mit dans sa poche. Bientôt elle passa dans une pièce voisine pour le lire.

Ce billet était ainsi conçu : « Aux pieds de la plus belle de céans je mets mon hommage. Je l'attendrai, ce soir, à l'entrée de Bullier; il y a fête de nuit. Je serai là, plein d'espérance. Signé : Ernest. »

Nathalie ne s'attarda pas à la réflexion; ce n'était pas

dans son idée, ce soir-là, et elle se dit : Il faut aller voir !... Elle sortit très correctement à l'heure ordinaire, c'est-à-dire à la fin de sa journée et sans manifester le moindre empressement. Comme elle était toujours très proprement vêtue de sa seule et unique toilette, elle alla devant elle, se faisant indiquer le jardin Bullier.

Il était neuf heures et demie quand elle arriva devant la porte.

Aussitôt Ernest, le signataire du billet s'avança :

— Pardon, mademoiselle, me remettez-vous ?

— Pas du tout, assurément, monsieur, dit Nathalie ; et si c'est vous qui tantôt avez laissé tomber un billet, je n'en eusse rien vu, si madame Picot, qui est très bienveillante pour moi, ne m'en eût fait part.

— Eh bien ! reconnaissez-moi maintenant, mademoiselle, confiez-vous à moi et entrons.

Le cœur de Nathalie palpitait fort. Nouvelle venue dans Paris, ayant déjà pressenti certains pièges, elle se laissa aller, comme si une voix intérieure lui eût soufflé : Il faut en finir ! Après tout, se disait-elle, je suis ici dans un établissement public ; il y a des voitures à la porte, et je me ferai conduire chez moi quand j'en aurai assez.

L'orchestre préluda.

Nathalie, bien que peu exercée, ne put refuser une valse à son introducteur. Ce fut un élan indescriptible.

Bientôt après, des amis d'Ernest vinrent inviter Nathalie ; elle fut la reine de la soirée, tant chez certaines femmes bien douées le développement moral et physique se fait presque à leur insu, dans un de ces entraînements où l'imagination et les sens semblent être de complicité.

Dès ce soir-là Nathalie fut... lancée.

Elle devint l'étoile du lieu.

Mais l'étoile devait s'éclipser, *filer* bientôt.

Nathalie avait subi une ombre de soleil. La chose devenait grave et la jeune fille le comprit à point : — Il me faut trouver un père à mon enfant!

II

Or, un dimanche, passant rue de Lille, en revenant de voir une amie absente, elle se croisa avec un gros monsieur qui, en homme bien appris, lui laissa le trottoir, tout en la regardant très attentivement et comme une personne connue. Il s'arrêta :

— Peut-on, mademoiselle, vous demander où vous allez?

— Monsieur, je rentre chez moi; j'étais venue prendre des nouvelles d'une amie d'atelier, et je suis aise de savoir qu'elle va mieux, puisqu'elle est sortie.

— Et vous travaillez dans quelle partie?

— Je suis ouvrière blanchisseuse, monsieur.

Le monsieur s'était détourné de son chemin et marchait à côté de Nathalie.

— Blanchisseuse! reprit-il; vous allez en journée? Moi, je ne suis pas content de la manière dont on apprête mon linge... Voudriez-vous venir chez moi à la journée? Je ne vous fixe pas de prix. Votre prix sera le mien, et je suis sûr d'avance que je serai mieux servi.

A cette offre, Nathalie regarda bien en face son interlocuteur. C'était un homme de quarante-cinq à cinquante ans, fort en couleur, élégamment mis.

— Mais, monsieur, fit-elle modestement, il n'est pas d'usage à Paris que les blanchisseuses aillent en maison bourgeoise?

— Qu'à cela ne tienne : vous ferez exception et, qui sait? si vous repassez bien, je vous trouverai des pratiques et vous pourrez rester chez vous.

— Pour s'établir, il faut du temps et de l'argent.

L'air doux et résigné qu'avait pris Nathalie acheva de séduire, de fasciner le baron de la Pigeonnière, car c'était un baron bon teint, pour de vrai, et non un de ces impudents geais, parés de plumes du paon, comme il s'en trouve tant dans les Cercles de Paris.

— Voyons, dit le baron de la Pigeonnière (nous le renommons pour plus ample connaissance), je vous veux du bien; prenons les quais, nous causerons plus aisément. Si je vous louais un petit appartement, en fournissant à votre entretien d'une manière convenable, accepteriez-vous?

— C'est trop de bonté, monsieur; je ne suis pas heureuse; je travaille tout le jour, car telle que vous me voyez, je suis orpheline, et si je suis venue à Paris, c'est qu'on m'avait dit y avoir plus de ressources qu'ailleurs et qu'on y arrange sa vie sans critique de personne.

— C'est vrai. Eh bien! vous acceptez?

— Mon Dieu! monsieur, je n'ose croire que votre offre soit sérieuse.

— Elle l'est cependant. Venez; et en même temps il l'entraîna d'un pas rapide, prit la rue Bonaparte et avisant un écriteau : « Petit appartement, fraîchement décoré, à louer présentement. »

— Entrons. dit-il.

Nathalie se laissait mener, moins soucieuse que ravie.
— Si ce n'était qu'un rêve! disait-elle.

— Vous avez un appartement à louer, madame? dit le baron à la concierge.

— Huit cents francs, monsieur.

— Voyons-le, et tous trois montèrent au troisième étage. C'était propre et suffisamment spacieux. Vue sur des jardins ombreux.

— C'est arrêté, dit-il en remettant un louis à la concierge, qui s'inclina. Demain nous revenons avec un tapissier.

Ce qui se passa à la sortie, nous ne sommes pas assez indiscret pour le raconter. Nathalie quitta le baron fort avant dans la soirée, elle enchantée, lui ravi. — J'ai trouvé une perle! quelle jolie fille! et douce, et instruite, orpheline... C'est mon affaire. Si cela va bien, je la présenterai comme une nièce de là-bas, que j'aurai fait venir pour tenir ma maison et... honni sera qui mal en pensera...

A quelque temps de là, Nathalie, qui n'avait fait qu'une apparition dans l'appartement de la rue Bonaparte, était installée chez le baron sous le nom de mademoiselle de la Combe, comme nièce du baron, ayant la haute main sur le valet de chambre et la cuisinière, présidant à table et lisant, chaque matin, après le café, le journal au baron, car elle avait un timbre de voix d'une harmonie indéfinissable.

Cependant la grossesse de Nathalie s'accusait. Le baron s'en montrait charmé, autant qu'il avait été quelque peu surpris au premier aveu qu'elle lui en avait fait. Il avait prudemment consulté son docteur, et celui-ci qui dînait assez souvent chez le baron et avait apprécié la douceur, la grâce et la tenue correcte de Nathalie, n'avait pas hésité à déclarer qu'elle avait dû être enceinte du premier jour où il l'avait connue. Le baron était donc parfaitement rassuré.

— Un petit déplacement fut résolu néanmoins. Le baron amena Nathalie à peu de distance de Paris, pour être tout à la fois à portée de ses affaires et ne quitter Nathalie que le moins possible.

L'événement attendu et désiré arriva. Un garçon était né de Nathalie.

Il y avait sept mois juste que le baron avait rencontré Nathalie. Le docteur appelé en toute diligence, cita au baron de nombreux exemples de couches à sept mois, ajoutant même que ces enfants avaient toujours une heureuse longévité.

Le baron aimait Nathalie avec la même ardeur qu'au premier jour. Toutefois, par des raisons privées, intimes, par conscience peut-être (chacun n'a-t-il pas en soi un confessionnal?), le baron n'eût pas cru décent d'épouser Nathalie, vivant chez lui, bien qu'elle fût admise comme une nièce, certes, au degré non prohibé... En gentilhomme de bon estoc, il avait des préjugés *de caste,* au demeurant trop honorables, trop respectables, pour qu'il ne sentît pas qu'en reconnaissant le nouveau-né à la mairie, n'étant pas le mari de la mère, il dénonçait celle-ci comme sa concubine et, n'acceptant que l'enfant, il laissait dès lors la fille-mère dans une sorte d'abjection. L'enfant, né de Nathalie La Combe et de père inconnu, attestait une faute, mais rien davantage; il demeurait simplement dans la catégorie des « enfants de l'amour ». Un mariage posthume (et le baron n'y songea jamais) n'eût rien changé à la naissance de l'enfant et n'eût pu effacer en rien un commerce interlope primitif. Ce n'eût été tout au plus qu'une régularité brochant sur une irrégularité, ineffaçable pour l'enfant, marqué à jamais par le timbre de l'état civil...

Tel fut le sentiment du baron. Aussi laissa-t-il les témoins déclarer le nouveau-né sous les nom et prénom de La Combe, Anatole, fils de Nathalie La Combe et de père inconnu. Autrement, toutes les précautions avaient été prises; une nourrice, triée dans le stock de l'espèce, fut là à l'heure même de l'accouchement; elle n'avait pas été prise, d'ailleurs, à Paris. Enfin, ce ne fut qu'au bout d'un temps bien révolu, que le baron et Nathalie revinrent ensemble reprendre leur installation à Paris.

Rentrés dans leur hôtel, le baron et sa nièce eurent, comme d'habitude, leur jour de réception. Alors aussi, par l'effet d'une absence de quelques mois et l'usage aidant, les amis, les intimes du baron commencèrent à saluer Nathalie sous le nom de : Madame. Cette politesse n'avait rien d'insolite. Les domestiques, les fournisseurs, les voisins en firent autant, et grâce à l'élégance de manières, au charme et à la distinction de Nathalie, l'hôtel du baron devint le rendez-vous d'un monde des mieux choisis. Nul ne se fût avisé de commenter l'origine de Nathalie; il se trouva même des gens pour affirmer avoir connu ses grands-parents, habitant un vieux château en province et morts à peu d'intervalle l'un de l'autre, confiant la charmante orpheline aux soins du baron de la Pigeonnière, bien que celui-ci connût à peine la famille provinciale, ayant toujours habité Paris.

Le baron de la Pigeonnière était bien un baron « bon teint », nous le répétons ; et de même qu'on s'était accoutumé à dire madame à sa « nièce », bientôt les familiers, par galanterie, lui décernèrent le titre de « baronne », et ce titre dès lors accepté en fait, devint presque une vérité, à la façon de la Charte de 1830.

Cependant le baron prenait de l'âge et sa santé s'altéra tout d'un coup ; tandis que, d'autre part, le petit Anatole La Combe faisait ses études au collège de Juilly.

Ainsi, de Paul Combe et de Vincente Lefort était née Nathalie Combe, dite La Combe, d'après l'habitude dans certaines provinces de féminiser les noms propres. Anatole qui avait reçu la leçon de sa mère, ne lui écrivait jamais qu'avec la suscription : à madame la baronne de La Combe.

Le baron de la Pigeonnière mourut. D'avance il avait mis ordre à ses affaires et réglé la situation de sa « nièce ». Il lui laissait par testament cent vingt mille francs.

Mais, à l'ouverture de l'acte, les parents directs se récrièrent : cent vingt mille francs à cette prétendue nièce ! clamait l'un. Si encore on savait d'où elle sort ? disait un autre. Une intrigante ! Le baron était très coureur ! Où a-t-il ramassé celle-là ? Nous plaiderons, et il faudra voir ! Il faudra bien qu'elle exhibe ses papiers, si elle en a ! et les actes de décès de ses père et mère, et son acte de naissance ; et nous saurons bien par quel généalogiste a été visé son degré de parenté, si parenté il y a ! Par exemple !...

Tel fut, au lendemain de la mort du baron l'accueil fait à « la baronne » par des parents qui, la veille encore, s'inclinaient gracieusement et cousinaient avec les airs les plus aimables...

La nature humaine est ainsi faite : l'égoïsme partout, toujours, en tout. Sous l'ancien régime, au temps où le droit d'aînesse florissait, des querelles en fait de partage héréditaire s'élevaient rarement. L'aîné devait assistance à ses frères et sœurs, et ceux-ci s'inclinant devant une loi primordiale, n'avaient garde de protester, ou du moins le cas était très insolite. Aujourd'hui, nous voyons les enfants se disputer, à propos de clauses testamentaires, sur le cadavre à peine refroidi d'un père. Malheur à celui qui voudrait avantager un de ses enfants ou seulement tâcher de faciliter par quelque lar=

gesse privée une fille pour la mieux marier ! Ses frères ne le permettraient pas et le jour du partage est fréquemment une occasion de dispute, de brouille et de rupture à mort ! Nous sommes en progrès moral, nous dit-on. Étrange progrès, que nous vaut le droit égalitaire !...

Donc un procès fut intenté à la baronne : elle le gagna. Autre procès, les héritiers ne consentant à payer que la rente des cent vingt mille francs, tandis que la baronne voulait le capital. Ce fut interminable et, comme toujours, la meilleure part resta aux doigts crochus des gens d'affaires, habiles à mener les réglements d'intérêts avec une sage lenteur. Sur ces entrefaites, les études d'Anatole s'achevaient, tant bien que mal, plutôt mal même. Délaissé de sa mère, dépourvu de ce sentiment d'émulation qui fait parfois des derniers les premiers, négligé dès lors des professeurs qui *chauffent* de préférence les élèves destinés à de nombreux prix, en réclame de l'établissement, Anatole, disons-nous, quittant les bancs du collège, n'eût pu subir le plus mince examen. Sa mère aurait voulu l'inciter à s'engager ; mais la vocation de soldat ne lui souriait pas plus que l'offre que lui faisait de l'admettre dans les contributions indirectes, un des assidus du salon de sa mère, le directeur général d'alors, aussi édenté que galantin...! Non, ne sachant rien, il n'avait goût à rien; absolument comme sa grand'mère, la fille Vincente Lefort. C'était un fruit sec par excellence, si on peut user de ces deux rapprochements linguistiques. Pourtant mons Anatole aimait déjà à courir le guilledou ; le canotage d'Asnières et de Meudon l'attirait; et pour s'en débarrasser, sa mère lui avait constitué une liste civile, assez légère, quoique suffisante et même, pour qu'il ne dînât pas à table, elle lui passait trois francs pour chaque repas pris au dehors. De ce genre de vie Anatole ne se plaignait pas. Il ne comprenait pas du reste le goût stupide des paris aux courses, cette piperie insensée. Il avait en dégoût le tabac et les méchantes liqueurs qui lui font cortège. Cela devait le sauver.

C'est ainsi que la baronne se trouvait relativement libre chez elle. La présence d'Anatole semblait, avec l'embonpoint qui lui venait, conspirer pour la vieillir, en dommage irréparable...

En effet, pour combler le déficit causé par les procès des cent vingt mille francs à peu près engagés et perdus, malgré gain de cause, et peut-être aussi par suite d'une inclination héréditaire, la baronne avait peu à peu transformé son salon en boudoir de galanterie, ou peu s'en faut. A certains jours de la semaine on y jouait gros jeu, au lever de table, à laquelle s'étaient assis quelques intimes de la maison. Jugez un peu du froid que jetait la subite apparition d'Anatole, qui pour avoir furtivement de sa mère un louis, faisait subitement irruption dans le salon.

— D'où venait cet enfant? De qui était-il? Si le baron eût été son père, il l'eût reconnu, libre qu'il était et pourvu d'une grande fortune; et point !

Ces réflexions se faisaient à demi-voix ; mais la baronne devinait tout et en souffrait cruellement.

Anatole, pour sa part, avait de hautes visées ; il avait pris au sérieux l'appellation de « baronne », donnée à sa mère ; il y croyait presque, bien que celle-ci lui eût un jour très franchement révélé le secret de sa naissance et qu'il connût dès lors n'être qu'Anatole La Combe, tout court, de par son état civil, et simplement Combe, de par son aïeul paternel.

Donc, bien avant que le deuil officiel ne fût fini, Nathalie avait paré, de son mieux, à ses ennuis d'argent, en recrutant de nouvelles dupes. Sa beauté, sa distinction, son esprit sémillant lui amenèrent bientôt une cour d'adorateurs assez *pratiques*, pour lui assurer un revenu qui lui permît de prendre un appartement convenable, meublé avec simplicité, très confortable au demeurant. Quoique vivant en lorette, elle conserva les apparences de la bonne société, si encline, de son côté, à copier les allures des demi-mondaines. Elle ne voulut se lier qu'avec des femmes de bonne mise, ne reçut chez elle que des personnes dont la tenue ne trahissait aucune excentricité, ni même une situation quelque peu scabreuse.

Pourtant, au bout d'un certain temps, la baronne crut s'apercevoir qu'elle était entrée trop avant dans... la vertu, sans profits suffisants. Elle voulut changer de manières, et se démasquant ostensiblement, elle ne se promena plus au Bois qu'avec une toilette tapageuse ; elle porta des jupes très courtes et des chapeaux très hauts, chargés de fleurs. Mettant du fard et se barbouillant les joues de poudre de riz, elle arrivait à la Cascade, nonchalamment couchée dans une victoria ou plaquée dans l'angle d'un coupé. Le soir, elle apparaissait accoudée aux avant-scènes entre une botte de camélias et un sac de bonbons. A la sortie du spectacle, elle se laissait conduire, à minuit, à la *Maison d'Or* ou autres restaurants du genre, mangeant peu, buvant peu, mais donnant toujours signe d'acquiescement aux offres stupides des garçons que n'osaient, par sotte vanité, redresser les galants imbéciles !... Elle en était arrivée d'ailleurs aux extrêmes : les écrevisses à la bordelaise ne lui déplaisaient pas, pourvu qu'elle étanchât sa soif avec du champagne mousseux ; au dessert, un pot de confiture de gingembre y passait, et elle allumait une cigarette avec la même aisance qu'une *Grande d'Espagne* de la première classe. Laissons dans l'ombre la fin de ces petits soupers.

Toutefois, nous le répétons, son fils lui était à charge plus que jamais ; on le conçoit.

— Que je voudrais marier ce garçon-là ! disait-elle à ses meilleurs confidents.

Marier, peut s'entendre ici par le verbe : se débarrasser.

— Eh bien ?

— Comment faire ? Il n'a pas d'état ; il n'est pas même apte à entrer dans une administration du gouvernement, ce réceptacle des incapables, dûment protégés. Il n'a pas d'héritage à attendre ; si encore il avait un nom ?...

— Mais il faut s'en occuper et sans tarder encore ! Tenez, lisez ?

« Orpheline âgée de seize ans ; physique agréable ; musicienne. Deux millions de dot. Exige un titre nobiliaire : se contenterait de celui de baron. »

— Eh bien ! qu'en pensez-vous, chère madame ?

— Le titre ?

— Il y a moyen de moyenner cela.

— Comment ?

Alors, le visiteur expliqua à Nathalie que Paris (elle le savait de reste), regorgeait de gentilshommes de pacotille ; que dans l'aristocratique faubourg qu'elle habitait, les plus nobles de race étant souvent les plus bêtes, s'y laissaient prendre constamment (elle le savait aussi au mieux) ; enfin, il lui apprit qu'il y a dans Paris des officines nobiliaires, des manufactures d'ancêtres, des trafiquants de titres et de décorations, comme il y a des marchands de faux-vieux. Le métier est même fort lucratif, et la clientèle est aussi nombreuse que panachée... ajouta malicieusement le visiteur intime.

— Et est-ce sûr?

— Parfaitement. Ça coûte cher, vous comprenez, mais ça réussit d'ordinaire. Je connais le petit-fils d'un petit cabaretier qui a aujourd'hui, par ce moyen, des papiers « nobiliaires » fort en règle...

— En apparence...

— Chère amie, à Paris, l'apparence est tout.

— Soit. L'adresse.

— La voici.

Dès le lendemain, Nathalie alla voir l'opérateur désigné. Anatole l'accompagnait.

— Monsieur, dit-elle, je voudrais reconstituer l'état nobiliaire de mon fils. C'est pour un mariage déjà fort avancé et je ne voudrais pas perdre de temps.

— A qui ai-je l'honneur de parler, madame?

— Madame La Combe, monsieur.

Cette fois, la baronne garda pour elle son titre d'emprunt et même la particule.

— La Combe, Combe, des Combes, grommela l'opérateur; nous avons un gros dossier à ce nom. La Combe! Vieille race! Il y en a eu aux Croisades.

— Je l'ai souvent ouï dire par feu mon mari; mais dans les désastres de la révolution, obligé de s'expatrier pour sauver sa tête, son père avait cru prudent de brûler tous ses papiers de famille et, à sa rentrée en France, ruiné, n'ayant pu rien obtenir de l'ingratitude de Louis XVIII, il ne voulut plus reprendre son titre. Feu mon mari partagea la même insouciance; et c'est ce qui m'embarrasse aujourd'hui pour mon fils.

— Nous examinerons cela avec soin; c'est un cas de

grande importance. Veuillez revenir dans huit jours, madame, et je mettrai sous vos yeux toutes les chartes et les pièces que j'aurai fait rechercher, et votre affaire pourra s'emmancher. Vous choisirez les documents qui se rapportent à la famille de votre mari, car je ne veux vous céder que les papiers qui vous seront utiles. Nous agissons ici en vrais pères de famille. Tous mes respects, madame.

Quand la baronne se présenta de nouveau, on lui mit sur la table des détritus de parchemins et des papiers racornis qui la troublèrent, sans lui rien apprendre, tout naturellement. Anatole feignait de regarder, ne sachant pas lire un grimoire indéchiffrable pour lui.

Le traité fut conclu ; et, à quelques temps de là on vit dans les journaux l'annonce du mariage de M. le baron Anatole de La Combe, « d'une des plus anciennes familles de France », avec mademoiselle Mercédès Crampton, riche héritière.

Comment ! dira-t-on, on peut ainsi changer de nom et se parer d'un titre du jour au lendemain ? Et que dit le gouvernement ? Que fait la police correctionnelle ?

Mon Dieu ! le gouvernement a bien d'autres chats à fouetter, et la police correctionnelle n'a pas tout d'abord à rechercher les délits de l'espèce. Comment les connaîtrait-elle, d'ailleurs ? N'y a-t-il pas là un secret de part et d'autre ? La complicité n'existe-t-elle par très étroitement même entre l'opérateur et le compère, l'un trompant avec d'autant plus d'impudence, que l'autre se laisse tromper sciemment par intérêt ou par simple gloriole. Tirons le voile sur ces turpitudes et disons avec Tacite : *Pudor indè et miseratio !*

Si encore tout s'arrêtait là ; si ce n'était que la bêtise de ces ducs et marquis de vieil estoc, si prompts à faire accueil à des nobles de contrebande, par ce seul fait qu'ils ont... le sac ; si, depuis que la noblesse est légalement abolie en France, on ne remarquait pas qu'il n'y a jamais eu tant de gens titrés par les chemins ; si une lessive générale ne s'imposait pas de par l'opinion publique et dans un pays désormais démocratisé, en dépit d'un goût pseudo-aristocratique, qui n'est, au demeurant, que la vanterie particulière au Français, quel qu'il soit ; si enfin, malgré la mémorable nuit du 4 août 1789, les choses sont à peu près restées en l'état, il survient de temps à autre, çà et là, des incidents drolatiques, qui semblent être comme le galvanisme de ce grand état à jamais disparu : la noblesse

Le mariage d'Anatole fut donc conclu, grâce à son faux titre de baron, que l'employé de la mairie inscrivit sans faire aucune observation, sans doute en vertu de l'indifférence réservée désormais à des qualifications auxquelles aucun privilège n'est plus attaché.

Remarquons en passant qu'il n'en était par de même sous « l'ancien régime ». Charles IX, par son édit de 1560, prescrivit que ceux qui auraient usurpé faussement le titre de noblesse seraient mulctés d'amendes arbitraires, autrement dit condamnés à des amendes laissées à la volonté des juges. Un siècle plus tard, en 1687, Jean de Caunay fut pendu à Tournay pour avoir fait de faux titres. Sous Louis XIV, un arrêt du 30 août 1700 ordonna d'arrêter et de faire conduire à la Bastille trois individus « accusés de fabriquer pour la fausse noblesse des titres faux qu'ils distribuent à ceux qui leur en demandent ». Le même arrêt enjoignit de mettre les scellés sur les papiers desdits faussaires. Enfin, le 11 septembre suivant, un autre arrêt était rendu contre trois autres particuliers, « de présent prisonniers au château de Vincennes, prétendus auteurs de pareilles faussetés sur le fait de la Recherche de la Noblesse ».

Viciée dans son principe, l'union du baron avec mademoiselle Crampton ne devait avoir qu'une lune de miel de très courte durée. A peine les lettres de part, artistement gravées par la plus habile maison de Paris, étaient-elles envoyées *urbi et orbi*, qu'une grosse tempête vint bouleverser le jeune ménage de fond en comble.

D'une part, le pseudo-tuteur de la mariée se refusa très nettemet au versement de la dot, sous le prétexte que M. le baron avait des dettes, que le genre de vie de sa mère, réduite aux expédients, laissait craindre qu'elle ne tombât avant peu à la charge du ménage et qu'enfin, — fait capital, — certaines révélations faisaient plus que douter de l'authenticité du titre de baron, qui avait été la clause *sine quâ non* du mariage. Il s'agissait donc, avant tout, de soumettre le dossier « nobiliaire » du baron à une commission compétente.

De son côté, le jeune homme, près d'être poursuivi par des créanciers, — larves immondes nées de l'annonce de son mariage, — voulut le prendre de très haut ; il parla de chantage, de spoliation, finalement d'une séparation scandaleuse.

— Comme vous voudrez, répliquait la partie adverse ; à bon chat bon rat, dit le proverbe. Qui a sollicité la main de ma protégée ? Qui, pour l'obtenir n'a pas craint d'exhiber un faux titre ? Car, monsieur, tous vos papiers constituent des faux ; ces papiers que vous ne montrez qu'avec précaution — et pour cause — ne vous sont pas applicables, bien qu'on vous les ait très chèrement vendus, je n'en doute pas. Tout ce bagage héraldique, c'est dol et vol à la fois ; et le cas de votre fournisseur tombe sous l'application des peines portées par l'article 423 du code pénal, bien que vous sachiez tout d'abord, que vous, l'acheteur, vous étiez trompé par le vendeur; et, dans cette honteuse connivence, il se pourrait bien faire que vous ne soyez pas aux yeux des magistrats reconnu le plus coupable, tant votre généalogie, faite avec des degrés en N et en X et avec des dates singulièrement distancées, forme un ensemble superlativement cocasse. Mais des pénalités de la loi de 1858 vous n'êtes pas moins passible, ne l'oubliez pas; et, sur ce, attaquez, monsieur le baron. Que si d'aventure, le tribunal vous donne gain de cause, je me permettrai, moi, l'avocat battu, de solliciter de vous, en gage de réconciliation personnelle, la faveur d'aller chasser la grosse bête dans vos forêts barioniales. Attaquez !...

Le jeune faux baron était atterré; il se sentait sur une fondrière; et cependant, lui aussi, devant le refus du versement de la dot promise et attendue, il se trouvait trompé et volé de toutes parts. Sa future avait une origine très peu prouvée; de sa virginité il doutait; et par-dessus tout les deux millions étaient une pure chimère. Il avait sur les bras une femme dont il ne savait pas le premier mot; qu'il n'avait vue, pour ainsi dire, que l'avant-veille de la comparution devant M. le maire; une femme qui l'avait à peine regardé au repas nuptial et en qui, dès la première nuit des noces, il avait remarqué des émotions étranges...

Tel était l'état des choses et la situation respective des deux conjoints, huit jours à peine après leur mariage. Nous ne ferons pas ici de morale : laissons aller de pair et ces agents matrimoniaux peu scrupuleux et ces industriels qui tiennent boutique de noblaille Rappelons le conseil de Dante : *Guarda e passa*.

La séparation entre Anatole et Mercédès eut lieu à

l'amiable : — Je t'ai trompé ! Tu m'as trompé ! On nous a trompés ! Partant quitte !

En effet, toutes raisons militaient en faveur d'un accommodement sans bruit. S'engager devant les tribunaux, livrer des secrets de coquineries réciproques; mettre en verve la loquacité intarissable des avocats, c'eût été désastreux pour tous. Au courant des faits, très inquiet surtout était le fournisseur d'ancêtres : il était dans ses petits souliers. D'une enquête ne pouvait-il pas, ne devait-il pas ressortir des supercheries compromettantes ? Finalement, cette fois, la police correctionnelle n'était-elle pas en droit forcé d'intervenir ? La *Gazette des Tribunaux* est pleine des faits et gestes des agents matrimoniaux ; et que ceux qui désirent avoir une idée des agences nobiliaires veuillent bien ouvrir la collection du *Figaro*, qui se trouve partout et lire dans les numéros du 3 juin 1867 et du 5 août 1857 deux articles humouristiques signés d'Albert Wolff et du regretté Léon Gozlan.

Chacun se sépara donc d'un commun accord, et l'on peut dire que ni l'un ni l'autre n'avait eu le temps de se connaître.

III

Le hasard est un grand maître, dit un vieil adage et nous allons le voir à l'œuvre.

Quelques années se sont écoulées. Nathalie La Combe dite la baronne de La Combe était morte, laissant à son fils quelques épargnes : soixante mille francs environ. C'est du pain avec de l'ordre ; et Anatole qui n'avait jamais eu de goût pour le tabac ni pour le café, pas plus qu'il n'en avait eu pour une occupation quelconque, ne buvant ni absinthe, ni bitter, ni vermouth, ni aucune drogue abrutissante de l'espèce, Anatole se réfugia dans la banlieue de Paris ; il prit une femme de ménage, se fit aimer d'un chien et d'un chat, et cultiva à ses heures les tulipes et les géraniums. Innocence de l'âge d'or.

De son côté, Mercédès Crampton, en quittant son mari, avait cru pouvoir garder le titre de baronne sous lequel elle avait été mariée. Elle voyagea quelque temps, puis revint à Paris. Froide par nature, elle s'adonna pour se distraire à la religion ; elle fréquenta assidûment les églises, ne reçut chez elle que quelques vieux gentilshommes que le hasard lui avait fait connaître et quelques bons prêtres, qui la déclarèrent une sainte femme. De son passé on ne savait rien ; et le présent était irréprochable. Dès lors très vénérée du curé de sa paroisse, honorée de lettres du haut clergé de Paris, elle devint quêteuse en titre de l'église Saint-Roch.

La baronne habitait le premier étage d'une maison donnant sur un jardin dont elle avait la jouissance. D'un cabinet de toilette attenant à sa chambre à coucher et qui avait une porte sur le salon, elle avait fait un petit oratoire, avec autel orné de vases de fleurs et de flambeaux dorés. Longtemps elle avait espéré obtenir de l'archevêché la faveur d'y faire célébrer l'office divin deux ou trois fois l'an. De plus, elle avait doté une chapelle dans une commune pauvre à quelques kilomètres de Paris, et donnait l'hospitalité au curé du lieu, quand quelque affaire urgente l'amenait dans la grande ville. Mais, tout à ses devoirs, ce bon prêtre ne se déplaçait que rarement ou sur l'appel de son évêque diocésain. Allant de temps à autre apporter quelque ornement à sa chapelle privilégiée, la baronne déjeunait au presbytère et revenait toujours cher elle, le soir. Aussi la malignité des rustres voltairiens du pays, pas plus que la langue envenimée des concierges de Paris n'avait pu entamer sa réputation ni déchirer sa robe de pureté.

La vie de cette délaissée se passait ainsi en prières et en bonnes œuvres, dans la portée de sa fortune, très modeste, d'ailleurs. De son mari — accidentel, — elle ne s'était jamais inquiétée. A quoi bon ? Cependant, une fois, elle lut par hasard dans un journal son nom au bas d'une circulaire électorale, en recommandation d'un candidat dit conservateur. Elle eut ainsi à la fois preuve de son existence et son adresse. Elle venait de quitter son appartement de Paris pour habiter Passy, mais restant encore quêteuse en son ancienne paroisse. On était dans la semaine de Pâques, et un sermon suivi de la bénédiction du nonce avait lieu le jeudi de cette semaine. La baronne eut-elle un vague mouvement d'ironie, ou ne fut-ce pas plutôt un simple sentiment de curiosité à l'endroit de ce mari — perdu ; — toujours est-il qu'elle lança une lettre d'invitation à M. le baron Anatole de Lacombe, en sa maison de Noisy-le-Sec, (Seine).

Le baron recevait rarement de lettres. Celle-ci, le priant d'assister à un sermon de charité, prêché par un prédicateur qui attirait alors tout le Paris catholique, le troubla étrangement ; car cette invitation comportait une douzaine de dames quêteuses, au milieu desquelles figurait « La baronne de La Combe... »

— La baronne de La Combe ! se dit Anatole ; ce ne peut être ma femme ! Il y a tant de La Combe. Mon ancien pourvoyeur généalogique, en avait « des flottes » sur sa table et, assurément, de même qu'il m'a bombardé baron, moyennant une grosse somme, très grosse, trop grosse surtout pour le résultat, il a fort bien pu rencontrer d'autres niais de mon nom et leur jouer le même tour...

Anatole s'arrêta, pensif, rougissant en lui-même et pris d'une singulière préoccupation.

— C'est pour le 27 : nous sommes aujourd'hui au 21, c'est donc pour jeudi. Bah ! qu'irai-je faire là ? Au fait, pour cent sous j'en serai quitte. Je m'informerai près du suisse à quel endroit se trouve cette baronne et je constaterai une homonymie. Ce sera drôle, si, par exemple, je lui dis, en lui glissant ma piècette dans son aumônière : « Offre du baron de La Combe à la belle et noble quêteuse. » Tableau ! comme on dit aujourd'hui.

Au jour dit, Anatole se rendit à l'église Saint-Roch, de bonne heure envahie. Il put entrer cependant et ce ne fut pas sans peine qu'après information il put parvenir aux entours de la chaise où se tenait la baronne. Soudain leurs regards se croisèrent ; ce fut comme un coup électrique. Anatole avait bien vieilli : Mercédès, elle aussi avait perdu beaucoup des grâces de ses seize ans dont, d'ailleurs, le baron ne se souvenait guère. S'il y eut surprise tout d'abord, il n'y eut de part et d'autre rien d'hostile dans leur attitude réciproque. Leur mauvais passé était mort, et ce fut comme une sorte de reconnaissance. Chacun éprouvait une émotion indéfinissable ; deux êtres, non pas reconciliés, mais dont le cœur semblait battre à l'unisson ; deux existences brisées se renouant sans aucun effort, et comme par un charme magique, et cela dans une église, — celle même peut-être où ils avaient été unis — au son des orgues et au milieu des parfums de l'encens...

La bénédiction donnée par le nonce, la baronne dut se

rendre à la sacristie; et d'une voix émue elle dit à Anatole : Attendez-moi ; je reviens.

Anatole sentit des larmes lui venir dans les yeux, en regardant s'éloigner celle qui avait été sa femme si peu de jours et qui eût dû être la compagne de toute sa vie :

— Elle ! retrouvée ! se disait-il en suffoquant.

Au même moment arrivait Mercédès. Au sortir de l'église, elle lui prit le bras sans la moindre hésitation et au bas de la dernière marche un fiacre les reçut.

— Où demeurez-vous, Anatole, demanda Mercédès.

— A Noisy-le-Sec.

— C'est bien loin ! Et... êtes-vous libre ? ajouta Mercédès à demi-voix?

— Comme l'air ! répartit Anatole.

— Allons, chez moi ; à Passy, en attendant que nous puissions dire : chez nous.

Le fiacre roula. Les explications furent brèves du côté d'Anatole ; et si du côté de la baronne il y eut quelques ambiguïtés, quelques restrictions, la glace était rompue, et de quoi auraient-ils parlé alors, si ce n'est des préludes de leur union.

— Comme on nous a drôlement mariés, dit Mercédès.

— Accouplés, serait une expression plus juste, dit Anatole.

— A quelle espèce de gens avons-nous eu affaire !... A seize ans, continua Mercédès, ne sachant rien de ma famille, vivant avec un soi-disant tuteur, dont la réserve à mon égard frisait le mystère et cachait sûrement un mobile pervers, que pouvais-je dire et faire ? A qui m'adresser, à qui me confier, de qui obtenir un conseil ? C'est ainsi que n'ayant jamais connu une ligne des pompeuses annonces des journaux, on me livra sous l'étiquette de deux millions.

— Et moi donc, reprit Anatole ; ma mère, ambitieuse pour son fils, je le veux bien, me tripota un titre de baron, sans baronnie, sur les brouillards de la Seine, quoi ! Un industriel sans vergogne lui soutira quelques billets de mille francs en échange de papiers que je n'ai jamais ouverts, pas plus que je n'ai voulu dérouler la généalogie sur vélin qui faisait si bien rire ma mère (je la vois encore !) tant cette généalogie lui paraissait pyramidale !... Et c'est avec ce menteur appoint de vanité que j'ai obtenu votre main ! La falsification était, paraît-il, passablement alambiquée, puisqu'à la mairie on n'y vit que du feu...

— Quelles étranges industries il y a dans Paris, tout de même !

— Vol et dol ! Telle devrait être la devise de Paris en la maturité de civilisation où nous sommes...

— Oui, vraiment, le dol et le vol ont gâté notre première union ; aujourd'hui c'est Dieu qui nous a unis de nouveau et en pleine liberté de nos cœurs ! Béni soit-il ! A tout âge ne peut-on pas aimer ? Notre amour sera un renouveau et il ne cessera qu'avec la vie... Le veux-tu ?

— Si je le veux ! s'écria Anatole ; et il allait se jeter aux pieds de Mercédès quand le fiacre s'arrêta. Ils étaient à Passy.

La baronne avait une certaine aisance. De son côté, avons-nous dit, Anatole jouissait d'un modeste revenu : 2,500 ou 3,000 francs de rente. C'était la fortune et le bonheur à deux, loin de Paris, loin des intrigants, loin de la peste...

DENIS DE THEZAN.

LES DRAGÉES DE BAPTÊME

A JEAN GUÉRARD, PETIT-FILS D'EMMANUEL GONZALÈS

Mon cher mignon, il vous a plu
De me régaler de dragées,
Et ma foi, comme un vrai goulu,
Je les ai bien vite mangées ;
Dès lors il me paraît décent
De vous faire aussi mon offrande,
Et pour être reconnaissant,
Je veux... quoi ? — Je me le demande.

Pour vos besoins particuliers,
N'avez-vous pas votre nourrice,
Qui cède à vos airs cavaliers,
Quand vous réclamez son office ?
Demandez-vous votre couvert,
En un moment la nappe est mise,
Et vous riez, l'œil bien ouvert,
Dès qu'elle écarte sa chemise.

Il est d'autres nécessités
Qu'il vaut mieux omettre, et pour cause,
Rien à dire, quand vous tetez !
Après... après !... c'est autre chose !
Mais cela ne vous gêne en rien,
Dieu merci ! vous n'en avez cure,
Et tout est bien qui finit bien,
Le cas est prévu par Nature !

Quand votre repas est fini,
Que vous n'avez plus rien... à faire,
Un voyage dans l'infini
Vous paraît une bonne affaire.
Bientôt vous détournez les yeux
Avec ennui de la lumière,
Et pour revoir encor les cieux,
Vous tenez close la paupière.

« Do, do... » — Nourrice, pas si haut.
Il rit le gamin, quelle chance !
« L'enfant dormira bientôt. »
C'est la chanson de l'innocence ;
L'ange du sommeil, sur son front
Plane, étendant ses blanches ailes,
Et son teint rose, son bras rond
Font réfléchir les demoiselles.

Manger, dormir, et cætera...
C'est là, Jean, votre lot, en somme,
Jusqu'au jour où l'on vous verra
Marcher seul, comme un petit homme...
Que Dieu vous prenne par la main,

Qu'il rende heureuse votre vie !
Écartant de votre chemin
Le chagrin, la haine et l'envie !

Ces petits vers, vous les lirez,
Cher mignon, quand vous saurez lire,
Et j'espère que vous direz
Qu'ils sont bons pour vous faire rire.
C'est le très modeste présent
D'un vieux bonhomme sans malice,
Mais qui mit, en les composant,
Tout son cœur à votre service.

CHARLES VALOIS.

CONSOLATION

Ne pleurez pas, enfants, je dors, je me repose.
Si d'un trépas trop prompt le chagrin est la cause,
Il engendre du moins le calme et le repos ;
Je vivais tristement, et suis mort à propos.
Du fond de mon tombeau, quoique profond et sombre,
Je vois briller au ciel les étoiles sans nombre,
J'entends les chants d'oiseau, le murmure des vents,
Si vous priez tout bas pour moi, je vous entends !
Quand nous venons au monde, oh ! je comprends qu'on
[pleure,
Car on naît pour souffrir, car il faudra qu'on meure,
Mais pourquoi des regrets sur celui qui n'est plus ?
Songez qu'il va s'asseoir au banquet des élus,
Qu'il est béni de Dieu, dont la bonté suprême
Abrège son exil pour lui prouver qu'il l'aime !
L'éternité sereine a commencé pour lui,
Et sa félicité dépasse votre ennui.
S'il a franchi l'écueil d'une mer orageuse,
Acceptez son bonheur d'une âme courageuse.
Pour que son souvenir vous soit doux à garder,

Ne vous dites jamais qu'il eût pu vous aider
A traverser la vie et ses embûches sombres ;
La vie a ses rayons, les rayons ont leurs ombres.
Apportez-moi des fleurs, enfants, souvenez-vous
Que leur discret parfum m'a toujours semblé doux.
Quand vous approcherez, car sans cesse j'écoute,
Mon pauvre cœur glacé tressaillira sans doute,
Et mon âme agitée aspirera vos fleurs,
Humides de rosée et non pas de vos pleurs.
Dieu qui créa les fleurs, a bien fait toutes choses !...
Je dors, je suis heureux ! pas de larmes ! des roses !...

CHARLES VALOIS.

FIN

TABLE DES MATIÈRES

La dernière allumette	Jean Alesson	1
Le sire de Castelnau	Eugène d'Auriac	23
Un duel séculaire	André du Bellecombe	47
Une tête perdue	Fortuné du Boisgobey	61
Fors l'honneur	Borel d'Hauterive	79
Clémence Isaure et Richelieu	Vicomte Henri de Bornier	91
Un tour de chapeaux	Augustin Challamel	99
Un épisode de la campagne du Soudan	Victor Cherbuliez	123
Le cauchemar de M. Grévy	Oscar Comettant	141
Un cimetière de papier	Théophile Denis	151
Un drame dans la neige	Charles Diguet	171
Comment j'écrivis l'Hospitalière	Ferdinand Fabre	183
La légende de la cloche	Elie Frébault	199
Un refrain séditieux	Gourdon de Genouillac	203
La mère Moustache	Edouard Grimblot	219
De la Gynécocratie en Portugal	Marcel Guay	237
Les romans de Greuze	Arsène Houssaye	255
Berthe de Livreux	Félix Jahyer	279
Euréka	Charles Joliet	295
Le bijou des fiançailles	Eugène Moret	305
Le papillon	Georges Ohnet	333
Clair de lune vénitien	Armand Renaud	337
La Recluse du Pont-du-Chastel	Félix Ribeyre	355
Le nid d'hirondelles	Emile Richebourg	367
A la recherche d'une mine	Louis Simonin	379
Aquarelles	André Theuriet	393
Une histoire vraie	Denis de Thézan	401
Consolation. — Les dragées du baptême	Charles Valois	431

F. Aureau. — Imprimerie de Lagny.

www.ingramcontent.com/pod-product-compliance
Lightning Source LLC
Chambersburg PA
CBHW051825230426
43671CB00008B/842